El PODER de la COINCIDENCIA

El PODER de la COINCIDENCIA

EL MISTERIOSO PAPEL DE LA SINCRONICIDAD EN LO RELACIONADO CON DAR FORMA A NUESTRA VIDA

Frank Joseph

Grupo Editorial Tomo, S.A. de C.V.,
Nicolás San Juan 1043,
03100, México, D.F.

1a. edición, octubre 2011.

Nicolás San Juan 1043, Col. Del Valle
03100 México, D.F.
Tels. 5575-6615, 5575-8701 y 5575-0186
Fax. 5575-6695
http://www.grupotomo.com.mx
ISBN-13: 978-607-415-338-5
Miembro de la Cámara Nacional
de la Industria Editorial No 2961

Traducción: Graciela Frisbie
Diseño de portada: Karla Silva
Formación tipográfica: Armando Hernández
Supervisor de producción: Leonardo Figueroa

Impreso en México - *Printed in Mexico*

Contenido

En *El poder de la coincidencia*, Frank Joseph nos lleva más allá de las historias sensacionales y los debates científicos hacia el centro mismo de la sincronicidad. Este libro es una obra maestra escrita con un profundo discernimiento, con una claridad y un temor reverente que sólo pueden brotar de una experiencia personal de primera mano. Joseph entreteje cientos de ejemplos de sincronicidad con una serie de temas importantes que todos podemos reconocer, de tal manera que nos asombra, nos fascina, nos conmueve y nos divierte. ¡Un libro de primera clase para cualquier persona que desea ampliar sus horizontes y profundizar el descubrimiento de sí misma!

Dra. Suzanne V. Brown
Editora de *La conexión de la sincronicidad*
[The Synchronicity Connection]

Frank Joseph ha escrito un libro fascinante y bien investigado sobre el papel multifacético que la sincronicidad tiene en nuestra vida. No sólo explora las implicaciones filosóficas de la coincidencia significativa, sino que también ofrece a los lectores sugerencias y consejos prácticos para que reconozcan la sincronicidad en su propia vida; abriendo así la puerta a una mejor comprensión de sí mismos y del universo en que vivimos.

Ray Grasse
Autor: *El sueño estando despierto: cómo descifrar el lenguaje simbólico de nuestra Vida [The Waking Dream: Unlocking the Symbolic Language of our Lives]*

Un examen fascinante, completo y bien investigado del fenómeno de las "coincidencias" accesible tanto para los legos en la materia como para los eruditos. Es una lectura maravillosa y una contribución valiosa a la literatura de este fascinante tema.

Yitta Halberstam
Autora del *bestseller*, *Pequeños milagros [Small Miracles]*

Prólogo

En este intuitivo e inspirador libro, Frank Joseph explora las numerosas dimensiones de las coincidencias significativas, o sincronicidades: sucesos que todos nosotros hemos experimentado en algún momento de nuestra vida, ya sea que las reconozcamos conscientemente o no. Frank Joseph presenta una amplia perspectiva de fenómenos de sincronicidad, y al mismo tiempo usa ejemplos individuales y personales; ese tipo de incidentes "con los pies en la tierra" que señalan con elocuencia la realidad de esta "ayuda" e ilustran la facilidad con que la sincronicidad está al alcance de cualquier persona.

La asistencia de la sincronicidad, como respuesta a una necesidad obvia, o por razones que superan nuestra capacidad consciente, pueden ir desde incidentes aparentemente sin importancia, a incidentes que tienen un impacto profundo en nuestras vidas, lo que incluye incidentes que transforman nuestra vida o incluso la salvan. A partir de sus propias exploraciones, Frank Joseph ha descubierto que los sucesos de sincronicidad ocurren con más frecuencia de la que normalmente percibimos; una observación que no reconocen otros libros sobre el tema. ¡Él está absolutamente en lo correcto! Por lo tanto, *El poder de la coincidencia* puede tener en nosotros un efecto de transformación; nos invita, e incluso nos reta, a estar abiertos a nuestra propia naturaleza de sincronicidad. Este libro nos ofrece consejos sólidos y prácticos sobre la manera de estar alerta a las coincidencias significativas y la manera de hacer que ocurran con mayor frecuencia.

No debería sorprendernos que la clave para entrar al dominio de la sincronicidad es llevar un diario con dedicación. Escribir un diario nos permite llevar un registro de sucesos de sincronicidad para revisarlos posteriormente y obtener inspiración. Con la acción de escribir enviamos una señal a nuestros procesos subconscientes que refuerza nuestro interés y nuestro deseo en nuevas sincronicidades.

Puedo afirmar, a partir de mi propia experiencia, el valor de llevar un diario. En 1970, después de un sorprendente suceso de sincronicidad, inicié un diario de sueños. Pronto se expandió para convertirse en un diario con una variedad de información: actividades clave diarias, sueños, intuiciones, eventos psíquicos y sincronicidades. El diario también me dio una excusa para empezar a escribir. En esa época no me di cuenta, pero décadas más tarde, este diario se convertiría en un imán para nuevas actividades creativas y fue el inicio de una carrera como escritor y conferencista.

Sé que cualquier persona que decida realmente empezar a escribir un diario a la larga descubrirá su valor. Llevar un diario es un proceso cocreativo; es una forma de descubrir o revelar aspectos y capacidades de ti mismo que antes desconocías. Es una forma maravillosa de involucrarse en un proceso activo de crecimiento interior y de una mayor conciencia de uno mismo.

Como un marco de referencia para comprender la sincronicidad, Frank Joseph presenta una amplia perspectiva histórica sobre la forma en que los sucesos de sincronicidad se han experimentado a lo largo de los siglos y en diversas culturas. Lo cierto es que no estamos experimentando un fenómeno nuevo, sino que de hecho nos estamos poniendo en contacto de nuevo con la esencia misma de la vida primordial y con las raíces de la conciencia intemporal. A través de las sincronicidades, estamos en contacto directo con nuestro estado de ser elemental y básico. Las sincronicidades señalan un principio de organización del universo y sugieren que nuestra conexión con un orden superior de conciencia nunca está lejos de la superficie de la conciencia ordinaria. En un sentido, la sincronicidad puede verse como una significativa intersección de caminos, y en otro, como una interrelación o una interpenetración con una dimensión alternativa de la realidad.

La idea de la sincronicidad tiene una contraparte en la física cuántica. Experimentos recientes muestran que ciertos pares de partículas elementales retienen un conocimiento instantáneo de los cambios que se hacen en una de las partículas del par, aunque las separen grandes distancias. Este fenómeno, que es un efecto "no-local", no está gobernado por las leyes de causa y efecto. Es decir, no tiene un mecanismo conocido que pueda explicar este suceso. La base elemental de la mecánica cuántica tampoco está gobernada por las leyes de causa y efecto. Las sincronicidades son un "principio de conexión" entre las personas y los sucesos que no está gobernado por las leyes de causa y efecto.

Por tanto, los aspectos fundamentales de las modalidades físicas y mentales de la realidad tienen una base similar de ser. El propósito parece relacionarse con permanecer conectado y con comunicar información, Así, a nivel personal, las experiencias de sincronicidad también pueden servir como un sendero, como un puente para la comunicación con otros y con la fuente creativa de nuestro universo.

¿Pero cómo podemos estar seguros de que en realidad hemos encontrado una sincronicidad? ¿Cómo separamos la sincronicidad de la simple casualidad? Ciertamente, la correlación de la necesidad y el tiempo son señales, en especial cuando el suceso está más allá de la racionalización o de la lógica de la estadística. Aquí el autor nos da un agudo discernimiento: examina tus propios sentimientos. ¿La experiencia te produjo un sentimiento de temor reverente o de misterio? ¿La experiencia despertó, mediante cierto tipo de resonancia profunda, una sensación de verdad, un conocimiento intuitivo? ¿Nos sentimos menos solos, como si nos tocara un socio misterioso, oculto y cocreativo? ¿La experiencia generó una gran motivación y energía, incluso una pasión, por una nueva actividad que despierta elementos potenciales que nunca antes se sospecharon? Lo cierto es que tales experiencias pueden traer a nuestra vida una mayor confianza y pueden darnos poder. Ahora tenemos un propósito y un significado nuevos para nuestra vida. Desarrollamos o ampliamos nuestra creatividad, o nuestra cocreatividad, para dar servicio a toda vida y para sentir compasión por todos los seres vivos y por nuestro entorno.

Desde el punto de vista del autor, las sincronicidades pueden verse como "pequeños milagros" a través de los cuales se manifiesta en nuestra vida una conciencia que por otra parte es invisible y suave. No obstante, la libre voluntad se conserva. Siempre tenemos la opción, que muchas personas eligen, de ignorar o incluso ridiculizar, a este compañero interior, nuestra fuente interna de ayuda en la sincronicidad. Pero esa es la elección de estas personas. Es obvio que no necesita ser la nuestra.

Existen pautas en la sincronicidad, como en un mosaico artístico. Estando abiertos a ellas, pronto descubrimos nuestro papel único dentro de los designios más amplios de la vida y la evolución. Podemos llegar a ser parte activa de un todo, y en forma holística, cocreadores en un universo participativo. Leer con cuidado y atención *El poder de la coincidencia,* nos ayudará a empezar un nuevo viaje fascinante y creativo de descubrimiento y a ponernos en contacto con nuestra naturaleza de sincronicidad.

El poder de la coincidencia es un manual que no sólo nos informa sino que nos guía, paso a paso, a comunicarnos con nuestra naturaleza subconsciente y abre la puerta a nuestro yo interior, al dominio de la sincronicidad.

Dale Graff
Físico y antiguo director del Proyecto
STARGATE, el programa del Gobierno
de Estados Unidos que investigó
los fenómenos de visión remota

Introducción

¿Qué es la coincidencia?

Uno de los pensadores de mayor influencia en el siglo xx, el psicólogo suizo Carl Gustav Jung, acuñó el término "sincronicidad" para referirse a las aparentes coincidencias que inspiran en el observador un sentido de significado personal o de significancia particular. Lo describió como una conexión que se percibe entre dos o más objetos, sucesos o personas sin ninguna causa que pueda reconocerse. Jung usó este término por primera vez en 1930 para describir una situación en la que sucesos aparentemente no relacionados convergen para formar una intención compartida que la persona o personas que los experimentan consideran trascendental.

Sin razón aparente, de pronto recuerdas a un amigo en el que no has pensado y sobre el que no has escuchado en años, entonces suena el teléfono y la voz que llega del otro extremo de la línea pertenece a la persona que recordaste. ¿Experimentaste telepatía mental o fue algo diferente, algo incluso más inexplicable?

Tienes que llegar puntualmente a una cita de importancia crítica. Es uno de los puntos vitales de tu carrera. Sin embargo, el lugar donde tendrás esta importante reunión está en el centro de una ciudad populosa y es imposible encontrar un lugar donde estacionarte. Hay mucho tráfico y los demás conductores también están tratando de encontrar un lugar. Pero justo cuando llegas frente al edificio donde te están esperando, un coche sale frente a ti, dejando un lugar donde podrás estacionarte a unos cuantos pasos de la entrada principal. ¿Cómo pudo ocurrir ese conjunto de circunstancias fortuitas? Tienes que pagar una factura que representa una suma considerable y que de no pagarla causará todo tipo de estragos en tu vida. Has agotado todos los medios posibles para pagarla, pero no puedes hacerlo. El día en que supuestamente vence al plazo, recibes una devolución de impuestos por una suma mayor de la que esperabas. Es precisamente la cantidad de dinero que tienes que pagar. ¿Cuáles eran las probabilidades contrarias, no sólo al hecho de que la devolución de impuestos correspondiera exactamente a la cantidad de la deuda, sino también de que llegara precisamente en el último momento?

Estos son incidentes típicos de sincronicidad que les ocurren a millones de personas todos los días. Son suficientemente comunes como para que, después de tener sentimientos iniciales de extrañeza, las personas a quienes les ocurren por lo general les resten importancia y los olviden como triviales caprichos inevitables que se clasifican como "buena o mala suerte". Pero la "suerte" no es una explicación y sugiere la naturaleza aleatoria y sin rumbo de la fortuna. Un examen más meticuloso de tales fenómenos indica que son mucho más. Aunque los casos individuales de sincronicidad podrían parecer triviales, cuando se les ve en el panorama más amplio del papel que tienen en nuestras vidas, asumen magnitudes asombrosas de influencia. La sincronicidad es una conexión que vincula al individuo al que le ocurre el incidente con una realidad que no es material y que supera al plano físico. Esta realidad, que en otros aspectos es invisible, es el poder organizador que subyace y compenetra todo lo que existe en el universo, un poder que algunos llaman "Dios", "destino", "evolución" o de cualquier otra forma.

Las sincronicidades son aquellos momentos en que dos dimensiones se interrelacionan momentáneamente, y el individuo que las experimenta actúa como un punto de contacto. Ese "otro mundo" ya no puede clasificarse como algo puramente teórico. La prueba de su existencia paralela se presenta en evidencias más sólidas que todas las filosofías y religiones que han sospechado o afirmado su existencia a lo largo de miles de años, o que las investigaciones más recientes en el campo de la física subatómica que está en el proceso de documentarla. Cientos de libros, antiguos y nuevos, tratan el tema en estas amplias disciplinas intelectuales, que a menudo son esotéricas.

Pero las coincidencias significativas no se limitan a las experiencias de filósofos, teólogos o científicos. Las coincidencias significativas les pasan a todos, independientemente de sus antecedentes intelectuales. Son similares al relámpago que conecta el firmamento con la tierra en un momento breve y dramático. Y la persona a la que le pasan es definitivamente la mejor calificada para comprenderlas, aunque sólo fuera porque parecen ser dones personales de una gran inteligencia bondadosa que es responsable del destino del universo.

El poder de la coincidencia es un manual práctico. Ofrece medios directos para definir las coincidencias significativas que encontramos, y proporciona un método sencillo para descifrarlas. *El poder de la coincidencia,* no se limita a expresar opiniones sin fundamento, sino que usa un lenguaje directo para demostrar cómo este inexplicable fenómeno funciona para cualquier persona. Se enumeran y se ilustran categorías importantes de sucesos de sincronicidad, seguidas de una técnica de aplicación universal para tener acceso al significado de las sincronicidades que encuentra el lector.

Al cristalizar los discernimientos de los mitos de la antigüedad, *El poder de la coincidencia* proporciona una explicación creíble y clara de los orígenes, la función y la importancia de la sincronicidad en el bienestar, la vida espiritual y el destino de cada ser humano. En su apreciación plena, establece un sentido profundo de identidad y de valía personal, y al mismo tiempo da significado, dirección y propósito a la existencia. En sus manifestaciones más altas, la sincronicidad no es otra cosa que nuestra conexión personal con el Misterio Primordial del universo.

Mi propósito principal al escribir *El poder de la coincidencia* es explicar este misterio que es común pero que es muy significativo a nivel personal, y ofrecer formas en las que personas comunes como yo pueden utilizarlo como un complemento importante en su vida. Me interesé en este enigma debido a una experiencia que describo en el Capítulo 1. Mi inspiración para escribir sobre ella fue menor que mi deseo de comprenderla. Virtualmente, todos los libros sobre el tema que pude encontrar ofrecían discernimientos brillantes sobre el fenómeno, pero ninguno de ellos podía explicarlo, excepto en los términos más teóricos. Busqué respuestas entre mis amigos y ellos compartieron conmigo anécdotas sobre coincidencias que ellos habían experimentado y que en ocasiones fueron conmovedoras, en ocasiones cómicas. En especial, fue sorprendente enterarme que algunas personas encontraron momentos de alta sincronicidad que fueron los episodios más importantes que conocieron, incidentes extraños que literalmente transformaron su vida. Intrigado por esa clase de testimonios personales, durante los años siguientes, nunca perdí una oportunidad de hacerle preguntas a cualquier persona con quien entré en contacto. Sin excepción, mostraron entusiasmo al describir sus propios relatos de coincidencias significativas.

Durante el curso de estas entrevistas informales empezaron a surgir pautas recurrentes. Fue obvio que no sólo se trataba de una experiencia común, sino que empezaron a surgir temas comunes en los informes de personas que no se conocían entre sí. Me asombró observar que algunas de las pautas que se observaban en otros eran evidentes en mis propias sincronicidades, y empecé a anotarlas en una especie de diario, específicamente con ese propósito. Encontré que este diario llegó a ser una herramienta importante y en este libro le dedico todo un capítulo.

Estos profundos descubrimientos personales, y la certeza de que la mayoría, o la totalidad de los seres humanos tenían experiencias similares, me motivaron para compartir con otros lo que pude aprender con las cien personas que entrevisté. También quería yo que otros aprendieran y usaran los métodos sencillos y directamente eficaces que se han desarrollado para comprender las sincronicidades que encontramos. Aunque el tema prácticamente me ha obsesionado debido a sus irresistibles enigmas, era distinto a cualquier otra cosa que hubiera yo intentado describir. La mayoría de los libros y artículos de revistas que he publicado tratan sobre aviación e historia antigua, y mis antecedentes como editor en jefe de un periódico de arqueología a nivel nacional, *Ancient American [Americano antiguo],* tenían muy poco que ver con la parapsicología. Sólo los libros que escribí sobre sitios sagrados y una clase que impartí en la Universidad Abierta de Minnesota sobre esos lugares misteriosos, en ocasiones abordaron el potencial de coincidencias significativas que pueden encontrarse en estos lugres extrañamente sagrados. Sin embargo, mis estudios en la Facultad de Periodismo de la Universidad del Sur de Illinois y mi experiencia como periodista investigador para el periódico *Winnetka Paper* de Chicago, me equiparon para llegar al fondo de un tema y escribirla en un lenguaje claro que la mayoría de los lectores pudiera entender con facilidad. Y la sincronicidad me pareció un tema candente que valía la pena investigar.

Cualquier renuencia que pude haber sentido para presentar mi manuscrito al público, desapareció gracias al Dr. Ralph Scott, PhD, jefe del Departamento de Psicología Educativa en la Universidad del Norte de Iowa, en Cedar Falls, y oficial de la Junta Americana de Psicología Profesional. Sus bondadosas palabras a favor de *El poder de la coincidencia* y sus planes de incluirlo como apoyo pedagógico en sus clases de psicología, me dieron confianza para publicar mi libro. Gracias al Dr. Scott y los amigos que fueron parte de mi equipo de investigación, tengo la confianza de prometerles a mis lectores que *El poder de la coincidencia* les va a ayudar a entender el propósito de la sincronicidad en su vida.

Capítulo 1

La magia de las coincidencias significativas

Existe una red interminable de hilos a través del universo. Los hilos horizontales están en el espacio. Los hilos verticales están en el tiempo. En cada punto donde se cruzan los hilos, hay un individuo. Y cada individuo es una cuenta de cristal. La gran luz de un Ser Absoluto ilumina y penetra en cada cuenta de cristal. Y cada cuenta de cristal no sólo refleja la luz de todas las demás cuentas de cristal que hay en la red, sino todos los reflejos que hay en todo el universo.

—El Rig Veda

Aunque el *Rig Veda* se escribió hace más de 3,500 años, el concepto que se describe aquí nos impacta como algo inesperado en la actualidad, considerando el vasto espacio de años que separa a nuestro tiempo del momento en que se escribió el logro literario más grandioso en la India en la antigüedad. Nos sorprende que alguien que vivió tanto tiempo antes del advenimiento de la ciencia pudiera ser capaz de llegar a una deducción tan moderna. A nivel personal, el pasaje parece decirnos algo que hemos sabido o sospechado desde hace mucho tiempo, pero que tal vez nunca hemos expresado deliberadamente y la verdad es que nunca lo hemos expresado en forma tan poética. Tiene un tono fundamental de verdad cuyo eco ha resonado a través de miles de años y desde una cultura radicalmente distinta a la nuestra. Si esto no hubiera ocurrido, no causaría en nosotros un impacto tan profundo.

En el *Rig Veda* se le llama *"La Red de Indra"*, y su analogía de la creación como una vasta red de existencias interrelacionadas señala la implicación primordial de la sincronicidad: es decir, que los lazos espirituales invisibles que conectan cada detalle del universo, de pronto aparecen en los puntos donde forman una intersección. Como lo expresa el *Rig Veda,* cuando un cristal de la *Red de Indra* se refleja en otro cristal, el resultado es una coincidencia significativa y perceptible. Como es apropiado, Indra es el dios védico universal, el Señor del tiempo, que atrapa todas las cosas en su red cósmica.

Un ejemplo moderno de este poder invisible nos ayuda a ilustrar estos conceptos: Una tarde a principios de la primavera de 1992, conducía yo a casa después del trabajo en la autopista I-57. Nada en las circunstancias de mi breve trayecto cotidiano a los suburbios del sur de Chicago era extraordinario o inusual en forma alguna. Aunque mis pensamientos no se movían a la deriva ni mostraban preocupación, yo me sentía pacíficamente alerta, relajado, disfrutando la campiña que estaba empezando a reverdecer después del equinoccio de primavera. El radio estaba apagado, y el tráfico no era pesado.

Sólo unos momentos antes de llegar a la autopista I-80 que va de este a oeste, las palabras "Salman Rushdie" empezaron a correr en mi mente en forma repentina. Aunque no provocaron ninguna ansiedad o emociones, parecían deslizarse de la nada, con una recurrencia insistente que yo no podía entender. Me preguntaba por qué mi mente de pronto había elegido concentrarse en el nombre de una persona famosa de la que yo sólo estaba remotamente consciente y en la que incluso sentía menos interés. Vagamente sabía que su novela había suscitado la indignación de los musulmanes alrededor del mundo y que habían declarado su intención de asesinarlo. Era un escritor herético perseguido por fanáticos religiosos; ¿por qué había aparecido esto en mi mente?

Sin embargo, su nombre pasaba por mi mente con persistencia sin razón alguna. No recordaba haberlo escuchado recientemente en los noticieros, ni había leído sobre el autor fugitivo durante muchos meses. "Rushdie, Rushdie, Rushdie". El lazo interminable que traía su nombre a mi cerebro siguió adelante durante aproximadamente un minuto. Al cruzar la I-80, deliberadamente tuve el deseo de lanzar este molesto estribillo al olvido.

Acababa de hacerlo cuando un Buick azul oscuro se acercó por la rampa a mi derecha proveniente de la autopista de abajo. Nada parecía extraordinario en el vehículo, aunque iba muy rápido, algo que es más típico que inusual entre los conductores de Illinois. Casi no le presté atención al coche, sólo permití que entrara al carril a una distancia segura. Pero cuando se puso frente a mí, mis ojos quedaron fijos en la placa, que simplemente decía en grandes letras mayúsculas: "RUSHDIE".

Me reí a carcajadas sorprendido. Pero casi inmediatamente, me abrumó una sensación poderosa y difícil de expresar; era una sensación de temor reverente y de asombro. De pronto estaba yo en presencia de cierta fuerza o personalidad mística. El Buick con placas de Rushdie siguió por la autopista I-57 cuando yo salí por la siguiente rampa, mi mente cavilaba vigorosamente sobre las probabilidades en contra de que sucediera algo así. Parecían incalculables, representaban algo que superaba las probabilidades. Recordé todo lo que había sucedido ese día. La menor alteración en cualquiera de esas actividades, en un minuto o menos, habría hecho que yo no me encontrara con ese auto. Además, la coincidencia no *parecía* inevitable desde un punto de vista estadístico, era el prosaico resultado de una probabilidad. En mi corazón estaba convencido de que la coincidencia en la autopista en cierta forma era significativa.

Tal vez mi subconsciente había captado las ondas cerebrales del conductor del coche con las placas de Rushdie, tanto así que pasaron a través de mi mente consciente con un nombre que al principio no tuvo ningún sentido. A nivel superficial, un vínculo telepático al azar parecía explicar un incidente que no era posible comprobar en forma científica, ya que no podía duplicarse en condiciones de laboratorio. Sin embargo, de hecho había existido en el espacio y en el tiempo. No obstante, cuando examiné de nuevo el incidente, en especial mi propia reacción inmediata a él, una causa telepática empezó a ubicarse, con menor comodidad, como la explicación definitiva, ante todo porque yo no podía sacudirme la sensación de que el encuentro en cierta forma había sido profundamente significativo. Me habría encantado una demostración personal de telepatía mental. Pero aunque esto pudo haber tenido un papel en el encuentro, la telepatía fue sólo eso: una parte de algo más grande.

Salman Rushdie y su dilema no tuvieron que ver con El Significado. Él seguía sin significar nada para mí. Tal vez la respuesta no estaba en el escritor, sino en el nombre mismo: *Rush die*, como *"rushing to die" [apresurarse a morir]*. Después de todo, el conductor del auto con placas de Rushdie avanzaba con exceso de velocidad, aunque un accidente de tránsito no parecía probable en ese momento. ¿Era posible que se me hubiera alertado, en forma de precognición, sobre el auto que venía con exceso de velocidad, evitando así una situación peligrosa? Si eso hubiera ocurrido, entonces yo me habría inclinado a llegar a la conclusión de que cierta inteligencia compasiva que supervisaba mis asuntos humanos intervino en forma sutil para impedir una situación posiblemente letal. Pero al hacerlo, este benefactor inteligente había mostrado sus intenciones y había demostrado su existencia cuando me mostró un incidente acausal en un universo que se maneja a base de causa y efecto, o eso hemos llegado a creer.

Pero las respuestas fáciles que dicen que esos incidentes son manifestaciones de Dios, de los ángeles o del demonio; que son resultado de probabilidades estadísticas, destrezas psíquicas, y todo eso, no explican nada. Incluso mi mejor interpretación del hecho parecía inadecuada. Un enigma persistente, inexplicablemente significativo, había entrado a mi vida, tal vez en forma fugaz, y el misterioso asombro de la experiencia seguía impresionándome. De ninguna manera había sido la primera experiencia de ese tipo que había yo tenido. Pude recordar algunas otras por su extrañeza, pero las había yo archivado todas como coincidencias sin importancia, a pesar de lo oportunas que fueron. Estos incidentes están presentes en la existencia humana como sucesos inevitables y al azar.

El incidente de Salman Rushdie proyecta una luz totalmente distinta en estos sucesos, y yo estaba decidido a aprender todo lo que pudiera al respecto. En mi ingenuo entusiasmo, fui como el joven Parsifal, el Tonto Puro, que se lanza con confianza a buscar el Santo Grial sin tener la menor idea de su naturaleza o de las dificultades involucradas en encontrarlo. Prácticamente no sabía dónde comenzar. La naturaleza misma de la sincronicidad es fugaz y amorfa.

La sincronicidad es algo más problemático que las rarezas limítrofes como los OVNI, Pie Grande, fantasmas o sirenas, no permite que se le tomen fotografías ni que se le someta a exámenes de laboratorio. Su estudio se basa por completo en testimonios personales. Sin embargo, son tantas las personas que la encuentran que su existencia siempre ha tenido un reconocimiento general. Cualquier discusión sobre las coincidencias significativas debe necesariamente ser subjetiva, puesto que son significativas a nivel personal para el individuo que las experimenta.

La objetividad científica, los medios con los cuales determinamos la verdad en nuestro mundo material, no pueden captar este fenómeno. Por lo tanto, los escépticos que insisten en que nada que esté fuera de los procesos científicos es real, descartan los encuentros de sincronicidad como un fiasco, como fantasías de la superstición contemporánea. De hecho, el sólo hecho de admitir que existen, de inmediato lanza un desafío contra nuestra percepción de que los principios básicos de causa y efecto gobiernan al universo de manera irrevocable, en relación con un espacio definible y de un tiempo lineal; un reto de enormes implicaciones.

Mis investigaciones a lo largo de los siguientes seis años empezaron en la forma usual. Leí todo lo que pude encontrar sobre el tema, empezando con la obra fundamental de Jung, *Sincronicidad como principio de conexiones acausales* [no gobernadas por las leyes de causa y efecto], y después los estudios actuales de sus seguidores, como Marie-Louise von Franz, y la información que los investigadores están ofreciendo en la actualidad, al igual que los artículos de revistas más recientes en *Quest, Fate* y *Psycology Today*. Todos estos escritores eran físicos, psicólogos o parapsicólogos. Y aunque es cierto que definen y amplían nuestra comprensión del fenómeno y proporcionan una variedad de modelos prácticos entre los cuales podemos elegir, sus propias disciplinas o visiones del mundo que hacen posible que lleven a cabo sus investigaciones, también los limitan e impiden que ellos alcancen una solución final. Todos se quedan cortos y no pueden responder a estas preguntas: *¿Cuáles son los orígenes de la sincronicidad? Si es significativa, ¿por qué lo es? ¿Qué utilidad tiene? ¿Puede derivarse de ella algo de valor? Lo más importante es: ¿de dónde viene? ¿Qué significa?*

En el mejor de los casos, estos escritores presentaron especulaciones intrigantes que sin duda produjeron argumentos estimulantes entre sus cultos colegas, pero dejaron a todas las demás personas preguntándose de qué estaban hablando. Sin embargo, fue instructivo saber que el problema no era tan moderno como yo había supuesto. Aunque Jung inventó el término, de ninguna manera fue el primero en investigar la sincronicidad, y admitió su gratitud a Arthur Schopenhauer, el "Filósofo del pesimismo", que se asombró ante la "Aparente intención en el destino del individuo" (el título de su revolucionario ensayo sobre el tema) en una fecha tan remota como 1851. Casi 200 años antes, otro pensador alemán de gran influencia, Gottfried Wilhelm Leibniz concibió su "idea de armonía preestablecida, es decir, un sincronismo absoluto en sucesos psíquicos y físicos".

Es sorprendente que en épocas tan remotas como la Ilustración, el Renacimiento y la Edad Media, incluso remontándonos a la Civilización Clásica y antes, en la Edad de Bronce, tal vez incluso en la prehistoria, las coincidencias significativas fueron una preocupación para la mente humana. Tomando en cuenta ese linaje venerable, la sincronicidad no podría descartarse como una superstición moderna, en especial cuando tantos grandes pensadores la han investigado y la siguen investigando con tanta seriedad. Al parecer, el problema sigue siendo este: La sincronicidad es irracional e ilógica, y desafía un examen clínico.

La ciencia, la filosofía y el mito han creado un buen fundamento sobre el cual construir hipótesis para comprender en términos generales, varias teorías plausibles, pero no han construido un edificio, ni siquiera una estructura para dar apoyo a las respuestas finales. Es imperativo que algún investigador que esté buscando la verdad última sobre la sincronicidad, examine a las personas que encuentren coincidencias significativas, comparen sus experiencias con las de otros y consideren sus propios pensamientos, reacciones y opiniones. Esas experiencias subjetivas son mucho más importantes que los pronunciamientos de la física o la psicología en estos temas, de la misma forma en que los discernimientos del viajero menos culto que vuelve de un territorio poco conocido serán mucho más valiosos que los del erudito más brillante que ha leído sobre el mismo lugar pero nunca ha estado ahí.

A partir de 1992, entrevisté a cien personas de todos los niveles de vida y con todo tipo de antecedentes, sobre sus encuentros con la sincronicidad. Desde niños de primaria hasta adultos mayores de más de 90 años de edad, desde estudiantes y trabajadores de fábricas hasta pilotos de aerolíneas y profesores universitarios. Lo más significativo es que tenían una amplia variedad de creencias y representaban a las denominaciones religiosas más importantes. Eran partidarios de "New Age", agnósticos, ateos, paganos, wiccans, místicos cristianos y, en muchos casos, eran personas que nunca habían pensado mucho en ningún tipo de temas espirituales o metafísicos. Pero casi todos ellos, excepto tres, confesaron libremente que las coincidencias significativas tuvieron un papel importante en su historia personal, y que a menudo habían ocurrido en coyunturas importantes de su vida. Uno de los tres que no se mostraron impresionados con la sincronicidad, era un psicólogo profesional que la definió como un "epifenómeno", o simplemente como sucesos al azar carentes de significado a los que personas desorientadas atribuyen significado. Los otros dos eran un agnóstico cuya filosofía de la vida era: "Cuando mueres, estás muerto", y un cínico que declaró: "Dios es un sádico". Por extraño que parezca, el agnóstico era un dedicado botanista amateur que se maravillaba ante el milagro de la reproducción en las plantas. "No puedo entenderlo", murmuraba a menudo con asombro, mientras admiraba la organización interna de una simple semilla.

Estos tres casos marcaron un gran contraste con los otros noventa y siete hombres y mujeres; unos cuantos de ellos entregaron su vida por completo a la sincronicidad, siguiendo en forma implícita e incuestionable cada coincidencia significativa que tocaba sus actividades cotidianas. Sin embargo, las personas que están menos involucradas en esto y son más "racionales" podrían imaginar que este tipo de fe ciega en sucesos acausales al instante llevaría al caos. Descubrí que aquellos que dirigían el curso de su existencia de acuerdo a ese tipo de instrucciones místicas poseían un fuerte sentido de propósito en su vida. En varios casos, ellos describieron años anteriores cuando estaban "fuera de sincronía" con su entorno y su comportamiento era autodestructivo, hasta que una coincidencia transformante cambió su vida.

Al seguir cada sincronicidad, salieron de una supervivencia caótica con un nuevo sentido de equilibrio, armonía y tranquilidad interna que antes había sido esquivo para ellos. Ahora pasan por la vida sintiendo que saben cuál es su lugar en el mundo. Aunque la abundancia material por lo general no los acompaña, normalmente están ocupados en numerosos proyectos que enriquecen su vida con realización personal y emociones. Casi siempre conservan sus agudas facultades mentales y un activo sentido del humor hasta llegar a una edad muy avanzada. Esto no es para sugerir que no tienen momentos de depresión y que no sufren todos los males que acosan a sus semejantes. Sólo son diferentes porque poseen capacidades superiores para arreglárselas en la vida bajo la protección de cierta guía compasiva que se manifiesta a través de coincidencias significativas. Lejos de sumergirse en un caos, las personas que siguen fielmente ese tipo de guía llevan vidas ordenadas y autodisciplinadas, que por lo general van acompañadas de compasión y creatividad.

Algo que es incluso más notable es que su vida asume una cualidad mágica; la persona, el lugar o la cosa correcta siempre entra en su vida en momentos estratégicos. Un recibo del teléfono que debió pagarse pero no se ha pagado y que si no se paga el servicio será desconectado en las siguientes 24 horas, se paga en el último momento gracias a un cliente que trabaja para la compañía de teléfonos. Cuando una escritora está investigando un tema poco conocido, expertos en el tema se ponen en contacto con ella sin tener una razón especial para hacerlo y le dan precisamente los hechos que ella necesita, o los libros literalmente caen abiertos en las páginas que describen la información que ella desea. Este tipo de sucesos le pueden pasar a cualquier persona, pero cuando vives tu vida a partir de la sincronicidad, ocurren constantemente. Tal vez al principio sea difícil dar el primer salto de fe y confiar tu vida sin más a los poderes invisibles del universo. Pero oponiéndose a lo que la Dra. Jean Shinoda afirma en su maravillosamente perspicaz libro *El Tao de la psicología, la sincronicidad y el Yo [The Tao of Psychology, Synchronicity and the Self]*, esas personas no renuncian al pensamiento lógico ni se sienten dominadas por augurios (páginas 47, 48). Lejos de sentir que la gama de la información que está disponible para ellas es limitada, su experiencia es que sus horizontes se amplían enormemente. "La sincronicidad nunca me ha apartado del buen camino", me dijo un seguidor. Según una joven que se describe como "una artista intuitiva", "cuanto más actúas basándote en tus sentimientos y corres el riesgo de verificar la validez de tu intuición, más confiable puede volverse".

Los partidarios de la sincronicidad, incluso los más dedicados, no son tan parciales ni se concentran en forma tan miope, que su actividad racional en el mundo resulte dañada. De hecho, si aceptamos que las coincidencias significativas son mensajes, instrucciones, consejos, advertencias y guías que nos llegan del entorno, de nuestro interior donde se encuentra la verdad última de nuestra identidad, y / o del poder del universo para organizar, entonces la información que se nos da debe ser verdadera y benéfica para nosotros. Considera la fuente. Pero ten cuidado: obedecer en forma implícita cada sincronicidad es tomar la vía de salida de la autopista común de la existencia en el mundo, optando por el trayecto de un héroe, el camino espiritual que sólo tú puedes recorrer. Las dificultades y los peligros podrían ser formidables, las riquezas materiales menos accesibles. Pero estarás viviendo la Vida Auténtica que lleva a niveles cada vez más altos de tu verdad personal.

La mayoría de las personas que entrevisté encontraron que los caminos que ofrece la dedicación total a la sincronicidad son demasiado desafiantes para abrazarlos por completo. Se conformaban con vivir en el mundo ordinario, pero querían que la calidad de su vida, en especial la calidad espiritual, se incrementara al aceptar las coincidencias más significativas como una guía importante.

Claro que el testimonio de las personas que estuvieron dispuestas a hablar de la sincronicidad fue mucho más instructivo que todos los tomos científicos sobre el tema, juntos. Sus experiencias y sus reacciones se combinaron para construir el marco de referencia confiable de información útil que se necesitaba para llegar a una explicación que pudiera dar respuestas al enigma. Pero aunque proporcionaron una visión general maravillosa y verdaderamente orgánica del fenómeno, su información tuvo que reforzarse con una visión en primer plano. La naturaleza misma de los sucesos acausales es, después de todo, personal y subjetiva, y aunque las experiencias de otros y las teorías de los pensadores profundos proporcionan los cimientos y el andamiaje de la estructura de la investigación, un examen cuidadoso de la sincronicidad requiere el apoyo central de una vida, cualquier vida, que se examine en detalle en lo relacionado con sus coincidencias significativas.

Por lo tanto, prometí registrar directamente cada coincidencia significativa que encontrara, sin importar lo aparentemente significativas o insignificantes que fueran, y evitar comentarlas, engrandecerlas o juzgarlas. Este diario fechado de sincronicidades se llevó junto con otro diario, en el que se anotaba, sin apasionamiento, cada sueño, sin importar lo mal que se recordara. Al inicio de mi investigación incluso me preguntaba si algunos sueños contenían elementos de sincronicidad, y quería descubrir si existía alguna relación entre estas dos cosas. Una confirmación temprana de esta suposición pronto justificó la coordinación estricta entre el diario de los sueños y su compañero, el diario de las sincronicidades.

Documenté cada sueño y cada suceso acausal (no gobernado por las leyes de causa y efecto), estudié y tomé en cuenta los hallazgos de los expertos, e investigué las coincidencias significativas de otras personas. Después de cinco años de trabajo, llegó el momento de encontrarle sentido, si eso fuera posible, a todo el material que había yo reunido. Por primera vez examiné en su totalidad tanto el registro de mis sueños como el de las sincronicidades. Lo que se abrió ante mis ojos fue más de lo que yo esperaba encontrar. Fue asombroso observar los temas recurrentes y los patrones discernibles que incluso marcaban una relación entre el sueño inconsciente y la realidad que vivía estando despierto. Casi no podía creer lo que yo había escrito de mi puño y letra. Era como leer el guión de una obra teatral en la que un director invisible le daba a este personaje, Frank Joseph, indicaciones para llevar a cabo cierta acción en el escenario. Sólo entonces pude ver lo increíblemente mágica que había sido mi vida durante los años recientes. Es tan fácil olvidar las numerosas sincronicidades que nos pasan. Pero en mi caso, cada una de ellas se había documentado, sus interrelaciones finamente tejidas y los papeles que combinadas habían desempeñado en mi vida estaban a la vista y podían examinarse. Son pequeños milagros preciosos (¡aunque algunos de ellos no fueron tan pequeños!) que se nos entregan como dones que perdemos fácilmente. Los diarios me permitieron alejarme un poco tanto de los sueños como de las coincidencias y verlos desde la perspectiva apropiada del tiempo.

La sensación sobrecogedora de ese asombro sin nombre que experimenté en el incidente del coche con las placas de Salman Rushdie descendió de nuevo sobre mí, pero con más fuerza que antes. Tuve que dejar de leer después de unos minutos, pues la atmósfera espiritual que me rodeaba era tan abrumadora que casi me oprimía. Fue una especie de éxtasis que percibí con algo que no era mi mente racional; una conciencia o certeza que era como un amanecer, como algo que siempre había estado retumbando oscuramente en alguna caverna subconsciente pero que yo no había reconocido antes de ese instante. Fue uno de esos momentos de comprensión en los que la evidencia de una gran verdad de pronto se presenta ante nosotros y se revela con toda la potencia de su significado.

Finalmente me recuperé, regresé a mis diarios y los leí de principio a fin, maravillándome con el asombro más profundo ante cada página de sucesos inexplicables que eran el centro de experiencias de una vida que yo ya no sentía como propia. Al final puse los diarios a un lado, parecía como si acabara yo de leer un nuevo Apocalipsis con un significado personal más intenso que ninguna otra cosa que hubiera yo conocido antes. No obstante, al mismo tiempo estaba yo consciente de que esa comprensión superior de sucesos acausales representaba un principio universal y pertenecía a todo ser humano en el mundo. Las sincronicidades que me habían ocurrido eran como huellas dactilares: todo mundo las tiene, pero cada individuo posee huellas dactilares únicas. Cualquier persona que lleve un registro cuidadoso de las coincidencias que experimenta a lo largo del tiempo experimentará la misma revelación que yo experimenté.

Necesitaba un periodo de tranquilidad para estar solo y digerir mentalmente el impacto de mi descubrimiento y a partir de él, llegar a deducciones plausibles, si me atrevía a hacerlo. Pues lo que implicaban mis diarios, escritos ignorando por completo su verdadero contenido, minaba nuestra comprensión racional de la existencia, y lo que era más alarmante, indicaban que había una conexión directa con el Gran Misterio Desconocido en sí. Viajé solo desde la región de Twin Cities en Minnesota hacia el otro extremo del país y hasta las Montañas Rocosas y Estes Park. Los vastos silencios de sus cumbres me llevaron a dedicar días a ascender hasta la línea de nieve de principios de octubre, sin pensar en nada, pero sintiendo mucho. Seguí adelante, conduje mi auto durante días y noches a lo largo del oeste del país, buscando más silencio, un silencio de otra clase, en el desierto de Nevada, bajo las estrellas más brillantes que alguna vez había visto. Luego crucé el Pacífico y llegué a Japón, donde me reuní con un gran amigo con quien escalé el Monte Fuji. Ahí contemplamos la puesta del sol y la aparición de la luna en perfecto equilibrio a ambos lados de la cumbre del volcán, reflejando su luz que se combinaba en la cumbre del volcán que siempre está cubierta de nieve. De nuevo solo, entré a los espacios sagrados de los templos de Tailandia, resplandecientes con millones de baldosas que brillaban como espejos dorados, rojos, verdes y azules. Hubo otros lugares, montañas y desiertos sagrados; un antiguo templo solitario en Hawai donde los habitantes de la zona todavía rinden culto llevando platones de fruta; el borde del Cráter Barringer en Arizona azotado por el viento; más desiertos silenciosos en el Parque Nacional Joshua Tree de California. Como en el famoso poema, estaba yo huyendo del "Sabueso de los cielos".

El hecho de escapar temporalmente de la responsabilidad de sistematizar mis pensamientos, me proporcionó la claridad y la tranquilidad mental que me había faltado en los meses anteriores. Protegido del mundo exterior por el encantamiento ártico del invierno en la zona noroeste de Wisconsin, empecé a abordar con calma la tarea de unir las piezas de un rompecabezas cósmico, cuya configuración final ya había yo sospechado con un asombro que rayaba en temor. Cuando de nuevo examiné, no sólo mis diarios sino el testimonio de todas las personas que había yo entrevistado y el de las personas cuyas investigaciones había yo leído, las sincronicidades empezaron a agruparse en categorías de experiencia. Estas finalmente se distribuyeron, con naturalidad, en diecisiete clases que parecen ser comunes a la amplia gama de los encuentros que los seres humanos generalmente tienen con este fenómeno. Describo las categorías sólo con el propósito de dar definiciones y clarificaciones adecuadas; ayudan a comprender el significado de un suceso acausal específico. Aunque estas categorías abarcan la gama de los fenómenos psíquicos, van más allá de ellos y llegan a preguntas sobre la identidad, la vocación, la cultura, la naturaleza, las relaciones, el desarrollo del carácter y la espiritualidad de la persona. Los capítulos posteriores de este libro presentan descripciones y aplicaciones detalladas de estas categorías, pero la definición breve que presento aquí podría ayudar a presentar un tema que es tan complejo como fascinante.

Mi clasificación de las coincidencias significativas es la siguiente:

1. **Objetos inanimados:** Cosas, hechas por el hombre o naturales, que se percibe están involucradas en incidentes acausales.
2. **Números:** Puede verse que la combinación, la repetición o la aparición de números en una sola ocasión, tiene gran importancia en la vida y en el destino.

3. **Signos [Ostenta] en el entorno no relacionados con animales:** "Ostenta" es una palabra latina que proviene de una voz etrusca que significa signos o portentos en el entorno que predicen sucesos futuros. En ocasiones, los fenómenos meteorológicos, geológicos y biológicos interactúan con los asuntos humanos superando su realidad material.
4. **Precognición:** Reconocer con precisión un suceso antes de que en realidad ocurra.
5. **Sueños (precognitivos y compartidos):** Los sueños en que hay precognición predicen sucesos estando dormida la persona. Los sueños compartidos son los que experimentan simultáneamente dos o más personas.
6. **Guía:** Algunas sincronicidades actúan como guía para el mejoramiento personal.
7. **Telepatía** es la comunicación entre mentes a través de diversos medios que no dependen de la percepción sensorial.
8. **Vidas paralelas:** Incluyen dos o más personas que comparten puntos en común que son inexplicables pero significativos.
9. **Orígenes:** En ocasiones, las coincidencias significativas ponen a la vista información que se había perdido en relación con los orígenes humanos individuales.
10. **La vida imita al arte:** El arte es en sí un agente importante de conexión y en ocasiones toca todas las categorías.
11. **Advertencias:** Son coincidencias que previenen contra un peligro.
12. **Muerte:** Es una subclase de la "Precognición", porque está entre los sucesos previsibles importantes que ocurren en condiciones acausales.
13. **Rescate:** La llegada oportuna de sucesos acausales que evitan un peligro.
14. **Reencarnación:** Es la creencia de que el alma se va después de la muerte biológica del cuerpo y vuelve a nacer en otra forma física como parte de su desarrollo.

15. **Moira:** Es una palabra griega que por lo común se entendía y se apreciaba durante la época de oro de la filosofía clásica, cuando Atenas era el centro de cultura en el mundo civilizado, hace más de 2000 años. Se refiere al "llamado superior" que está al alcance de todo hombre y mujer, y que es la verdadera tarea de su vida. No es necesariamente (ni usualmente) el trabajo que la persona está desempeñando para ganarse la vida.
16. **Enigmas:** Se pueden subdividir en numerosas subcategorías para describir cualquier episodio de sincronicidad que supera la comprensión y la clasificación actual.
17. **Experiencias que transforman:** Son coincidencias que cambian la vida y/o vínculos personales con una dimensión espiritual.

La función primordial de estas categorías es agrupar una coincidencia significativa en particular con otras de su misma clase debido a la información que comparten. A partir de esta base en común, se proporcionan a la persona que interpreta la coincidencia varios puntos de referencia a partir de los cuales puede empezar a llegar a sus conclusiones. Y es importante descifrar el código simbólico de las coincidencias porque todas son, de hecho, mensajes altamente personales que cada uno de nosotros recibe para su propio bien. Su intensa individualidad (su naturaleza misma como fenómenos personalizados) hace que la persona que experimenta estos incidentes esté mejor calificada para explicarlos. En el Capítulo IX se describe un proceso que la persona puede llevar a cabo por sí misma para descifrar la sincronicidad. El significado no siempre puede verse con facilidad, y si uno no lleva a cabo los pasos necesarios para preservar el mensaje, éste podría desvanecerse rápidamente como tinta invisible. Antes del advenimiento del método de interpretación que se presenta en estas páginas, el impacto general de una serie de coincidencias en la vida de una persona se perdía invariablemente; por lo tanto, su significado se desvanecía con ellas. Además, la clasificación, por su multiplicidad, tiende a darle credibilidad al fenómeno de la sincronicidad. Como Jung mismo creía, "la calidad espiritual de una serie de sucesos casuales crece en proporción con el número de sus términos".

Las personas que compartieron conmigo sus experiencias acausales no necesariamente estaban interesadas en descubrir los significados profundos o los orígenes de sucesos inexplicables. Para muchos eran demasiado misteriosos como para captarlos. Parecían estar muy por encima de su capacidad para absorberlas en su totalidad. Aunque estas personas aceptaban la sincronicidad como algo milagroso, en general se conformaban con valorarla como una forma de guía. Una forma común de evaluar el fenómeno era: "Siempre que experimento una coincidencia significativa, siento que estoy haciendo lo correcto, y cuando se trata de una situación opuesta, estoy recibiendo una advertencia, y eso es todo lo que necesito saber". Pero cuando ofrecí nuevas técnicas para la interpretación de estos encuentros, todos querían saber cómo podían usarse. Es verdad que el resurgimiento de la popularidad de la adivinación con las cartas del Tarot, las runas Noruegas, el *I Ching* de China, las cartas medicinales de los animales, etc., se basa en coincidencias significativas. Sin embargo, estos métodos no pertenecen estrictamente a la sincronicidad en la vida diaria. Las personas hacen que las cartas y las runas funcionen; el tipo de coincidencias significativas que estamos examinando aquí, les ocurren a las personas sin que intervenga su voluntad.

En los últimos 1600 años, no se han propuesto con seriedad medios para interpretar estos sucesos externos. Antes de eso, los adeptos de varias religiones misteriosas reverenciaban los sucesos de sincronicidad como mensajes de los dioses y se suponía que tenían la destreza necesaria para descifrarlos. Pero como habían jurado guardar el secreto bajo pena de muerte, a estos adivinos sólo se les permitía compartir sus conocimientos con otros iniciados. Cuando se declaró que los cultos estaban fuera de la ley y fueron oprimidos por un emperador cristiano tras otro, sus secretos se desvanecieron con ellos.

Tal vez la *Disciplina Etrusca* violó los estándares de la prohibición de darse a conocer al público mediante información esotérica. Era una enciclopedia de la adivinación compilada por los etruscos, los habitantes de la zona central occidental de Italia antes de la época de los romanos, y tenían un intenso interés en los fenómenos de la sincronicidad. Como la mayor parte de la literatura del mundo antiguo, la *Disciplina Etrusca* se perdió con la caída de la Civilización Clásica. Ni siquiera sobrevivió un libro sobre la religión etrusca escrito por el erudito Emperador Claudio. Obras mutiladas de otros escritores romanos preservaron algunos fragmentos, a partir de los cuales los historiadores han podido reconstruir parte del original. Además de construir sus magnificentes ciudades de templos espléndidos, mausoleos con frescos y soberbias estructuras de bronce, los etruscos desarrollaron sistemas para examinar de cerca la naturaleza, en la que detectaban augurios relacionados con el destino de la humanidad. Ciertos detalles en el vuelo de las aves, un relámpago, un terremoto, etc., eran un presagio de la forma que serían las cosas en el futuro, en un lenguaje de símbolos que tenía significado para los seres humanos.

Lejos de haber sido la superstición absurda de una raza retrógrada, la *Disciplina Etrusca* representó la cumbre espiritual de un pueblo que sin duda fue grandioso. Sus otros logros en los campos del arte, de la arquitectura, la astronomía, la navegación, la irrigación y la planificación urbana despiertan hoy en día la admiración de los eruditos de la misma forma en que despertaron la admiración de los romanos, quienes a la larga los conquistaron y absorbieron su civilización. Los pocos detalles de la adivinación del siglo VI antes de Cristo que escaparon a la desaparición del Mundo Clásico indican que los adeptos etruscos consideraban que las coincidencias significativas eran el principio activo de su interpretación. Nuestro último capítulo vuelve a los orígenes antiguos de los intentos de la humanidad por entender la intervención significativa de los sucesos acausales. Los etruscos sólo se mencionan aquí porque ellos, con una excepción que también se menciona en el Capítulo 10, son los que resolvieron el misterio de la sincronicidad con más éxito que virtualmente todos los filósofos y psicólogos que se han enfrentado a ella desde Schopenhauer y Jung.

Los antiguos etruscos parecen haber llegado a la conclusión, después de literalmente generaciones de observación documentada, de que el universo físico y todo lo que hay en él, lo inanimado y lo orgánico, desde el detalle más pequeño hasta los objetos y conjuntos de objetos más grandes, están interconectados por un poder invisible que los organiza y que establece e impone ciertas leyes generales. Rastrearon este poder organizador a través de ejemplos sencillos, como una hoja de árbol cuyo diseño se duplica miles de veces en las ramas de un árbol, que es en sí un fenómeno natural de diseño complejo que se relaciona íntimamente con el bosque de otros árboles donde este árbol se encuentra, y también tiene un vínculo cercano con la tierra nutriente que está debajo de ese bosque y con la lluvia dadora de vida que llega de las alturas. Y este no es el final de un ciclo cerrado, porque el árbol produce frutos que comen los animales, algunos de los cuales son humanos, cuyas vidas se sostienen con sus frutos y cuyos excrementos vuelven a nutrir el suelo y al mismo tiempo llevan las semillas del árbol para que echen raíces y prosperen en otros lugares, perpetuando y expandiendo así ese patrón de vida. Esta metáfora podría extenderse infinitamente y podría ampliarse de modo que abarque a todo el universo: el sol que da vida al árbol, los gases que conforman al sol, el origen de esos gases en una estrella más antigua, y así sucesivamente, *ad infinitum,* más allá de la comprensión del hombre. Una interrelación y una interdependencia de detalles que están inextricablemente unidos en cada paso de la analogía.

Los etruscos creían que el poder que organizaba al universo era invisible y no era posible conocerlo. Pero también dedujeron, a partir de sus efectos que podían observarse en todas las cosas, que este poder unificaba la materia en una infinidad de propósitos que se acumulaban en un propósito único y primordial; es decir, seguir alcanzando niveles cada vez más altos de organización refinada, no en una progresión progresiva, sino a través de ciclos recurrentes, que desarrollan mayor fuerza al completar cada revolución. Para los adeptos etruscos, una esfera paralela de existencia invisible (pero visible en sus efectos) subyacía y compenetraba al universo material. No sólo organizaba todos los fenómenos naturales, sino que también estaba íntimamente involucrado con el pensamiento y el destino, como lo probaban los episodios de coincidencias significativas, tanto en los asuntos humanos como en los que no eran humanos. Por consiguiente, crearon una ciencia para observar las interrelaciones de la naturaleza y el comportamiento humano. Poner atención a esos fenómenos de sincronicidad y relacionarlos conscientemente con su vida, ayudó a esa vibrante sociedad a prosperar a lo largo de casi quinientos años.

Por otra parte, los admiradores materialistas de las culturas civilizadoras anteriores a los romanos descartan la *Disciplina Etrusca* considerándola una inútil superstición. Responder a las críticas actuales contra la obra magna del Mundo Antiguo sobre temas espirituales nos desviaría del propósito inmediato de nuestra disertación. Pero como un punto de sincronicidad apropiado, es intrigante saber que los etruscos normalmente usaban un hígado de oveja o una paleta imitando su forma para hacer adivinaciones, pues creían que este órgano era parecido a la forma del universo. A finales de la década de 1990 los astrofísicos que compilaban la virtual avalancha de datos nuevos provenientes del telescopio espacial Hubble y de fuentes de información relacionadas que orbitan la Tierra, compararon la forma del universo que se dedujo de esto con el hígado de una oveja. ¿Coincidencia? Sí, pero una coincidencia significativa, y de eso se trata la sincronicidad. O tal vez los etruscos sabían más sobre el universo de lo que nos imaginamos.

Aunque no debemos permitir que la sincronicidad se desvirtúe mediante digresiones hacia la filosofía y la historia, es no obstante vital que al menos consideremos lo que ocurrió en esta línea vital entre el alma individual humana y el alma del mundo y por qué se le sigue descuidando en gran medida en la actualidad. Al parecer las coincidencias significativas han sido la semilla de todas las disciplinas espirituales de altura que se practicaron en el mundo antiguo, cuando se consideraba que sus numerosas manifestaciones eran diferentes tipos de augurios.

Su importancia primordial no sólo se comprendió en el mundo occidental. Sus raíces, como las del *I Ching* de China, que es bastante conocido, están en la Dinastía Shang del siglo XVII a.C., y antes, la religión Mesoamericana reconoció que los sucesos de sincronicidad conectan a la humanidad con el mundo natural, como se puede ver en la forma altamente sofisticada en que los mayas comprendían y aplicaban los ciclos astronómicos. El legado maya pasó a otros pueblos prehispánicos, como los aztecas. En la cúspide de una enorme pirámide en la espléndida ciudad de Tenochtitlán, donde se encuentra actualmente la Ciudad de México, colocaron un enorme "Calendario de Piedra". Su nombre actual es erróneo. Este disco de piedra de cuatro metros de altura y cuatro toneladas de peso era en realidad un almanaque esculpido y pintado en brillantes colores, la expresión artística de una escala colosal de una computadora astral que los antiguos habitantes de América conocían como la Nave del Tiempo. Su posición dominante en la capital azteca tenía el propósito de traer sincronicidad a su vida, a nivel individual y social, y los ciclos de vida estaban llenos de sucesos extraordinarios análogos a coincidencias significativas.

En julio de 1543, esta monumental obra de arte, ciencia y espiritualidad fue arrancada de su base por orden de los frailes españoles que la condenaron como un "plato de Satán". La lanzaron por la enorme escalinata de la pirámide de Tenochtitlán y se estrelló cayendo boca abajo en la calle. Este mismo espíritu destructivo e ignorante había empezado a actuar mil años antes demonizando a la Europa "pagana". El triunfo de una mentalidad oscurantista en el siglo V sujetó el pensamiento occidental como con una camisa de fuerza instituyendo una distinción clara e irrevocable entre la materia y el espíritu. Dios y el hombre, el cielo y la tierra, el cuerpo y el alma, se definieron en forma rígida como una dualidad de realidades opuestas que se excluyen mutuamente, una dualidad que se predicó como un dogma que a partir de entonces ha dominado el pensamiento europeo.

Si el tronco de un árbol joven se tuerce, el árbol crecerá torcido, e incluso la filosofía y la ciencia se asombraron ante esta sencilla visión del mundo. René Descartes dividió la naturaleza en dos campos hostiles: la mente y la materia. Por su parte, Sir Isaac Newton llevó el dualismo de Descartes a su extensión lógica reduciendo todo el universo a una máquina sin alma. La religión, la filosofía y la ciencia de Europa insistieron en que el hombre era algo separado de la Naturaleza, una actitud que tuvo como resultado un caos ambiental que continúa minando el fundamento ecológico de la vida en la tierra. Cuando los primeros europeos modernos llegaron a América y contemplaron el asombroso panorama natural, su primera reacción fue emocionarse ante la riqueza aparentemente ilimitada que ahora era suya y de la cual podían disponer. En su visión deshumanizada del mundo, los bosques, las praderas y los nativos de América se hicieron a un lado con indiferencia buscando utilidades, ya que a los recién llegados se les había educado a lo largo de los siglos en la creencia de que la Tierra sólo era un objeto inanimado que debía explotarse siempre que fuera posible. Sólo en Wisconsin, al inicio del siglo XX casi todos los bosques de pinos habían sido reducidos a madera, dejando atrás un paisaje devastado. Una consecuencia fatal de este tipo de explotación fue la catástrofe del Tazón de Polvo en la década de 1930.

Aunque la opinión de la mayoría superaba ampliamente en número a las voces disidentes que hablaban contra el intelectualismo medieval de Europa, éstas se empezaron a escuchar incluso en el siglo XVII, a través de Leibniz, a quien ya mencionamos antes. A partir de entonces, la decadencia de los dogmas religiosos que lo impregnaron todo se ha visto acompañada por el desarrollo de la física atómica que revela las serias limitaciones y las carencias del modelo del universo presentado por Newton. Teniendo una comprensión cada vez mayor del continuo del tiempo y el espacio, los físicos observaron el intercambio entre la materia y la energía al nivel de las partículas atómicas. Aunque parezca increíble, incluso el físico interactúa con sus propios experimentos en un nivel de energía. En forma no menos decisiva, Jung, el psicólogo pionero, demostró la cercanía subconsciente de la humanidad con todos los seres vivos y con la materia inanimada. Y el experto en mitología, Joseph Campbell, mostró que esta cercanía había sido reconocida y venerada por seres humanos de todas partes desde remotos periodos de la prehistoria, y ha sobrevivido hasta nuestros tiempos en los sistemas de creencias del Oriente. Estas ideas se presentaron con fuerza y poesía en la famosa serie de investigación que se publicó con el título de *Las máscaras de Dios*.

Hoy en día, la ciencia está de parte de la sincronicidad como un fenómeno unificador, y ya no te quemarán en la hoguera por decir en público que las coincidencias significativas son tu conexión personal con el Alma del Mundo. Tal vez pierdas tu empleo por ofrecer voluntariamente una opinión de ese tipo, y tal vez otras personas eviten ser vistas en la presencia de alguien que recomienda ideas tan poco convencionales. Pero al menos tendrás la libertad de explorar el misterio y el significado de las coincidencias significativas que guían tu vida y le dan forma, sincronicidades que nadie puede apreciar tanto como tú. Los siguientes capítulos te ayudarán a apreciarlas.

Capítulo 2

Los signos de los tiempos en objetos y números

Todavía siento que no puedo entenderlo, pero tampoco puedo olvidarlo. Y si pienso que lo he captado por completo, ¡no puedo medirlo! Entonces, ¿cómo puedo poseer algo que parece ser inconmensurable? No se ajusta a ninguna regla, y sin embargo es impecable.

—Hans Sachs en el Segundo Acto, Escena 3, *Die Meistersinger von Nuernberg*. De Richard Wagner

Los momentos de sincronicidad a menudo son tan efímeros y esquivos que es difícil captarlos. Aunque experimentamos su dramático sentido de conexión, no siempre los entendemos. Las coincidencias significativas no representan un fenómeno específico; hay muchos tipos de sincronicidad. Mi investigación señala ciertas categorías fundamentales en las que pueden dividirse todos los sucesos de sincronicidad. Estas categorías deben entenderse como parámetros útiles para identificar la clase de suceso de sincronicidad que se está investigando. Una vez que un episodio acausal se ha clasificado y se ha entendido la naturaleza y el tipo de episodio de que se trata, puede darse el siguiente paso, que es descifrarlo. Sin embargo, las categorías que se describen están en compartimentos estrictamente definidos, ni se separan de otras categorías con toda claridad. Los límites que las separan son indefinidos. Los elementos de un grupo pueden deslizarse y fusionarse con otros, borrando las distinciones en las que podríamos concentrarnos marcadamente. De hecho, todas las clasificaciones que se presentan aquí son miembros de la misma familia de la sincronicidad. Tal vez sea útil entender que sólo son variaciones diferentes, aunque interrelacionadas, de un tema común.

El poder de la coincidencia es un manual que nos ayuda a llegar a definiciones y usos prácticos. Sus diversas categorías están organizadas informalmente en grupos de tipos similares de experiencias. En todo momento, el propósito ha sido simplificar y clarificar un fenómeno complejo; alejarlo del vocabulario especializado de la ciencia y la filosofía que ha impedido que el público en general entienda las coincidencias que tienen un significado personal. La comprensión de las siguientes diecinueve clasificaciones nos proporcionará una clara visión general de la sincronicidad en muchos de sus diversos aspectos. Aprenderemos cómo los sucesos de sincronicidad ejercen influencia en los asuntos humanos en formas que casi podrían considerarse mágicas. Lo más importante es que deberíamos encontrar un nicho de categorías para nuestras propias coincidencias significativas y al mismo tiempo un punto de partida para desentrañar su significado.

Objetos inanimados

John Miller ha coleccionado discos desde su juventud. Es un audiófilo fanático, su colección de discos de vinil, CD y cintas es enorme, pero sigue creciendo. Para él, la vida sin su reserva privada de grabaciones de música y de la palabra hablada no valdría la pena. Pero le había sido muy difícil localizar una grabación en particular: la banda sonora de una serie de televisión de la CBS que se transmitió en los primeros años de la década de 1960. Se llamaba *World War One [Primera Guerra Mundial]* y era una colección de filmaciones organizadas como un documental de siete partes narrado por el actor Robert Ryan. Pero lo que el coleccionista de discos no podía olvidar era la música evocadora e inquietante que Morton Gould compuso para este programa.

A pesar de años de búsqueda, el Sr. Miller no podía encontrar una copia de la banda sonora. Por lo que pudo determinar, nunca se había producido una grabación comercial de esta obra. Todo un cuarto de siglo después de que se transmitiera esta serie y virtualmente había caído en el olvido, un viaje de negocios llevó al Sr. Miller a Lansing, Illinois. Disponía de una hora antes de su entrevista, y distraídamente revisó varias pilas de discos en la biblioteca local. Al hacerlo, se llenó de una inquietante certeza que no se parecía a nada que él hubiera sentido antes. "Voy a encontrar la banda sonora de *World War One*", pensó para sí, pero casi inmediatamente hizo a un lado lo que parecía una idea sin sentido. Ese disco ni siquiera existía. No había pasado un minuto cuando encontró una copia de la banda sonora original. Esta experiencia lo sacudió como un relámpago. Fue como si en ese momento maravilloso se hubiera tendido un puente sobre todos los años que habían pasado desde su adolescencia, cuando había visto el programa y disfrutado su música. Recordó su sensación en los momentos de anticipación antes de su hallazgo, pero no podía entender cómo había sabido lo que iba a suceder.

Poco después de su descubrimiento, estuvo en una venta especial en una tienda de discos en el centro de Chicago, donde literalmente decenas de miles de discos estaban apilados en cajas sin nombre. Todo estaba a la venta con grandes descuentos después del inventario. Al revisar el enorme caos de discos, el Sr. Miller se estremeció con el mismo tipo de certeza que había experimentado en Lansing. "Voy a encontrar una grabación poco común de John Barrymore que ni siquiera sé que existe", pensó para sí. En esta ocasión no se resistió a este sentimiento y decidió hurgar en una pila colosal de discos. Después de revisar menos de una docena, encontró *John Barrymore en la radio,* un álbum que presentaba un material que nunca antes se había producido ni se ha vuelto a producir.

El Sr. Miller no tiene control sobre sus sensaciones de precognición. No puede activarlas a voluntad y buscar deliberadamente grabaciones poco comunes. Esa sensación le llega en forma espontánea. Lo único que él hace es cooperar con ella abriéndose a su guía y siguiéndola hacia donde ella lo lleva. El tipo de sincronicidad que él experimenta lo conecta con objetos inanimados, en su caso, grabaciones. Aunque la forma irregular en que se repite esta experiencia no pueda ser muy común, muchas personas recuerdan haber tenido hallazgos acausales similares al menos una vez en la vida: el descubrimiento mágico de un objeto especial que deseaban.

Cuando el parapsicólogo Alan Vaughn era un estudiante universitario que luchaba para poder pagar su colegiatura trabajando a tiempo parcial en la Biblioteca Pública de Akron, deseaba intensamente tener una colección de lujo de las nueve sinfonías de Beethoven que recientemente había producido Arturo Toscanini con la Orquesta de la NBC El precio de la colección superaba por mucho su capacidad financiera en ese momento, pero hizo un pedido para un amigo que quería esa colección a través de la biblioteca. Cuando llegó el pedido, Vaughn se quedó asombrado al ver que habían enviado dos colecciones, aunque sólo estaban cobrando una. La otra era un regalo de la providencia al estudiante universitario sin dinero que tanto amaba la música.

Vaughn también cuenta la historia de una mujer que quería conseguir un arreglo especial del *Humoresque* de Dvorak para su anciano padre en Navidad. La versión que más le gustaba a su padre era la de violín y piano, pero un empleado de la tienda de discos de la localidad le informó que en ese momento no había disponibles grabaciones con esos dos instrumentos, pues todas estaban agotadas. Unas cuantas semanas antes de Navidad, el mismo empleado se sorprendió mucho al recibir una grabación del *Humoresque* para violín y piano, ya que la tienda no había hecho un pedido por una grabación que todos creían que ya no existía. Además, debido a un error inexplicable, tenía una etiqueta que no correspondía a la empresa que supuestamente la había mandado. En vista de estos sucesos extraordinarios, la tienda entregó el disco a su clienta gratuitamente, y su padre recibió un regalo perfecto, y lógicamente imposible, esa Navidad (Vaughn p. 73).

De hecho, esta es una clave para entender al menos parte del mecanismo involucrado en la ubicación psíquica: la persona debe sentir una dedicación profunda y apasionada por un objeto. No tiene ninguna importancia si la persona que se interesa en el objeto, o que tal vez está obsesionada con él, no esté segura de sus detalles o ni siquiera sepa si existe. A menudo, entre menos se sepa sobre ese objeto a nivel consciente, más posibilidades existen de entrar en contacto con él, ya que el subconsciente se distrae menos con las medias verdades de la mente racional. Lo único que importa es que la persona tenga un intenso interés en el objeto inanimado. Lo que activa la sincronicidad es este alto nivel de emoción con el que la persona se involucra en esto. El coleccionista de discos desarrolló un enorme grado de interés, a lo largo de un cuarto de siglo, durante el cual anheló tener la música de *World War One*. Además, había sido admirador de John Barrymore durante mucho tiempo. Estas grabaciones y otras posteriores a las que se sintió atraído tuvieron un profundo significado para él y añadieron mucho a la calidad de su vida. Pero sólo las grabaciones que tenían un gran significado personal llegaron a él a través de una sincronicidad. El principio acausal nunca puso en sus manos obras de menor importancia, sin importar lo valiosas o deseables que fueran.

Hay otro incidente que sirve para demostrar que esas conexiones ocurren con objetos sencillos. Sin razón aparente, un hombre de edad madura empezó a recordar ilusionado sus primeros días en la universidad cuando dejó la casa de sus padres por primera vez y vivió solo en una habitación rentada en una lejana pensión. Por primera vez en más de treinta años recordó con afecto una sencilla lámpara de aceite con pantalla de vitral que estaba sobre su escritorio. Era un objeto barato que él había comprado en una tienda departamental de la zona, pero había ayudado a crear una atmósfera agradable en su pequeña habitación. Contribuyó en forma marginal pero indeleble a los recuerdos felices de su juventud. Cuando salió de la universidad, la lámpara se extravió y él nunca la volvió a ver. En las décadas siguientes de su vida la lámpara permaneció en el olvido, pero sin ninguna causa obvia, su recuerdo surgió de nuevo cuando él tuvo esa racha de nostalgia.

Recorrió las tiendas buscando una lámpara idéntica para reemplazarla, pero no la encontró y le informaron que el tipo de lámpara pequeña como la que él tenía había dejado de fabricarse desde hacía mucho tiempo. De hecho, ahora eran tan poco usuales que algunas personas estaban pagando de diez a veinte veces más de su costo original cuando las encontraban. Él supuso que nunca volvería a ver algo parecido a su lámpara, pero un día, cuando visitó la casa de un amigo notó, para su asombro, que el objeto que él recordaba con tanto cariño estaba frente a él sobre una mesa. Era idéntica a la pequeña lámpara de aceite con pantalla de vitral que no había visto desde hacía más de treinta años. Al ver el interés de este hombre, su amigo le regaló la lámpara.

En este ejemplo de sincronicidad, el deseo fue el mecanismo que conectó al hombre con el objeto. Pero el objeto inanimado era más que una cosa material. A nivel consciente, era un vínculo con un periodo feliz de su juventud. En un nivel superior arquetípico, la lámpara era de aprendizaje relacionado con su fértil mente joven durante los primeros años de universidad. Carl Jung, el mismo psicólogo que acuñó la palabra sincronicidad, acuñó el término "arquetipo". Él definía a los arquetipos como símbolos que son comunes a toda la humanidad, imágenes subconscientes cuyas raíces se encuentran en nuestro inconsciente colectivo, se expresan en el arte y en la religión y están llenos de significados relacionados con la transformación. Desde épocas remotas, las lámparas han significado la búsqueda de la verdad y la sabiduría, la dispersión de las tinieblas de la ignorancia a través de la iluminación. Por tanto, si se le entiende dentro del contexto de los arquetipos, encontrar la lámpara a través de la sincronicidad indica que este hombre, por así decirlo, estaba proyectando una luz antigua sobre su pasado, en un momento en que, como un joven estudiante, se dedicaba a sus estudios.

De manera apropiada, la lámpara es un símbolo tradicional de inteligencia o de ilustración. Es interesante que también aparezca en las cartas del Tarot, una baraja de naipes para la adivinación, como el Ermitaño. La posición del Ermitaño en el Noveno Enigma lo representa llevando una linterna parcialmente cubierta por un doblez de su túnica, lo que representa a las tinieblas de la ignorancia, bajo las cuales brota la luz. El Ermitaño representa la tradición, el estudio, la reserva, la paciencia y un trabajo profundo que lleva a la ilustración. Recordemos que el hombre que estaba buscando la lámpara con pantalla de vitral la relacionaba con un periodo de soledad feliz en la casa de huéspedes de la universidad. Todos estos arquetipos, las imágenes humanas universales que conectan nuestro inconsciente colectivo con cierta Conciencia Superior, estaban presentes en la sincronicidad que unió al hombre con su lámpara. Y sugieren que su reaparición en la edad madura significó algo más que satisfacer la nostalgia por una juventud perdida. La lámpara que significaba un periodo anterior de educación se estaba manifestando de nuevo, mucho más tarde, como una señal de que la verdadera educación no termina cuando terminan los días de escuela, sino que deben seguir en la gran universidad del mundo, sin importar la edad que uno tenga. Si un amigo le hubiera dicho una verdad tan obvia, tal vez la habría descartado como un consejo que él no había pedido. Pero el simbolismo personal de la lámpara (o en todo caso, un simbolismo similar), al entrar a su vida cuando lo hizo, lo afectó más profundamente que ninguna otra cosa que sus amigos cercanos pudieran haberle dicho.

En un caso de sincronicidad sobre sincronicidad, un día estaba yo pensando distraídamente en una gorra militar europea para alpinistas que había yo comprado en una feria hacía algunos días y me gustaba usarla a menudo. Unos minutos después, empecé a leer el último número de una revista en la que había un informe sobre Roger Nussbaumer, que había ojeado el catálogo de una empresa que vendía artículos militares por correo y vio una fotografía del mismo tipo de gorra que él había usado cuando era un recluta joven en la Tercera Compañía, Primera Tropa en el Ejército de Suiza. Dominado por la nostalgia hizo un pedido por una de esas gorras. La empresa distribuidora de excedentes militares tenía una existencia de tres mil gorras de ese tipo, pero la gorra usada que recibió el Sr. Nussbaumer todavía tenía una etiqueta que decía "R. Nussbaumer" Co. 3, Tropa 1" escrita de su puño y letra, era la misma gorra que él había usado cuando estaba en el servicio (O'Neill, p. 5).

Las coincidencias significativas que se citan en esta sección demuestran que esos sucesos no tienen que producir cambios enormes en la vida ni transformaciones abrumadoras para calificar como incidentes genuinos de sincronicidad. De hecho, la gran mayoría de los incidentes acausales son relativamente discretos. Por eso las personas los pasan por alto con tanta facilidad y a menudo no comprenden su importancia.

Números

Los números a menudo sirven como vehículos para las coincidencias significativas. Parafraseando a Jung, los números son arquetipos del orden que se han vuelto conscientes. Tal vez los críticos presenten la objeción de que son totalmente el producto abstracto de la mente humana, y sólo son conceptos cuantificadores que no existían antes de ser inventados. Pero Jung y otros, remontándonos a los seguidores de Pitágoras en los primeros tiempos de la Grecia Clásica, creían que los números eran algo descubierto y también algo inventado. Representan la forma y el ritmo del orden universal que penetra en la materia y la organiza.

Una sincronicidad numérica común se relaciona con dígitos que se repiten con un significado que muy a menudo se siente pero no se comprende. Un ejemplo de esto ocurrió durante una conferencia que yo di hace algunos años en una reunión local de la Sociedad para el Avance de la Investigación y la Iluminación, mejor conocida como "Organización Edgar Cayce". En el curso de mi presentación, hablé del significado esotérico del número seis, como lo usó Platón, el filósofo del siglo IV antes de Cristo, en su diálogo *Kritias*. En su progresión simbólica de números, el uno representaba la primera causa de la creación; el dos, su división en la dualidad sagrada que da estructura al universo (luz/tinieblas, caliente/frío, y así sucesivamente); el tres, la unidad de la primera causa con la dualidad sagrada que tiene como resultado el Dios/Diosa, el Creador/Creadora; el cuatro, el equilibrio que Él/Ella alcanza mediante la armonización de realidades opuestas que se manifiestan en el Andrógino Sagrado (Eros, Cristo Niño, y demás); el cinco, el principio masculino de la acción dinámica. Según Platón, el seis representa el femenino eterno, el principio de receptividad que nutre. Para los pitagóricos que lo precedieron y para los cabalistas que vinieron después de él, el seis era sagrado para Venus, la diosa del amor: "Y por lo tanto se le considera como el número ideal para el amor" (Kozminsky, p. 19). Se relacionaba con el número de la abundancia femenina.

Después de la conferencia, se me acercó una mujer de la audiencia que estaba emocionada por lo que había escuchado. Había venido a mi conferencia sobre la leyenda de la Atlántida sin esperar que aprendería algo sobre el simbolismo numérico, pero dijo que yo le había proporcionarlo, sin saberlo, una experiencia de transformación al describir la visión esotérica que los antiguos tenían del número seis. Me explicó que durante los últimos años, su atención constantemente se dirigía a este número. Parecía aparecer siempre por todas partes, como si insistiera en que ella lo notara: llegaban seis cartas en el sexto día del sexto mes; en una ocasión encontró seis monedas de un centavo a las 6:00 p.m., justo cuando empezaban las noticias de las 6 de la tarde en el Canal 6. Por lo general, era la sexta persona en la fila del supermercado y sus facturas a menudo incluían múltiplos de seis. En una ocasión vio seis pájaros juntos en la rama de un árbol frente a su ventana. Si veía niños jugando en la calle, por lo general era un grupo de seis. Siempre que miraba su reloj, eran seis minutos antes o después de la hora. O encendía el radio al azar y a menudo la primera palabra que escuchaba era "Seis". Los libros siempre parecían abrirse en el capítulo seis o en la página seis. En conversaciones normales, personas que no sabían nada sobre el hecho de que el número seis era algo recurrente en su vida, siempre le hacían preguntas en las que se involucraba el número seis: ¿Fue la sexta entrada de un juego de béisbol? Mi hija acaba de terminar el sexto grado de primaria. Por favor haz seis copias de este informe, y así sucesivamente. El número se estaba proclamando en todas partes, desde las matrículas de los coches y las marquesinas, hasta en las cajas de detergente y en comerciales de televisión. Los ejemplos cotidianos eran sucesos comunes. Pero lo que ella no podía dejar de notar era el hecho de que ocurrieran incesantemente.

Aunque al principio el fenómeno le divirtió, su perplejidad hizo que ella se sintiera, en sus propias palabras: "que alguien estaba tratando de decirme algo. Yo no sabía lo que era. Empecé a preguntarles a mis amigos lo que pensaban que me estaba pasando. La mayoría se quedaban tan desconcertados como yo, algunos me decían que debería tener cuidado, que algo podría estarme amenazando. Una persona dijo que Satanás andaba tras de mí porque se supone que el 666 es el número del Demonio".

Pero ella no sentía que sus "encuentros con estos números" tuvieran algún mal augurio, y absolutamente rechazó la idea de estar recibiendo insinuaciones de Belcebú. Sin embargo, había un dejo de urgencia en la persistencia de ese número. No obstante, ella notó que empezó a llamarle la atención, al principio en forma esporádica, pero cada vez con mayor frecuencia al paso del tiempo, en un momento de su vida en el que ella no podía decidir entre el matrimonio y una carrera profesional. En su caso, no eran compatibles, y ahora la creciente repetición del número seis la estaba golpeando con toda la fuerza de su significado. Ella creía que le estaba diciendo que enfatizara su feminidad y que eligiera un esposo y no un jefe en una empresa.

Incluso la conferencia a la que asistió tenía sincronicidad, porque antes de llegar a la conferencia sintió en forma intuitiva que aprendería algo de vital importancia, aunque en ese momento no tenía idea de lo que sería. El resto de mi presentación se había subordinado por completo a su comprensión de la definición que Platón dio del número seis, que explicó por qué este número la había estado acosando precisamente en ese periodo de su vida. Con esta revelación, como ella la describió, la mujer confesó que había tenido una maravillosa y conmovedora sensación de alivio y reconocimiento mezclada con la sensación de que algo del Otro Mundo la estaba guiando. Es interesante que aunque posteriormente ella siguió considerando esta experiencia como un favor especial, ya no se topó con este número en el mismo tipo de patrones significativos que parecían exigir su atención antes de que ella tomara la decisión de casarse.

Este ejemplo de sincronicidad numérica es típico de esta clase de experiencias, ya que las personas que se enfrentan a esas repeticiones invariablemente sienten que algo importante, tal vez divino, está tratando de comunicarse a través de cierta clase de símbolo numérico. El genio alemán del siglo XVIII, Carl Friedrich Gaus, uno de los más grandes matemáticos de todos los tiempos, proclamó: "¡Dios usa la aritmética!". Con esto quería decir que los números no son convencionalismos hechos por el hombre para medir el universo inconmensurable, sino que son algo implícito en el principio de organización que se encuentra en toda la creación.

La coincidencia significativa de esta mujer también demuestra que la persona que está mejor calificada para descifrar su simbolismo es la persona que recibe la coincidencia. Así como no nos gustaría que otra persona nos leyera las cartas que recibimos de nuestros seres queridos, también tenemos la capacidad para leer los mensajes de coincidencias significativas sin ayuda externa. *El poder de la coincidencia* nos proporciona directrices y categorías útiles para enfocar el fenómeno, pero no puede interpretar los sucesos acausales para nadie, ni debería suponer que puede hacerlo. La última palabra en cuanto a la interpretación está en la persona a quien se le ha dado la sincronicidad.

Tal vez el seis, más que ningún otro número, está involucrado en coincidencias significativas que reflejan su simbolismo. Otro ejemplo similar ocurrió en Halloween, 1996. En esa fecha, 436 personas eligieron los números 666 en la lotería Wisconsin Daily Pick. Eligieron esos números deliberadamente por diversión, recordando que a nivel popular se relacionan con Satán; los dioses del ayer son los demonios de hoy, y los números que originalmente identificaban a Venus, la diosa del amor y de la abundancia femenina, fueron demonizados por los fanáticos del Medievo Cristiano. Pero usar estos números con un propósito de realización en Halloween fue totalmente apropiado, ya que en la antigüedad ese festival, que se conocía como *Samhain*, se consideraba una fecha adecuada para hacer el amor, para comprometerse y para casarse. En todo caso, los 436 habitantes de Wisconsin que jugaron con el número 666 esa noche especial ganaron la cantidad sin precedentes de 178,000.00 dólares. Según los funcionarios de la lotería, esa cantidad superó los pagos promedio 4.5 veces.

Pero estos encuentros numéricos no son únicos. La vida del Papa Pío X (1635 a 1914), por ejemplo, se dividió en periodos de nueve años. Fue coadjutor durante nueve años, fue párroco durante nueve años, fue obispo nueve años, arzobispo nueve años, y

Patriarca de Venecia nueve años. El día de su santo era en septiembre, el noveno mes del año, y el mes en que tomó sus decisiones más importantes, como el edicto de 1910 que ordenaba que todos los maestros de los seminarios y todos los clérigos hicieran un juramento antes de ser ordenados, denunciando el "modernismo", un acto que sacudió a la Iglesia Católica Romana hasta sus cimientos ecuménicos. Los funcionarios de la Iglesia estaban conscientes del extraño simbolismo del nueve que rodeaba a Pío X. Cuando una grave enfermedad lo obligó a retirarse en 1912, empezaron a circular rumores sobre su muerte inminente, pero Monseñor Phelan, de Australia, les aseguró a los lectores del *Melbourne Herald* que Su Santidad seguramente sobreviviría, porque "el 1 de agosto cumplirá nueve años como Papa". Pío X vivió otros dos años, y murió en el noveno año de su séptima década.

Pero el número nueve también demuestra el grado en que ese simbolismo es subjetivo y lo susceptible que es a las diferentes interpretaciones personales. Entre algunos músicos se considera que el nueve es el número de la muerte. Esta asociación negativa empezó con Beethoven, quien murió después de completar su novena sinfonía. Siguiendo el patrón letal que él aparentemente estableció, muchos de los compositores más importantes del mundo expiraron después de terminar sus propias novenas sinfonías. Los ejemplos más conocidos son Anton Bruckner, Antonin Dvorak, Ralph Vaughn Williams y Alexander Glazunov. Gustav Mahler, oprimido durante mucho tiempo por lo que él consideraba la mano fuerte de un destino inevitable y estando muy consciente del letal simbolismo numérico al que se enfrentaba, se apresuró para completar una décima sinfonía y así romper ese patrón. No lo logró pues murió a los cincuenta años de edad dejando su Novena Sinfonía como su última obra completa.

El musicólogo de Londres, Piers Burton-Page, escribió en sus notas sobre un programa para Sir Malcolm Arnold, un compositor de finales del siglo xx: "Ha llegado a haber algo fatalista en la idea de una Novena Sinfonía". Menciona que el compositor soviético Dimitri Shostakovich estaba "abrumado por la carga de esta tradición musical". Sir Malcolm también llegó a ser parte de la tradición fatalista cuando compuso su Novena Sinfonía, que fue la última.

En el simbolismo esotérico el número nueve ejemplifica el arte a través de las nueve musas.

Otto von Bismarck, el "Canciller de Hierro" de Alemania, reconoció que había heredado el número tres de sus ancestros como el talismán de la suerte en su vida. El escudo de armas de su familia eran tres hojas de roble (que en sí son símbolos de la victoria). Bismarck sirvió a tres emperadores, luchó y ganó tres guerras, firmó tres tratados de paz como triunfador, formó la Triple Alianza y afirmó la posición triunfante del Reich en Europa, controló a tres partidos políticos y organizó la primera cumbre de alto nivel de tres emperadores para crear una paz duradera. También fue padre de tres hijos y era dueño de tres fincas.

Tal vez debido a sus respetables relaciones con la deidad (desde el tridente de Neptuno hasta la Trinidad Cristiana), el número tres por lo general se ha considerado un número de buena fortuna, aunque sólo las personas que tienen la fuerza de voluntad de Bismarck parecen ser capaces de sacar todo el provecho de sus aspectos afortunados. Pero si se le suman diez al tres, el resultado se convierte en la antítesis simbólica del tres. Las razones son más antiguas y más complejas que las que se le asignan a Judas, el invitado número trece en la Última Cena. Las connotaciones desafortunadas del número trece se remontan a los mitos noruegos, romanos, hindúes e incluso a los mitos de Mesoamérica. Como escribió Kozminsky: "Esta superstición parece ser muy universal y su origen es muy antiguo" (Kozminsky, páginas 35, 36).

Quienes estudian estas muertes relacionadas con la sincronicidad, podrían señalar que no había nada sobrenatural en el número trece. Sino que era un símbolo arquetípico de la dimensión espiritual invisible que subyace y organiza a todo el universo material. Ese poder invisible es para el mundo físico lo que nuestros pensamientos son para nuestros cuerpos. Cuando Arnold y sus invitados a comer negaron deliberadamente la realidad del poder espiritual del mundo, éste afirmó su propia existencia quitándoles el suyo.

El caso de Wolfgang Pauli demuestra que la fatalidad no se limita al número trece y sin embargo muestra cómo los números de hecho tienen un lugar en la sincronicidad de la muerte. Al igual que Jung, Pauli fue uno de los primeros investigadores de las coincidencias significativas. Ganó el Premio Nobel de Física en 1945 por descubrir el Principio Pauli de la Exclusión, que afirma que en un átomo no pueden existir al mismo tiempo dos electrones en el mismo estado de configuración, lo que explica los patrones observables de luz que emiten los átomos. Esto fue importante ya que esclareció la razón de la estructura de la tabla periódica de los elementos. Durante gran parte de su carrera, Pauli se sintió perplejo ante el complejo problema de la física moderna (la constante de estructura fina) que se relaciona con el número 137. A pesar de sus mejores esfuerzos, la solución seguía siendo esquiva para él, y lo sigue siendo para los científicos modernos. Cuando lo internaron en un hospital de Zurich debido a un mal que no era una amenaza para su vida, cuando tenía cincuenta y ocho años de edad, sufrió un gran impacto al ver la habitación que se le había asignado. Les dijo a quienes lo fueron a visitar, "Nunca saldré de aquí". Estaba en lo correcto. Pauli murió en la habitación 137 (Peat, p. 22).

La relación de ciertos números, o sus combinaciones, con la muerte, se ha conocido desde la antigüedad y sigue expresándose a nivel popular cuando la gente dice que alguien muere porque "le ha llegado la hora". El caso de Pauli también revela que quienes viven una sincronicidad son quienes mejor la interpretan. Para cualquier otra persona, el número 137 no habría significado nada.

Los casos personales anteriores ilustran ciertas respuestas humanas a algunos números y su simbolismo inherente como vínculos con la sincronicidad. En orden, del uno al nueve, los números hablan de la historia del desarrollo espiritual del Alma del Mundo desde el principio hasta su manifestación final. Al principio de esta sección, expliqué lo que representan los números del uno al seis. El siete significa terminación de ciclos, como se puede ver en los siete colores del arcoíris, los siete chakras principales, los siete días de la semana, los relatos a nivel mundial del séptimo hijo de un séptimo hijo y más. El ocho se relaciona con el sacrificio y la disolución de formas físicas en el proceso fundamental de la vida para renovarse. Lo simboliza la araña de ocho patas la cual, al alternar incesantemente el tejer su tela y el matar, continuamente oscila entre la vida y la muerte. El nueve, debido a su triple síntesis del tres, el número de Dios, representa la inmortalidad, la conquista definitiva de la muerte, y la culminación de los ocho símbolos numéricos anteriores, que es alcanzar la divinidad. Todos los números subsecuentes son variantes y elaboraciones que se basan en los números del uno al nueve. El diez, por ejemplo, es el cinco dos veces, y representa el principio masculino. Por lo tanto representa el concepto de la monarquía o de la dominación en el mundo material.

Además de los casos que se describieron antes, las personas que formaron parte de mi grupo de investigación hablaron de encuentros de sincronicidad con ciertos números que están relacionados con momentos significativos en su vida. El Padre Robert Handrick, un sacerdote católico y un erudito del misticismo cristiano, relataba cómo, durante los meses que siguieron a la Navidad de 1958, virtualmente a cada paso se estuvo topando con el número cuatro. Sus amigos constantemente mencionaban este número en su conversación, él no dejaba de verlo en las carteleras, en las placas de los coches; parecía que cada vez que encendía el radio sólo escuchaba cuartetos; siempre era el cuarto en la línea en el supermercado, y así sucesivamente. El número era implacable en sus intentos de captar su atención.

Una investigación en una biblioteca le reveló al Padre Handrick que el significado esotérico del número cuatro estaba en la identidad del Niño Sagrado, y entonces él meditó en la imagen del

Niño Jesús. El año anterior, no había sido muy feliz para el sacerdote, ante todo porque se sentía incómodo en la parroquia a la que lo habían asignado, y el conseguir una transferencia a un lugar más agradable parecía imposible. Así que él enfrentó la situación con valentía, desempeñó sus deberes y nunca le mencionó a nadie sus verdaderos sentimientos. No es sorprendente que sólo su meditación en Cristo Niño le haya dado cierta medida de consuelo espiritual, que él recibió con gusto.

Pero a mediados de marzo de ese año le causó gran asombro recibir una carta de su obispo ordenándole que se reubicara en una parroquia en el suburbio Flossmoor, en el sur de Chicago. La parroquia se llamaba Santo Niño de Praga. Algo igualmente increíble fue que la carta que especificaba que el Padre Handrick debería asumir su cargo oficialmente el 4 de abril; el cuarto día del cuarto mes. El impacto de esta múltiple sincronicidad fue profundo. Este sacerdote nunca antes se había sentido tan cerca de Dios. Su sentido de dirección espiritual, que él impartió a miles de feligreses a lo largo de las décadas siguientes, nunca lo abandonó. Los años que el Padre Handrick pasó en la parroquia del Santo Niño de Praga fueron los más felices y satisfactorios de su vida, y sólo se retiró después de un periodo de servicio de muchos años en los que se le respetó como jefe de la congregación.

Isodore Ochsenschwanz, un musicólogo de Viena, experimentó una sincronicidad numérica menos afortunada, pero igualmente convincente, a finales del siglo XIX. También era un notorio estudiante de la Cábala, la interpretación oculta hebrea del Antiguo Testamento. Combinando estos dos campos de estudio, Ochsenschwanz estaba en el proceso de escribir un artículo sobre la influencia aparentemente fatal que asolaba a los compositores de sinfonías después de completar ocho sinfonías y al empezar a escribir la novena; el mismo enigma que se examinó antes en esta sección. El musicólogo, que era una persona de edad avanzada, estaba en la parte más alta de una escalera rodante entre los altos estantes de su biblioteca, cuando trató de alcanzar el volumen ocho de una prodigiosa colección de enciclopedias cabalísticas (aunque el nueve parece ser el número relacionado con las últimas obras de los grandes compositores de sinfonías, el ocho por lo general tiene un significado relacionado con la muerte, como ya se dijo antes, aunque sus verdaderas implicaciones simbólicas no son tan limitadas. El ocho viene después del siete, el número relacionado con terminar ciclos, y representa el concepto tradicional de cerrar una puerta y abrir otra. Significa terminación, no aniquilación, el final de una fase específica, no de todas las fases). De manera apropiada, el libro que Ochsenschwanz estaba buscando describía el significado letal que por tradición se relaciona con este número. Al tomar el pesado volumen, éste cayó del estante, golpeando a Ochsenschwanz y lanzándolo de la escalera hacia su muerte (Zuschauer, p. 1944).

Las coincidencias significativas que se relacionan con el número siete son mucho más comunes en la sincronicidad numérica, y las personas que participaron en nuestro estudio informaron de encuentros relativamente frecuentes de este número con incidentes significativos. Audrey Fisher, una ama de casa de Indiana; durante sus vacaciones con su esposo Barney fue por primera vez a un casino en las Vegas. Después de perder mucho dinero en las máquinas tragamonedas, el esposo ya no quiso darle más dinero, así que ella buscó en su bolso de mano y sólo pudo juntar siete dólares. Los cambió por fichas del casino y volvió a la máquina de una manija, la ladrona que se había tragado todo su dinero, y bajó la manija. Los números que aparecieron no incluían el siete, pero la avalancha de monedas que escupió la máquina fueron un total de exactamente 77 dólares. Felices de haber ganado aunque fuera sólo una vez, los Fisher regresaron a Indiana.

Es interesante que el golpe de buena suerte de Audrey a través del número siete, que normalmente se relaciona con la buena fortuna, también haya marcado el final de las vacaciones de la pareja en el casino, un ciclo terminado, lo que también se relaciona con este número. Por supuesto, un tahúr que se toma en serio es un firme creyente de los poderes de la sincronicidad numérica y se esfuerza por poner sus leyes a trabajar a su favor.

Signos [ostenta] en el entorno

La palabra "ostenta" significa signos que actúan como portentos en el entorno natural los cuales representan un comentario sobre las circunstancias presentes o presagian circunstancias futuras. Para los etruscos, que fueron los que introdujeron el uso de este término, "ostenta" incluía la interpretación de la dirección del viento en un momento en particular, la aparición sugestiva de una nube en relación con la actividad humana, el ruido del trueno, y fenómenos similares. Platón incluso afirmó que el poder invisible y espiritual que organizaba al universo se daba a conocer en los efectos de los fenómenos naturales que pueden observarse en el mundo.

Los signos "ostenta" abarcan toda la gama de los fenómenos naturales, desde manifestaciones meteorológicas y geológicas, hasta el comportamiento animal; de hecho, con fenómenos relacionados con todo ser viviente o inanimado en el cosmos. Si se interpretan adecuadamente, desde nuestra perspectiva limitada estos incidentes acausales de la naturaleza revelan lo que a nosotros nos parecen sucesos futuros. Pues la sincronicidad nos da a entender que aunque nuestro concepto lineal del tiempo es útil en nuestras actividades cotidianas, sólo se relaciona con nuestra existencia terrena. El universo funciona en base a un patrón de tiempo diferente y sólo se abre camino o se interrelaciona con nuestro pequeño ámbito humano en los momentos de coincidencia significativa.

Nunca es fácil entender lo que significan los augurios, es tan difícil ahora como lo era en la antigüedad. Cuando Augusto, el emperador romano, estaba llevando a cabo una ceremonia religiosa al aire libre, se desató una tormenta repentina y un relámpago hizo desaparecer de un golpe la letra C de la frase que estaba en la base de una estatua de Augusto. Como la C es el número 100 romano, cuando Augusto se enfermó poco tiempo después, estaba convencido de que moriría en cien días. Un amigo que lo visitó cuando estaba en cama, lo reprendió por no ser un experto en la interpretación de signos y le señaló que la C que el relámpago había destruido podría significar que él contaba con cien semanas o incluso cien meses más de vida. Y que si hubiera significado cien segundos o cien minutos, él ya debería estar muerto. Ambos estuvieron de acuerdo y rieron juntos, Augusto se levantó de la cama de un salto y siguió gobernando el imperio durante muchos años más.

Su historia es valiosa porque muestra el peligro implícito de una comprensión incompleta de la sincronicidad. Aunque el emperador creía firmemente en la validez de los signos, no estaba calificado para interpretarlos. Por consiguiente, desarrolló una enfermedad psicosomática que bien pudo haber minado su salud y haber acabado con su vida en un término de 100 días, pues él estaba convencido de que se suponía que no debía seguir viviendo.

En realidad, la forma en que percibió el hecho de la C golpeada por el rayo fue totalmente incorrecta, pues en este caso, esta letra no tenía un significado numérico. Por el contrario, el suceso significaba que, al paso del tiempo, Augusto sería deificado, algo impensable y sin precedente en esa época, pero algo que sin embargo sucedió cuando el Pueblo y el Senado lo elevaron a la categoría de "el Divino Augusto". Cuando el relámpago eliminó la C de su estatua (precisamente un relámpago, el signo de la intervención divina en los asuntos humanos), hizo que su título fuera "aesar", que significa "de los dioses", que fue lo que él de hecho llegó a ser.

Las interpretaciones de fenómenos meteorológicos son tan místicas hoy en día como lo eran en tiempos de Augusto. Richard y Carole Smolinski habían estado casados durante casi dos años, querían tener un hijo pero las pruebas de embarazo caseras que ellos a menudo usaban constantemente resultaban negativas. Un día, aparentemente igual a todos los anteriores, la prueba volvió a ser negativa, pero Richard estaba extrañamente poseído por una esperanza eufórica en el futuro. Iba rumbo a su trabajo con esta actitud mental positiva cuando una nube alta atrajo su atención. Tuvo en efecto casi hipnotizante en él, y la siguió observando fijamente durante aproximadamente cinco minutos. Al observar la nube que tenía la forma de un anillo flotando sola en el cielo azul, él sintió que había cierta aura incomprensible de gozo en las alturas y que su esposa pronto daría a luz a un hijo saludable. Más tarde en esa semana, la prueba de embarazo de la pareja salió positiva mostrando un anillo diminuto flotando en el tubo de ensayo, era una versión en miniatura de la nube profética (Combs y Holland, p. 152).

La experiencia de sincronicidad que vivió Smolinski fue un ejemplo genuino de signos (ostenta), que es relativamente frecuente. El gozo irracional que él sintió unos minutos antes de ver la nube, que intuitivamente creía que significaba el nacimiento de un niño saludable, fue el factor que logró la conexión entre el símbolo que era el mismo en el firmamento y en la prueba de embarazo. "Como es arriba, también es abajo", dice el antiguo proverbio. También es importante que la pareja necesitara cierta seguridad que ni siquiera una prueba moderna de embarazo podía darles. Y respecto a un tema que está presente en la mayoría de las sincronicidades, si no es que en todas, un gran amor y una profunda participación personal parecen evocar la experiencia.

Existe un número sorprendente de personas cuya sensibilidad parece estar en armonía con las esferas celestiales. El siguiente caso, que de ninguna manera es único en cuanto a su naturaleza, se relaciona con un mensajero que era parte de mi grupo de investigación. En sus propias palabras: "Cuando iba conduciendo rumbo a mi casa desde Saint Paul, en la autopista I-90, aproximadamente a la 1:00 a.m., elevé la vista para ver el cielo nocturno. Estaba excepcionalmente claro y sin tener una razón especial, recordé un meteoro muy brillante que había visto cuando era estudiante. No había pensado mucho en eso desde entonces, y los meteoros no me interesaban mucho. Pero el que vi hace más de veinte años fue bellísimo. Estando solo bajo el cielo de otoño, en medio de muy poco tráfico, me pregunté si vería otro meteoro tan brillante como ese o aún más brillante.

"Tal vez quince minutos después, miré hacia la derecha en dirección al hemisferio sur. Pude ver una flama larga e intensamente brillante que tenía un color azul metálico que lanzaba chispas azules por el firmamento sin luna. En el centro del meteoro había un brillante fuego verde metálico. Yo no estaba seguro, pero pensé ver un objeto oscuro enmarcado por el fuego que estaba a la cabeza del meteoro. La lluvia de estrellas duró tres segundos y fue tan impresionante que solté un fuerte grito y mi corazón empezó a latir más rápido. Fue el despliegue de meteoros más extraordinario que alguna vez había visto. En ese momento, sentí en mi corazón que se me había dado un regalo misterioso, una especie de confirmación de que tengo amigos en las alturas. Todo me tocó más profundamente de lo que puedo expresar".

Tiempo después, cuando este mismo mensajero caminaba con algunos amigos después de la puesta del sol, les hablaba sobre esta visión espectacular que había tenido hacía diecinueve meses, y expresó su deseo de volver a ver "otra extraordinaria bola de fuego". Quizás tres minutos después, un meteoro de color verde brillante atravesó el área del firmamento que estaba frente a ellos. La magnitud de la estrella fugaz de esa noche ocupaba sólo el segundo lugar después de la que él había visto cuando conducía por la autopista I-90. Cinco meses después, avanzando en dirección opuesta, él estaba pensando en el potencial espiritual que los seres humanos tienen sin explotar, incluyendo su sensibilidad psíquica, cuando la tercera estrella fugaz, y la más dramática que él había visto, lanzó una larga luz blanca y luminosa por el horizonte occidental. Él dijo: "Tuve la profunda sensación de que el hecho de que esos pensamientos irrumpieran significaba que mi subconsciente de alguna manera había captado el meteoro que estaba a punto de ocurrir, pero mi mente consciente no podía entender la información que estaba recibiendo. Sin embargo, mi mente consciente pudo haber activado el pensamiento de las conexiones espirituales con el cosmos, porque el impulso subconsciente en sí estaba captando a la estrella fugaz".

Las conexiones de sincronicidad con fenómenos geológicos, en especial con terremotos, parecen relacionarse con las coincidencias celestiales que son al menos tan comunes como estas. El Sr. Russell Hooper, un historiador especializado en los amerindios, que fue parte de mi grupo de investigación y que había documentado lo que él llamaba "resonancias sísmicas", dijo que él no siempre predecía terremotos, pero que con mayor frecuencia estaba consciente de que un terremoto estaba ocurriendo en alguna otra parte del mundo. Sus "resonancias" empezaron poco antes de que cumpliera los cincuenta años, con uno de los episodios acausales más extraños de su vida. El 21 de septiembre de 1993, estaba consultando su enciclopedia para encontrar información sobre los indios Klamath. Había muchos temas bajo Klamath, y aunque él sólo estaba interesado en los indios, no podía alejar la vista del párrafo sobre la ciudad de Klamath Falls, en el sur de Oregón. En esa época, él vivía en Illinois. "Incluso después de que pasé a otro tomo de la enciclopedia", recordaba, "sentía que tenía que volver, casi contra mi voluntad, y concentrarme en el artículo sobre Klamath Falls, el cual leí una y otra vez, al menos una docena de veces, sin tener una razón que yo pudiera imaginar para hacerlo. Ese nombre se seguía repitiendo en mi cabeza como un disco rayado. Y no podía entender por qué parecía yo tener una fijación en un lugar sobre el que nunca antes había oído hablar y nunca me había interesado".

Al escuchar el noticiero a la mañana siguiente, se llenó de asombro al enterarse de que había ocurrido el terremoto más intenso que se había registrado en Oregón en el último siglo, y que su epicentro se había localizado en Klamath Falls. Al verificar la hora exacta del terremoto, calculó que había ocurrido seis horas después de su inexplicable obsesión con la enciclopedia la noche anterior. No había hecho una predicción, porque no había entendido por qué la sola mención de Klamath Falls había ejercido tal dominio en él. En ese momento no experimentó una sensación de ansiedad, pero su fijación en Klamath Falls justo seis horas antes del mayor terremoto ocurrido en ese lugar, definitivamente fue profética. Desafortunadamente, no fue capaz de interpretar el significado coincidente de Klamath Falls.

Ese terremoto en sí tuvo su propia sincronicidad extraña. El temblor hizo que se desprendiera una enorme piedra de cuatro metros de diámetro de la cumbre de una montaña y la lanzó al abismo en medio de las tinieblas. Al mismo tiempo, un hombre conducía su furgoneta por una carretera que estaba al pie de esa misma montaña. Este hombre había salido de su segundo turno de trabajo y tomó la misma ruta que había tomado a la misma hora a lo largo de los últimos quince años, no sabía nada sobre la amenaza de veinte toneladas cuya velocidad aumentaba al caer de las alturas. Con una precisión asombrosa, la furgoneta llegó al lugar exacto en que cayó la enorme piedra, recibió un golpe directo que la hizo pedazos y mató al conductor. Las posibilidades en contra de que esta colisión ocurriera parecerían absolutamente astronómicas, pero cuando vamos más allá de las estadísticas, podríamos decir que lo que mató al conductor fue la rutina inquebrantable con la que llevaba su vida. Estas rutinas por lo general se consideran en nuestra sociedad como algo seguro y confiable. Tal vez un poder superior estaba tratando de convencernos de lo contrario.

Regresando a nuestro historiador de las resonancias sísmicas, la distante experiencia del Sr. Hooper en relación con Klamath Falls, hizo que se diera cuenta de ciertos potenciales internos que él no entendía, pero que estaba dispuesto a reconocer con una actitud mental no crítica. En lugar de forzar o condenar estos potenciales siempre que parecían surgir, él estaba decidido a seguirlos hacia dondequiera que lo guiaran. Su apertura tuvo como resultado una extraordinaria visión que él tuvo el 16 de enero de

1994, justo antes de quedarse dormido. No estaba soñando pero tampoco estaba totalmente despierto. Se deslizó en esa zona de penumbra que ocurre entre estar consciente y estar dormido. En este estado de relajación, empezó a desarrollarse una especie de psicodrama en lo profundo de su mente. "Estaba yo caminando con algunas personas", recordó, "algunas de las cuales llevaban caballos. Avanzábamos por una vereda en una montaña escarpada, cuando de repente se presentó un violento terremoto. Cuando la vereda se desintegró cayendo por la ladera de la montaña, corrí hacia una pequeña cueva de piedra que estaba cerca. Literalmente salté a su interior y me agarré de algo parecido a un pequeño pilar. Me aferré a él como si mi vida dependiera de ello, mientras la tierra se sacudía horriblemente. Escuché los gritos de algunos de los otros hombres al caer por la montaña que se convulsionaba. Después de largos momentos de actividad sísmica, el terremoto se detuvo y pude ver que el sendero, los caballos, los hombres y todo lo demás habían desaparecido. Aterrado, me preguntaba cómo iba a poder salir de esa diminuta cueva. Fin de la visión".

Como había sucedido antes, un anuncio en la radio a la mañana siguiente le informó que había ocurrido un gran terremoto. Una vez más, esto fue extraordinario debido a su magnitud. El terremoto más fuerte del siglo azotó la ciudad de Los Ángeles. El historiador todavía vivía en Illinois y su psicodrama simultáneo estuvo a una distancia de muchas millas del suceso real, y ocurrió con una diferencia de aproximadamente seis horas, el mismo periodo que él experimentó en el incidente de Klamath Falls. En ambos casos, su sincronicidad sólo se relacionó con terremotos de gran magnitud. Sin embargo su precognición fue tan abstracta en ambos incidentes que él no fue capaz de saber cuándo, dónde ocurriría, y ni siquiera pudo saber si un terremoto llegaría a ocurrir.

Para entonces, él reconoció en su interior que había una relación extrarracional entre la tierra y cierta parte de su mente o de su alma. Supuso que esta conexión era el débil vestigio de una habilidad que los seres humanos anteriores a la civilización habían desarrollado hasta llevarlo a un nivel de conciencia que les era útil. Estas personas, que vivían cerca de la naturaleza y captaban todos los detalles de su entorno como un medio de supervivencia, poseían esta habilidad, pero la mayoría de la gente la perdió al sentirse protegida por la vida urbana. Por alguna razón que él no entendía, un destello de esa habilidad había sobrevivido en él. Tal vez al continuar permitiendo que se afirmara, fortalecería cualquier fragmento de ese poder que él poseía y que antes había sido universal.

Tuvo que esperar hasta el 26 de septiembre para que esto volviera a ocurrir. Durante el día, sin ninguna razón aparente, de pronto se sintió mareado; el suelo parecía inclinarse y alejarse de sus pies; él de inmediato pensó: "¡Terremoto!". Pero, como en ocasiones anteriores, él no sabía dónde o cuándo ocurriría. Al día siguiente, leyó en el periódico el artículo sobre un terremoto en el sur de Illinois, a lo largo de la siniestra Falla de Nueva Madrid, El terremoto había ocurrido en el momento en que él se sintió mareado. En esta ocasión sus sensaciones no precedieron al terremoto que fue moderado, de sólo 3.6 en la escala de Richter. Esto lo animó, porque supuso que su sensibilidad estaba aumentando. Pero no experimentó ninguna sincronicidad similar relacionada con terremotos sino hasta 1995. De hecho, habían pasado tantos meses desde la sincronicidad del sur de Illinois, que él había olvidado en gran medida su vínculo innato con la Madre Tierra, pero en la mañana del 15 de junio despertó con una clara impresión de poderosas ondas de impacto que se elevaban como colosales círculos concéntricos desde las entrañas de la tierra. En cierta forma se sintió atemorizado, más que impactado, al pensar: "¡Hay un terremoto en algún lugar!". Tenía razón. En ese mismo momento, al otro lado del mundo, veinte personas murieron en una serie de fuertes temblores que azotaron la costa sur de Grecia, causando grandes daños en la ciudad de Ezión.

El desastre de Grecia produjo un cambio abrupto en su actitud hacia la sincronicidad geológica. Empezó a odiarla. Como siempre, él sabía que algo estaba pasando o iba a pasar en alguna parte, pero no podía hacer nada para advertir a la gente. "¿Qué utilidad tiene una habilidad a medias como esta, si yo no puedo hacer nada al respecto?", dijo desesperado. Pero su sensibilidad, como él la sentía, empezó a crecer el siguiente 20 de octubre, cuando detectó un temblor leve en Minnesota, un estado que normalmente no se relaciona con fenómenos geológicos. Por increíble que parezca, un terremoto había ocurrido en ese lugar, el primero en más de cuarenta años. Las posibilidades de que él tuviera conocimiento de este suceso en particular, en lo que concierne a una mera coincidencia estadística, no se pueden calcular.

Su primera experiencia geo-psicológica en 1997 ocurrió el 10 de enero, cuando él vivía en Monroe, Louisiana. Al anochecer, él acababa de tomar un baño caliente y se sentía totalmente relajado, cuando empezó a sentir un mareo abrumador y el suelo de su recámara parecía inclinarse hacia abajo, hacia el interior de la tierra, la misma sensación que había tenido antes. "¡Otro terremoto! ¿Pero dónde?". Exclamó exigiéndole al informador invisible de datos geológicos. Por extraño que parezca, recibió una respuesta. Instintivamente señaló hacia el sureste y se sintió seguro de que el epicentro estaba muy lejos, en esa dirección. "No fue muy específico, pero fue mejor que antes", pensó. Al hacerlo, se desplomó en la cama con un agotamiento abrumador. Al día siguiente escuchó en una estación de radio local un informe sobre un gran terremoto cuyo epicentro se localizó en el mar, frente a la costa del Pacífico en México.

Después de la más reciente de sus sincronicidades relacionadas con terremotos, Hooper no sólo ha decidido tomar nota de ellas, sino preguntar con mayor precisión *dónde* y *cuándo* tendrán lugar estos sucesos. Nunca antes se le había ocurrido hacer estas preguntas, y está seguro de que va a recibir más respuestas. Y con las respuestas, tendrá cierta medida de control. "Sólo he comentado estas cosas con dos personas porque no quiero que se me etiquete como un lunático o como un fraude. Ningún científico puede examinar este fenómeno, pues yo no tengo idea de cuándo va a pasar. La gente simplemente tendría que aceptar mi palabra sobre esto, y sé que eso sería pedirles demasiado. Por lo tanto, seguiré con mi investigación interna en silencio y solo, sin importar hacia dónde me lleve. Sé que existe una conexión entre mi persona y la actividad telúrica, pero hasta que no pueda yo comprobarla de alguna manera, debo guardar silencio". Sólo dos veces ha experimentado la sensación de los temblores sin poder verificar que los terremotos de hecho ocurrieron. Pero esas dos fallas de sensibilidad tuvieron poca importancia, ya que las perturbaciones geológicas que percibió tal vez fueron demasiado leves para captar la atención de los medios de comunicación masiva.

Al parecer, las conexiones acausales humanas con episodios meteorológicos o geológicos podrían proporcionar al menos una clave para llegar a los fundamentos de los fenómenos de sincronicidad, pues esos sucesos tienden a revelar una causa muy real que une tanto a nuestra mente subconsciente como a nuestra mente consciente con los surgimientos repentinos de la naturaleza. La conexión entre los seres humanos modernos y el mundo natural podría ser mucho más íntima de lo que hasta ahora hemos comprendido. Nuestros cuerpos están compuestos de zinc, cobre, hierro, agua de mar, potasio... elementos de la Tierra. Los impulsos eléctricos de nuestro cerebro se parecen a los relámpagos. Nuestra relación física con el planeta y con los elementos es cercana y profunda.

De manera especial, en vista de que sabemos que hay personas que experimentan sucesos de sincronicidad que sin duda se relacionan con la naturaleza, parece lógico que lleguemos a la conclusión de que la totalidad de nuestra existencia se entreteje con la estructura misma de la naturaleza, a tal grado que tenemos la capacidad de sentir cada detalle en la misma manera fundamental en que experimentamos la realidad física de nuestro propio cuerpo. El mensajero cuyos pensamientos anticipaban meteoros, los percibía a nivel subconsciente antes de que sus ojos detectaran su aparición, porque en su interior estaba unido a los objetos extraterrestres. El historiador de culturas amerindias que percibe surgimientos geológicos, puede hacerlo porque su mente *subconsciente* y la mente *subterránea* de la Tierra tienen entre sí la misma relación que existe entre su cuerpo físico y el mundo natural. Están tan entretejidos que los terremotos y su intranquilidad física son una y la misma sensación. Si aceptamos al menos que existe un vínculo orgánico, profundamente personal, entre los seres humanos individuales y el mundo natural, más allá de nuestra comprensión, esto genera en nosotros un sentimiento de asombro y admiración ante nuestra propia eternidad y su significado cósmico.

Signos (ostenta) relacionados con animales

Un signo (ostenta) relacionado con animales es un signo que se presenta como la aparición oportuna de una criatura que nos conecta con un suceso importante a nivel personal. Para la psique humana, los animales son arquetipos, símbolos poderosos que representan nuestra relación instintiva con el mundo. Tal vez la sincronicidad relacionada con los animales representa el signo (ostenta) más frecuente y más antiguo, e incluye a miembros de prácticamente todas las especies que viven en el planeta. La principal entre todas estas especies son las aves. Aunque por lo general se les considera "aves de mal agüero", no siempre lo son. Jung relata un ejemplo de sincronicidad relacionada con aves que es típica de esta clase de sucesos.

La esposa de uno de sus pacientes le describió cómo las aves se arremolinaron alrededor de la ventana de la habitación donde su madre agonizaba. Este mismo fenómeno ocurrió en la muerte de su abuela. Años más tarde, su esposo regresaba a casa después de ir a ver a un especialista médico con un certificado de salud, cuando una bandada de aves descendió de pronto sobre su casa, lo cual horrorizó a su esposa. Sabiendo que este tipo de fenómeno había coincidido con la muerte de su madre y la de su abuela, ella sintió que una tragedia estaba a punto de ocurrir. Poco después, su esposo fue llevado a casa pues se había colapsado inesperadamente en la calle a causa de un ataque cardiaco y estaba muy cerca de la muerte (Jung, p. 22).

La muerte de Cicerón, un estadista romano, en el primer siglo de la era cristiana, muestra la antigüedad de este tipo de sincronicidades que describe Jung. Cicerón yacía en cama en su casa de verano en Capiti, cuando una bandada de aves se arremolinó de pronto cerca de su ventana, un suceso que todos consideraban de mal agüero. Como escribió Plutarco, su biógrafo: "Sus sirvientes, al ver esto, se culparon por tener que actuar como espectadores durante el asesinato de su amo". Ese mismo día, Cicerón fue asesinado (*Las vidas de Plutarco*, p. 110).

En años más recientes, uno de los hombres que participaron en mi investigación estaba disfrutando la lectura de una emocionante traducción de la *Iliada* de Homero. Profundamente absorto en esta obra clásica, su imaginación lo llevó a través del maravilloso flujo de imágenes dramáticas. Leyó el pasaje del Libro VIII donde Néstor, el viejo guerrero, clama contra sus compatriotas griegos por negarse a enfrentar a Héctor, el mejor soldado de Troya. Néstor menciona a Peleo, el padre fundador de su nación diciendo: "¡Si él pudiera verlos ahora, temblando ante Héctor, elevaría las manos al cielo y oraría pidiendo que su alma dejara su cuerpo y descendiera al Hades!". En cuanto este hombre leyó esa última palabra, se sorprendió al escuchar el fuerte sonido que se produjo cuando un ave chocó contra la ventana, dejando una sola pluma blanca cuando se alejó volando. El hombre sintió el impulso de conservar la pluma como un regalo entre las páginas de la sección tan conmovedora que estaba leyendo. Como todos los que aprecian y se benefician de la sincronicidad, él sintió mucho más de lo que podía expresar, como si cierta conexión personal con el pasado remoto, con la naturaleza del alma humana, y un comentario escueto sobre su propia fortaleza se hubieran fusionado simultáneamente dando forma a un suceso genuinamente místico de significado personal. Él creía que esa solitaria pluma blanca era una metáfora del alma.

Las aves significan transición espiritual, y el morir sólo es una clase de transición. En realidad, parecen sugerir que el alma se aleja de su hogar terrenal, especialmente si una ventana tiene algo que ver con su aparición. Según Cirlot, la ventana expresa penetración y distancia, con implicaciones terrenas, y también representa la capacidad consciente (Cirlot, p. 27). Por lo tanto, las aves, como metáforas vivientes del vuelo del alma hacia el mundo espiritual, hacen un llamado, a través de la ventana del mundo material, siendo una apertura en nuestra existencia física a través de la cual el alma debe irse.

El águila solitaria es la personificación universal de los niveles místicos más altos. En lo que a esto respecta, su presencia más destacada es en el fénix de los griegos y los egipcios y en el garuda de los hindúes. El fénix es un símbolo de la muerte y resurrección del alma, y el garuda representa su suprema victoria sobre la existencia material.

El búho es otra ave cuya figura personifica la transformación del alma humana al disolverse las formas físicas. Por lo general, aunque no de manera uniforme, se le percibe como una criatura de mal agüero, en especial como mensajera de la muerte. Pero incluso el búho es más espiritual que letal. Los Indios Kiowa de América del Norte y las tribus Bantú, Zulú y Yoruba de África, creen que después de la muerte, un chamán se transforma en un búho (Leach, p. 142). Es interesante que este concepto se remonte hasta la prehistoria en la costa de Perú, donde el pueblo Nazca, una civilización que floreció catorce siglos antes que los Incas, trazara una figura con cabeza de búho, de aproximadamente 33 metros de altura, en el costado de un acantilado en el desierto. Su mano derecha señala hacia el cielo, mientras que su mano izquierda señala hacia el suelo, lo que sugiere el vuelo del alma de la Tierra hasta el cielo.

Cuando las aves aparecen en grupo, por lo general se les relaciona con premoniciones de muerte. Según Cirlot, las bandadas implican "el colapso de una fuerza" (Cirlot, p. 27). Por supuesto, los etruscos y los romanos, que eran adeptos a los signos (ostenta), creían que para comprender plenamente el mensaje de este tipo de incidentes de coincidencia significativa, uno tenía que saber qué clase de ave estaba involucrada. Por ejemplo, cuando el niño Claudio Nero Germanicus atrapó en sus brazos un cachorro que cayó de las zarpas de una enorme águila negra que sobrevolaba el área, un sacerdote visitante que fue testigo del incidente, declaró al instante que el muchacho llegaría a gobernar Roma. La interpretación del sacerdote fue objeto de burlas, ya que el muchacho parecía ser un idiota tartamudo. No obstante, aproximadamente cuarenta años más tarde, ese chico llegó a ser el emperador Claudio.

Para los etruscos y los romanos, la aparición de un águila siempre predecía algo relacionado con la realeza. Un pájaro carpintero picoteando en un templo pronosticaba guerras futuras, mientras que un chochín construyendo su nido en cualquier estructura significaba buena suerte para quienes vivían ahí. Los cisnes blancos eran sagrados para Sol, el dios de la luz, por lo tanto, se observaba su comportamiento para hacer predicciones relacionadas con el clima. Es obvio que en cuanto se despojó a los signos (ostenta) de sus orígenes intuitivos mediante interpretaciones formalizadas, estos se degeneraron y se convirtieron en supersticiones.

El simbolismo de las aves comenzó como un arquetipo humano multicolor, y lo sigue siendo; un arquetipo que nos une con el mundo de los fenómenos de sincronicidad. Por ejemplo, Donna Foreman, una turista estadounidense que visitaba Escocia por primera vez, salió de la ciudad costera de Oban, un hermoso día de mayo para hacer una caminata. Después de varias horas muy placenteras, se internó en un hermoso valle cerca del antiguo lugar conocido como Dalnaneun, o "Lugar de las Aves". Ella no sabía por qué se había ganado ese nombre, porque aunque ahí había algunas aves, nada en su comportamiento o en su número sugería nada extraordinario. Cerca de Dalnaneun, Donna llegó a la orilla del Loch Nell, uno de los lugares más encantadores que ella había visitado en sus viajes alrededor del mundo. El agua cristalina se extendía hacia la distancia, en medio de una cordillera, sin que la perturbaran las olas, y su tranquila superficie reflejaba el cielo azul cobalto. No había viento que hiciera susurrar a los perfumados pinos.

En el Loch Nell reinaba una paz absoluta. Foreman estaba sola y se recostó en la playa para sumergirse en el entorno de este lugar de una tranquilidad soberbia. Su extraordinaria serenidad parecía penetrar en ella hasta llegar a un punto inmóvil en su interior, y ella empezó a percibir los latidos de su corazón, que ahora eran lentos y regulares, y estaban en sincronía con las vibraciones del entorno natural. Entró a un estado de profunda comodidad, y pensó que el panorama al que había llegado caminando al azar era tan absolutamente perfecto que nada podría mejorarlo. En cuanto esa sensación se expresó en su mente consciente, un gran cisne blanco, solo y en absoluto silencio, apareció en el lago. La inmaculada aparición atravesó el agua sin olas dividiéndola con una tenue estela entre el reflejo de las dos cumbres gemelas de la montaña.

Los pensamientos de Foreman recibieron una respuesta por parte del entorno con el que ella sentía estar en una profunda armonía personal. Y fue una respuesta enigmática, amorosa: "De modo que crees que esto es perfectamente hermoso. ¡Ahora mira esto!". El sitio llamado "Lugar de las Aves" adquirió un significado especial para Foreman, que dijo lo siguiente sobre su experiencia: "Si tengo tiempo para reflexionar sobre mi vida cuando esté cerca de la muerte, recordaré ese momento más que perfecto a las orillas del Loch Nell. Su recuerdo me llevará gozosa de este mundo al siguiente, sin importar lo que sea".

La experiencia de Foreman y su reacción a ella, correspondieron maravillosamente con las interpretaciones estándar del simbolismo del cisne, que según Cirlot: "Siempre señala la satisfacción completa de un deseo" (Cirlot, pp. 306, 307). Él también menciona que al cisne se le ha relacionado con "el centro místico", precisamente el lugar donde esta viajera sintió encontrarse cuando experimentó ese momento especial del cisne en Loch Nell. Apropiadamente, los autores David Carson y Jamie Sams, al enfatizar las tradiciones de los amerindios, relacionan al cisne con "estados alterados de conciencia" (Carson y Sams, p. 193).

Como arquetipo, el cisne es en cierta forma un símbolo de la muerte, pero su énfasis está más bien en la transición espiritual, y como lo experimentó la turista estadounidense, en la perfección. En *El cisne de Tuonela,* el famoso poema de tono sinfónico del compositor finlandés, Jean Sibelius, el cisne pasa por las aguas oscuras de la muerte. Cirlot define al cisne como uno de "los símbolos esenciales del trayecto místico hacia el otro mundo" (Cirlot, pp. 306, 307). Lohengrin, de Richard Wagner, es de hecho, un "caballero cisne", cuya embarcación es tirada por un cisne que en realidad es un príncipe humano. Se había pensado que el joven había muerto, pero en realidad había sido transformado en un ave como siervo especial de los Caballeros del Grial, a los que pertenece Lohengrin. En la escena final de este drama musical, Lohengrin le devuelve al príncipe su forma humana y su reino. Aquí el cisne entra a su verdadero elemento simbólico, que significa la transformación a través de la muerte y hacia el renacer. En la mitología griega, la carroza del dios sol es tirada a través del firmamento nocturno por un cisne.

El cisne reaparece en otra ópera relacionada con el Grial, Parsifal, la última obra de Wagner para el escenario, en la que un joven, el "tonto puro", mata por deporte y sin saberlo a un cisne sagrado. Los enfurecidos caballeros lo obligan a observar de cerca la patética agonía de la inocente criatura, que sólo deseaba vivir y al hacerlo, iluminar al mundo con su belleza. Conmovido hasta las lágrimas, con el corazón lleno de remordimiento y compasión por primera vez, él rompe su arco sobre sus rodillas. El cisne muere, pero nace la iluminación en el joven. Al comentar el aumento de sensibilidad en Parsifal, Sams y Carson señalan que en el pensamiento de los amerindios, el cisne es sinónimo de la "espiritualidad en evolución... el desarrollo de la mente superior [y] otros niveles de conciencia" (Carson y Sams, p. 193).

Después de las aves, los peces son los animales que tienen el segundo lugar en los sucesos de sincronicidad. Como señala Cirlot: "Todos los símbolos son en realidad funciones y signos llenos de energía" (pp. 101, 102), el pez lo es, y tal vez de manera muy especial. Los peces son un arquetipo obvio de las fuerzas que se mueven en las profundidades de la mente subconsciente. La frecuente aparición de los peces en la vida de Carl Jung, cuyo trabajo se relacionó con los fenómenos inconscientes, fue totalmente apropiada. La aparición oportuna del tema de los peces confirmó ciertas sospechas que él tenía sobre una investigación que se estaba llevando a cabo, o le ayudó a comentar problemas que todavía estaba resolviendo en su mente. Era como si al proyectar sus pensamientos conscientes y subconscientes hacia su entorno natural, el entorno le respondiera en un lenguaje de señales con su símbolo más adecuado.

En una de estas ocasiones, él mismo confesó: "Admito que es muy extraño que el tema de los peces se repita al menos seis veces durante veinticuatro horas". Los sucesos relacionados con los peces empezaron una mañana en la que él notó una inscripción que describía una antigua imagen religiosa que era mitad hombre y mitad pez. En la comida, le sirvieron pescado, luego escuchó a alguien mencionar una expresión popular de Suiza sobre tratar a alguien como un "pez de abril" [engañar a alguien]. En la tarde, un antiguo paciente al que por casualidad vio por primera vez en casi un año, le mostró fotografías de peces. Esa noche, otra persona le mostró bordados decorados con imágenes de peces. A la mañana siguiente, otra paciente, que se había ausentado durante años, le habló de un sueño que había tenido la noche anterior sobre un gran pez. Varios meses después, cuando terminó de escribir una descripción de estas sincronicidades, vio un gran pez sobre un dique cercano a su casa (Jung, pp. 10, 11).

Tal vez el animal más mágico del mar y el más cercano al hombre, al menos en un sentido espiritual, es el delfín. Era tan sagrado para los griegos que matar un delfín era una ofensa capital. De hecho, desde la antigüedad hasta el presente, se han contado historias de maravillosas relaciones extrañas entre los seres humanos y los delfines, y a menudo incluyen el hecho de que los delfines rescatan por su propia voluntad a víctimas humanas que se están ahogando.

Su sentido telepático se demostró recientemente en una coincidencia muy significativa en un parque en la costa de Florida. Se excavó un canal angosto para proporcionar a las criaturas un acceso directo al mar, mientras los visitantes podían verlos de cerca en el agua poco profunda. Una mañana, un pequeño grupo de turistas caminaba a las orillas del canal cuando un delfín hembra de tamaño mediano le lanzó suavemente con su trompa una piedrecilla a una de las mujeres del grupo. La piedrecilla le golpeó suavemente el estómago, lo que todos consideraron divertido. Pero se asombraron cuando el delfín reapareció y le lanzó otra piedrecilla a la misma mujer, y volvió a golpearla suavemente en el estómago. Preguntándose si habría una tercera piedrecilla, la mujer se quedó mirando la orilla del agua, esperando el regreso del delfín hembra. Unos cuantos minutos después, el delfín hembra volvió a la superficie y le lanzó otra piedrecilla directamente a la zona del estómago.

"¿Qué pudo hacer que actuara en forma tan extraña?", se preguntaba el director de la excursión, que nunca había visto ese comportamiento en los delfines. "Bueno", dijo la mujer, "ella supo algo de lo que sólo yo, y nadie más, está consciente. Justo ayer, supe que estaba embarazada". Apropiadamente, entre los amerindios el delfín es un símbolo del "aliento de la vida… y rompe los límites y las dimensiones de la realidad física para que podamos entrar al Tiempo de los Sueños" (Carson y Sams, p. 197).

La ballena es un arquetipo relacionado, aunque se le encuentra con menos frecuencia. Su papel eficaz como elemento de conexión en la sincronicidad puede demostrarse con la siguiente coincidencia significativa. Sin una agenda especial en mente, un fotógrafo de nombre Mike Solarzano, caminaba cerca de la playa en la isla hawaiana de Oahu. A lo largo de los dos años anteriores había desarrollado un creciente interés en Lemuria, la antigua civilización que se dice es el origen de las culturas tanto de Asia como de América, antes de desaparecer bajo el Océano Pacífico hace muchos miles de años, debido a una serie de catástrofes naturales. Cuando escuchó de los hawaianos y de los indios de la costa del Pacífico en Canadá algunas leyendas que parecían preservar recuerdos de Lemuria, empezó a escribir un libro sobre el tema y esperaba encontrar algo que pudiera fotografiar y usar como una dramática ilustración en la portada.

Después de unas cuantas horas de caminar sin rumbo fijo a lo largo de la costa, Mike notó a cierta distancia de la costa, una isla desnuda y golpeada por las olas que parecía adecuada para sus propósitos. Sin embargo, la presencia de demasiadas nubes hizo que la iluminación no fuera adecuada, y los turistas no dejaban de pasar frente a él cada vez que trataba de sacar una foto. Finalmente, vio su oportunidad y oprimió el obturador sólo una vez. Tomando en cuenta las condiciones difíciles, supuso que los resultados no serían muy buenos.

Más tarde, al examinar sus fotografías, encontró esa foto solitaria de esa isla a cierta distancia de la costa. No era tan mala como él esperaba, pero una diminuta anomalía en la orilla de la foto llamó su atención. Pensó que esa manchita casi imperceptible, cuya forma era parecida a una coma, seguramente era una mota de polvo, y se preguntaba si el defecto se había producido debido al líquido para revelar fotos o si su cámara era responsable de él. Pero cuando examinó la supuesta imperfección con una lupa, se sorprendió al ver que no era un polvo extraño que de alguna manera había llegado a su fotografía, sino algo que en realidad era parte de la escena. La enfocó más de cerca y su sorpresa se convirtió en asombro. Allá, apenas dentro de la foto, y obviamente a una gran distancia en el mar, había una ballena formando un arco fuera del agua de modo que su cola era visible, su enorme cuerpo podía verse en el aire. Este dramático salto se conoce como "salto del espía", pues se cree que la ballena usa este breve momento en el aire para explorar su entorno. Durante la semana que Mike estuvo en Oahu, lo único que había visto eran aletas de ballena.

Mike recordó que la tarde en que había tomado esta extraordinaria foto, no había tenido estructura, e incluso había sido descuidada; había tomado la foto ignorando, a nivel consciente, la presencia de la ballena. Si hubiera oprimido el obturador una fracción de segundo antes o después de que la ballena subiera a la superficie, ésta no habría aparecido en la foto. Pero la sensación de asombro del fotógrafo ante esta espléndida coincidencia, se transformó en sobrecogimiento cuando de pronto recordó una línea del libro de Carson y Sams sobre los símbolos de los amerindios, *Cartas medicinales; el descubrimiento del poder a través de los hábitos de los animales:* "En la leyenda tribal, las ballenas llegaron al océano cuando la Tierra sufrió un cambio y Lemuria, la Tierra Madre, se hundió bajo las olas" (p. 201). Recordó que él había ido a la playa de Oahu específicamente para fotografiar algo que se pudiera usar como la cubierta del libro que había decidido escribir sobre Lemuria.

Además, a la ballena también se le reconoce como la Encargada de los Archivos, y se supone que ha llevado una crónica de todos los sucesos que han ocurrido en nuestro planeta en el pasado, lo que subraya la intención del fotógrafo de escribir una historia de la civilización hundida. El que alguien crea o no que ese lugar realmente haya existido, no tiene importancia en lo que a la sincronicidad se refiere. Una conexión acausal que crea un vínculo entre la visita de Mike a la playa de Oahu, su deseo de publicar un libro sobre Lemuria, y la tan extraña aparición de una ballena, el símbolo de Lemuria por excelencia, representó un conjunto místico de coincidencias, todas relacionadas muy de cerca, pero fuera del control de cualquier intermediario humano.

La civilización Nazca, que fue anterior a la civilización Inca, es una sociedad antigua que tiene sus propias coincidencias. Se desarrolló en árido desierto peruano cerca de la costa del Pacífico, al sur de Lima, la actual capital del país. Sus creadores dejaron docenas de dibujos lineales que grabaron en el suelo hace aproximadamente dos mil años. Estos dibujos representan aves, lagartos, una araña y una colección de otros animales y plantas, junto con muchos diseños geométricos, incluyendo trapezoides, rombos y espirales. La razón por la que los hicieron es algo que sigue siendo tema de debates entre los eruditos. Aunque ella no los descubrió, después de su llegada a Perú proveniente de Alemania a principios de la década de 1930, María Reiche llegó a ser, casi de inmediato, la persona más importante en lo que concierne a las Líneas de Nazca. Era una profesional en el campo de las matemáticas, no era arqueóloga, dedicó las siguientes seis décadas a investigar personalmente estas enigmáticas figuras, mientras luchaba por su preservación. Cuando había quedado ciega, estaba postrada en cama y tenía más de noventa años de edad, el trabajo al que dedicó su vida como voluntaria, finalmente ganó para ella el reconocimiento internacional y grandes honores en el país que ella había adoptado.

Desde el primer momento en que vio los diseños de Nazca, Reiche se obsesionó por estudiarlos. Estos diseños eliminaron todos los demás intereses en su vida personal y profesional. Toda su existencia se concentró en un solo propósito, prefirió vivir sola en una casucha en el desierto a merced de los bandidos y las serpientes venenosas para estar siempre cerca de los antiguos dibujos. Indiferente a su pobreza, lo único que le interesaba era el tiempo que dedicaba (que resultó ser décadas) a estudiar los misteriosos diseños, virtualmente lo único que quedaba de una raza desaparecida. Era una mujer muy reservada, nunca habló en público sobre la base de su devoción fanática a este estudio, ni mostró evidencia de tener tipo alguno de inclinaciones espirituales.

Muy al principio de su trabajo de investigación en las llanuras Nazca, estaba midiendo con todo cuidado una gran espiral grabada en el desierto, cuando se dio cuenta de que esa espiral era parte de un diseño mucho más grande, la imagen de un mono; la espiral sólo era su cola. Meses de trabajo meticuloso finalmente revelaron el glifo, la representación enigmática de un animal completo. Pero cuando ella terminó el trazo de la mano derecha de la criatura, que era el último detalle que debía investigar, se sorprendió al ver que le faltaba el pulgar. La mano izquierda tenía sus cinco dedos. María Reiche miró su propia mano derecha, a la que desde su nacimiento, le faltaba el pulgar. Ella dijo que se rió a carcajadas cuando vio la coincidencia.

El simio como arquetipo, al igual que el pez, representa actividad subconsciente y en algunas culturas se le atribuye la capacidad de otorgar longevidad, éxito y protección; todo esto tipifica la experiencia de Reiche en Perú. Pero, al menos en su caso, el simbolismo parece llegar a mayor profundidad. Para algunos observadores esotéricos, el hecho de que tanto a la ilustración antigua como a la exploradora moderna les faltara el pulgar de la mano derecha es la clave de su motivación obsesiva. Lo interpretaron como un signo de que ella era el artista original de la antigüedad que había reencarnado después de dos mil años en el cuerpo de Reiche para restaurar y preservar su obra.

Al otro lado del mundo, la figura de un perro y no la de un simio, tuvo un papel importante en un incidente de sincronicidad que también parecía remontarse a conexiones con un pasado remoto. Durante la primavera de 1988, un grupo de estudiantes de la Universidad Heidelberg que estaban de vacaciones visitaron las ruinas de Ostia, un antiguo puerto de Roma. El enorme teatro al aire libre de Ostia está virtualmente intacto, a pesar del tiempo que ha pasado en los últimos veinte siglos, y los estudiantes decidieron divertirse ahí. Desafiaron a uno de sus compañeros obligándolo a subir al escenario vacío frente a otros turistas de diferentes partes del mundo para dar un discurso en latín clásico.

Apenado, pero impulsado por el ánimo entusiasta que le daban sus amigos, el estudiante descendió por la antigua escalinata de piedra y se dirigió al centro de la pista. Ahí pronunció una divertida diatriba, tropezando en su manejo del latín y pasando a un agresivo dialecto alemán, lo que divirtió no sólo a sus compañeros sino también a los turistas extranjeros. Acabó el cómico discurso culpando de su mala memoria a los dioses en cuyo honor se habían construido lugares como Ostia, y declaró que ya no confiaría en ellos a menos que se presentaran en ese lugar y en ese momento. Hizo una profunda inclinación ante su público que le aplaudía, y abandonó el escenario.

Cuando lo hizo, sus espectadores de pronto guardaron un silencio que mostraba su gran asombro, pues vieron a una enorme perra negra de aspecto amenazador, que más bien parecía una loba. De su vientre colgaban sus tetillas cargadas, salió lentamente de un muro en el extremo del teatro y luego avanzó al centro del escenario. Se detuvo en el mismo sitio que unos segundos antes había ocupado el burlón orador, y miró a la asombrada multitud. Después de unos minutos que parecieron eternos, la perra caminó deliberadamente con una actitud majestuosa por el pasillo central del teatro y salió por la puerta principal, desapareciendo entre las ruinas de Ostia. Los estudiantes rompieron su silencio y su asombro cuando el que había dado el discurso en latín susurró el pensamiento que seguramente estaba en la mente de todos: "Esa perra se parecía a la loba que amamantó a Rómulo y Remo, los fundadores de Roma".

Es obvio que en este incidente de sincronicidad el símbolo de la perra y el símbolo de la loba se fusionaron, como lo reconoció el estudiante al expresar su reacción a la dramática entrada del animal al escenario. Su identificación con la loba de la fundación de Roma es bastante obvia, pero lo que no se conoce muy bien es el papel de la loba en el mito antiguo como la guardiana de grandes monumentos, como el teatro de Ostia, donde regularmente se presentaban obras teatrales sagradas y mundanas. Se consideraba que el lobo era el que gobernaba la tierra de los muertos, o el Otro Mundo. En la tradición de los amerindios, se relaciona al Lobo con la luna, o con el aspecto psíquico de la vida, y se le conoce como el Maestro, un papel que aparentemente asumió en Ostia ante los estudiantes irreverentes.

Como los perros son mascotas comunes, abundan los relatos de su extraño comportamiento de sincronicidad y su interacción con sus compañeros humanos. Un ejemplo típico ocurrió una noche cuando estábamos sentados a la mesa en mi comedor. Una amiga me estaba diciendo que Iván, su gran perro esquimal, que escuchaba con atención lo que ella decía, en una ocasión había devorado una vela. "¿Volverías a hacerlo?", le preguntó. Sentí que estaba yo leyendo su mente o la expresión de su rostro y hablé por él diciendo: "¡Ponme a prueba!". Otro amigo llamado David, también estaba sentado a la mesa. Antes se había perdido en sus pensamientos y de pronto elevó la vista sorprendido. Dijo que todos estábamos participando en una sincronicidad que sólo él había reconocido. Unos minutos antes, durante nuestra conversación sobre el hecho de que a Iván le gustaran las velas, David estaba considerando seriamente un problema que su logia masónica estaba teniendo en relación con las velas que se usarían en una ceremonia de segundo grado que se llevaría a cabo la noche siguiente. No sólo eso, sino que en el preciso momento en que yo hable por Iván, David estaba pensando en la respuesta ritual que daba el iniciado al final de la ceremonia de las velas, y esa respuesta es: "¡Ponme a prueba!".

El zorro, que se encuentra con más frecuencia que el lobo y con menos frecuencia que el perro, es un arquetipo más extraño que el lobo y el perro, pero se relaciona con ambos. Jung describió un encuentro de sincronicidad con este animal cuando caminaba por una zona boscosa acompañado de una paciente. Ella estaba en el proceso de hablarle sobre un sueño que había tenido cuando era niña, en el que vio a un zorro fantasmagórico bajando la escalera en la casa de sus padres. Justo en ese momento, un zorro salió de entre los árboles a unos treinta metros frente a ellos y caminó casualmente por ahí durante unos minutos. Jung comentó que el animal se comportó como si fuera "parte de la situación" (Bolen, p. 20).

El simbolismo del zorro se relaciona con el cambio de forma, con el teriomorfismo (como una mujer que se transforma en zorro) y todas las formas de cambio físico y psíquico, y con mayor frecuencia se relaciona con la trascendencia femenina. En Japón, se considera que el zorro es el animal más mágico, que como Inari, es el mensajero del dios de las cosechas. Entre los amerindios existe la creencia de que el zorro protege a las familias y las mantiene unidas respondiendo a las necesidades de los parientes cercanos. Es interesante que todas estas tradiciones míticas provenientes de Europa, Asia y América se relacionen directamente con la paciente de Jung. Cuando ella tuvo el sueño siendo niña, estaba a punto de llegar a la adolescencia, que resultó ser un periodo de su vida muy pródigo; esto nos hace recordar a Inari, el mensajero del dios de las cosechas. La devoción de esta paciente por la familia de su padre, que era muy unida, también se refleja en el énfasis doméstico que los amerindios dan al zorro. Aunque esta mujer estaba familiarizada con muchos de estos conceptos, este simbolismo tan apropiado que se concentró en una coincidencia tan significativa, confirmó sus actitudes personales.

Un encuentro con animales que tuvo como resultado una transformación poderosa en la vida de otra mujer, también marcó un punto crítico en las investigaciones de Jung, ya que lo obligó a abrirse y a considerar los profundos fundamentos psicológicos de la sincronicidad. La historia es bien conocida, pero merece ser mencionada brevemente aquí, ya que es un ejemplo clásico de signos [ostenta] modernos con los que todas las personas que se interesan en la sincronicidad deberían estar familiarizados.

En un momento decisivo de su tratamiento, la paciente de Jung estaba describiendo un sueño que recordaba vívidamente en el que alguien le entregaba una joya que tenía la forma de un escarabajo. Esta paciente era un caso muy difícil, y en la opinión de Jung era "psicológicamente inaccesible", pues era una joven cuya visión estrecha del mundo le impedía captar realidades que se alejaran de aquello que podía percibirse físicamente y de manera inmediata, y que era aceptable a nivel racional. Debido a su inquebrantable mentalidad racionalista, su tratamiento había llegado a un callejón sin salida. Pero cuando estaba relatando su sueño sobre el escarabajo dorado, Jung escuchó claramente un golpe en la ventana y vio que lo había provocado un insecto de gran tamaño que parecía decidido a entrar. Jung abrió la ventana y atrapó al insecto cuando voló cerca de él, y luego se lo dio a su paciente diciendo: "Aquí está tu escarabajo". Ella tenía en sus manos un escarabajo scarabeid, su color verde-dorado era casi igual al de la joya dorada en forma de escarabajo de su sueño. La visión exclusivamente racionalista de la estupefacta paciente recibió tal impacto que ella finalmente tuvo una actitud abierta para recibir más tratamiento. A la larga, ese tratamiento llegó a su fin con resultados positivos. La coincidencia significativa también tuvo un profundo efecto en el propio Jung, pues lo motivó para realizar su investigación pionera en el tema de la sincronicidad. Él estaba consciente de que un escarabajo nunca antes había hecho tanto ruido en su ventana. De hecho, ni siquiera podría recordar que se hubiera visto un insecto de este tipo en esa época del año.

Una creencia popular del centro de Europa afirma que si un escarabajo entra volando a la casa de una persona, es un augurio de noticias inesperadas (Leach, p. 212). Pero en la mitología egipcia el insecto tiene un significado más amplio. Los escarabajos eran emblemas de Jepri, que aparece como el sol de la mañana el cual es una confirmación diaria de sus funciones como dios de la resurrección. Su nombre significa al mismo tiempo "Escarabajo" y "El que llega a ser" (Mercatante, pp. 83, 84). Se creía que los escarabajos eran su reencarnación física, así que los egipcios usaban amuletos en forma de escarabajo para atraer el poder regenerador de Jepri. Es notable que en su sueño, a la paciente de Jung se le entregara un amuleto en forma de escarabajo, y que estando ella despierta propició la aparición del animal que era su contraparte (o eso es lo que habrían creído los habitantes del antiguo Egipto). Y el encuentro del símbolo subconsciente con el objeto biológico generó en esta paciente un poderoso cambio regenerativo que la hizo mejorar, una experiencia tipo "volver a nacer" que sería característica de Jepri, "El que Llega a Ser".

Joseph Campbell, que dedicó su vida a estudiar las teorías de Jung sobre la correlación subconsciente entre el mito y la realidad, experimentó su propia sincronicidad en forma apropiada. Cuando vivía en la ciudad de Nueva York, estaba absorto en un libro sobre la mitología de los bosquimanos, en la que la mantis religiosa desempeña el papel de héroe. Mientras estaba leyendo, Campbell sintió un impulso repentino de abrir la ventana. Al hacerlo, se quedó atónito al ver la mantis religiosa más grande que había visto en su vida, caminando por el borde de la ventana. Cuando la estudió más de cerca, el insecto giró la cabeza y miró directamente al asombrado mitólogo. "Su rostro era similar al de los bosquimanos", recordó Campbell (Combs y Holland, p. 31). La imposibilidad estadística de esta coincidencia significativa se fortaleció debido a la ubicación del departamento, que estaba en el piso catorce de un edificio sobre la Sexta Avenida, un lugar donde es muy poco probable encontrar un espécimen tan grande. Es interesante que la sincronicidad que experimentó Campbell tenga un extraño parecido con la que experimentó su predecesor Jung, quien también recibió el saludo de un insecto en su ventana, lo que en sí es un arquetipo. La ventana es un espacio abierto hacia el Otro Mundo, que está más allá de nuestro plano material de existencia.

En otro incidente de sincronicidad relacionada con insectos, en una ocasión, un reportero estaba escribiendo sobre un productor cinematográfico de Hollywood que describió como un "hombre que es como un mosquito chupa sangre", en el momento en que escribió eso, escuchó el zumbido de un mosquito de gran tamaño. La criatura no generó esta metáfora, ya que hasta ese momento, él no había visto insectos en su departamento en todo el año.

Un tipo diferente de insecto logró conectar a dos amigos que estaban a una distancia de quinientas millas. Uno de ellos por casualidad encontró, colgando de un árbol en el patio del vecino, la oruga más grande y elegantemente diseñada que jamás había visto. Era la oruga de la palomilla cecropia, la más grande de América del Norte. Cuando después se la describió a su amigo en una llamada de larga distancia, ambos se sorprendieron al enterarse de que ese mismo día y tal vez a la misma hora en que apareció la oruga, el otro amigo leía sobre la palomilla cecropia por primera vez en su vida; hasta entonces, ignoraba la existencia de este insecto. La fecha en que ocurrió esta coincidencia llegó a ser más significativa cuando ellos se dieron cuenta que era el aniversario de la muerte de un amigo mutuo.

Los bantú de África creen que las almas de los muertos adoptan la forma de orugas para renacer como palomillas y mariposas. Ese mismo concepto prevalecía en la antigua Roma, donde se originó la palabra larva que significaba "fantasma" o "espíritu" (Leach, p. 185). En este caso, la aparición de esa extraordinaria oruga fortaleció el vínculo de un alto nivel mental entre los dos amigos, sin importar la distancia que los separaba, a través de la tragedia de su compañero muerto. Más allá del vínculo espiritual que se creó en un suceso mágico que parecía trascender a la muerte, su símbolo hablaba de algo que todavía se estaba gestando en la larva del tiempo.

Hemos examinado la interacción de la sincronicidad en el ave, el pez, el simio, el lobo, el perro, el zorro y el insecto. Todas las demás bestias que podríamos encontrar, ya sea en nuestros sueños o estando despiertos, requerirían todo un libro aparte. Uno de los mejores libros sobre el tema es el de Carson y Sams, *Cartas medicinales: El descubrimiento del poder a través del modo de actuar de los animales [Medicine Cards: The Discovery of Power Through the Ways of Animals]*, que aparece en la bibliografía de este libro. Aquí será suficiente incluir a unas cuantas de las criaturas que más comúnmente se cree que traen coincidencias significativas a nuestra vida.

El gato doméstico personifica ante todo gracia y la capacidad de pasar suavemente entre fuerzas opuestas mediante el arte del equilibrio sereno. Sus parientes de mayor tamaño, el puma, el león, el leopardo, el chita y la pantera, son variaciones en los temas del liderazgo, la voluntad, la firmeza, el orgullo y el poder para alejarse y ser una ley para uno mismo.

La ardilla representa la travesura, la murmuración y el egoísmo; características que se muestran en la mitología de los antiguos relatos noruegos sobre Ratatoesk, la ardilla que fomentaba rumores y trataba de incitar conflictos entre los dioses del Asgaard y los monstruos del bajo mundo.

El oso, debido a su hibernación que es tan parecida a la muerte, es el arquetipo del poder de la reencarnación. Hace dos mil años, un pueblo desconocido esculpió con tierra montículos en forma de oso orientados hacia el punto por donde sale el sol en el solsticio de invierno, a las orillas del Lago del Diablo [Devil's Lake], en Wisconsin. El primer día del invierno marcaba el principio de la temporada de hibernación de estos animales.

El escurridizo ciervo simboliza la naturaleza transitoria y la inestabilidad de todas las cosas. El ratón simboliza el escrutinio, la rata la codicia vulgar, y el conejo el miedo.

La tortuga es un arquetipo complejo pero poderoso. Representa la proyección astral, la transformación del alma a través de diversas dimensiones espirituales; lo que se simboliza en la forma en que la tortuga sobrevive con éxito en la tierra y también bajo el agua. Los amerindios le dieron a America del Norte el nombre de Isla Tortuga, luego de que sus ancestros llegaron después de la transformación cataclísmica del Gran Diluvio, en la que perecieron muchos que se habían alejado de los dioses. La rana y la tortuga tienen el mismo simbolismo. Para los Indios Chumash del sur de California, Rana Danzante era un chamán cuya tradición medicinal se había originado antes del Gran Diluvio.

El caballo personifica el poder de la libertad o de la fuerza, a través del control de uno mismo, dependiendo de la naturaleza de la experiencia de sincronicidad. Como la serpiente que puede despojarse de su piel vieja y tener una nueva, representa la habilidad de regenerarse, de superar lo viejo y surgir fuerte y renovado. A veces, como la propia serpiente, este proceso es aterrador, pero las serpientes son mensajeros del cambio fundamental y necesario con el fin de mejorar.

Los ejemplos de signos [ostenta] que se mencionan aquí sólo representan una diminuta fracción del fenómeno. Casi cada animal en la Tierra tiene su propio simbolismo. Pero la interpretación de estos símbolos, a pesar de contar con la ayuda de las tradiciones míticas y de la psicología, depende para su autoridad definitiva de la persona o personas a quienes se presenta el símbolo. Las listas de este tipo de fenómenos que intentan ofrecer explicaciones o significados paralelos sólo son útiles en cierta medida. Una serpiente podría causarle horror a una persona y representar algo muy positivo para otra. Las explicaciones generalizadas de los símbolos personales, sin importar lo fundamentalmente universales que sean, son de poco valor. Las interpretaciones anteriores de casos específicos no representan un estándar con el que deban descifrarse otros sucesos reales. No obstante, se describen aquí para demostrar cómo cada incidente de sincronicidad puede abordarse siguiendo temas comunes o arquetípicos y sus efectos en las personas que los experimentan.

La sincronicidad no se limita a la experiencia humana; ocurre entre todas las criaturas. Al parecer, los sucesos acausales ocurren incesantemente en el reino animal. Las personas que tienen animales domésticos informan de numerosas sincronicidades no sólo entre ellas mismas y sus mascotas, sino entre los animales. Quizás los seres humanos somos únicos sólo por el hecho de que reconocemos conscientemente tales incidentes y tratamos de entenderlos. En realidad, las demás criaturas del planeta podrían estar mucho más avanzadas que nosotros en lo que concierne a apreciar la sincronicidad, ya que actúan en base a ella en forma instintiva y su comportamiento está condicionado por ella.

Los ejemplos que se citan aquí demuestran cómo la sincronicidad puede conectar las actividades de los seres humanos mediante sucesos meteorológicos o geológicos que al parecer no se relacionan, al igual que mediante el comportamiento de los animales. Estamos rodeados de un universo de símbolos activos cuya relevancia se extiende más allá de nuestras generalizaciones. Sin embargo, estos símbolos a menudo aparecen como si estuvieran hechos a la medida de nuestras situaciones individuales y de nuestra necesidad de ilustración. Esa conexión profundamente personal, e incluso íntima, con la realidad que nos guía y que está más allá de nuestros cinco sentidos, es lo que experimentamos a través de los momentos mágicos de sincronicidad que encontramos en el mundo natural.

Capítulo 3

La sincronicidad de la profecía

Hay tanto en nuestro futuro que depende de las redes más efímeras que tejen las Parcas, que es remota la posibilidad de que las deidades elijan uno de los mil resultados posibles.

MICHAEL CURTIS FORD, *LOS DIEZ MIL* [*THE TEN THOUSAND*]

Algunas sincronicidades parecen predecir sucesos futuros. Otros incidentes similares de este tipo suceden al mismo tiempo, pero están tan alejados en cuanto al espacio que desafían toda explicación racional. El factor que todos parecen compartir es un estado alterado de conciencia que experimentan las personas involucradas en ellos. Las sincronicidades que se describen en las siguientes secciones por lo general ocurren en momentos durante los cuales la mente tiene un control menos directo sobre su entorno, momentos en los que la mente se ha rendido ante las influencias subconscientes. Los sueños en los que estas influencias dominan por completo, representan las áreas psicológicas donde ocurren estos episodios precognitivos.

Estar enamorado es un estado de conciencia alterado que se experimenta estando despierto y debido a su naturaleza profunda y en ocasiones obsesiva, a menudo se interrelaciona con los sueños. De la misma manera, algunos ejemplos creíbles de telepatía han sido sucesos que no se buscaron, en los que aquellos que sin saberlo participaron en ellos no se concentraron deliberadamente en establecer conexiones de una mente a otra. Las premoniciones por lo general empiezan a nivel emocional, como una sensación sin nombre que al final se expresa a medida que la sensación se vuelve más poderosa. Estos sucesos pueden producirse a través de estados de conciencia alterados mediante estímulos visuales en la forma de imágenes arquetípicas, como se describen en los mandalas del budismo tibetano o en las cartas del tarot.

Sin importar cuál sea el método o la categoría relacionada con la sincronicidad, los numerosos ejemplos de experiencia humana que abarca nos obligan a reconsiderar los conceptos que normalmente tenemos sobre la naturaleza del tiempo. Estos ejemplos tienen una relación más directa con nuestra investigación sobre la coincidencia significativa, y parecen demostrar que incluso en nuestra mente subconsciente (o especialmente en ella) estamos conectados con el Gran Enigma a nivel individual, aunque sea en una forma muy sutil.

Premonición

Premonición es tener conciencia de una acción antes de que se lleve a cabo. Tal vez es la más esquiva de las categorías de la sincronicidad. Los sucesos futuros pueden lanzar su sombra, como se dice comúnmente, pero el creer que se puede tener conocimiento de ellos antes de que ocurran se ha confundido debido a las conclusiones de la mayoría de los psicólogos, que creen que esos incidentes en realidad son el resultado inevitable del hecho de que se cumplan los sueños.

Earl Koenig, uno de los miembros de mi grupo de investigación, dijo que él siempre hacía una tirada larga con las cartas del tarot antes de hacer planes para un viaje al exterior. El tarot se originó como un juego a principios del siglo XIV en Italia, pero incluso entonces incorporó símbolos alquímicos mucho más antiguos que se usaban para la adivinación. Antes de uno de sus viajes, las cartas le mostraron a Koenig que tendría un viaje muy productivo y divertido, pero que en el transcurso de ese viaje experimentaría una impactante sensación de miedo. Quiso saber más al respecto y sacó más cartas, y le indicaron que aunque esa experiencia no sería una amenaza contra su vida y tampoco sería muy importante, él sentiría un arrepentimiento momentáneo durante su estancia en las Islas Canarias, debido a un objeto perdido. Una lectura final le aseguró que debería hacer ese viaje. Durante los siguientes tres meses, Earl viajó por Europa y por el Norte de África divirtiéndose, como se había pronosticado. Para cuando llegó a Tenerife, en las Canarias, había olvidado por completo la lectura de las cartas, pero ahí extravió un regalo que apreciaba mucho pues lo había recibido de un amigo en su visita a Eslovenia. Sólo cuando estuvo en medio de su profunda desilusión debido a la pérdida, recordó la predicción del tarot, hacía varios meses, cuando estaba en Estados Unidos.

El estado de sueño

Algunos de los ejemplos más extraordinarios de sincronicidad ocurren en los sueños, aunque son menos frecuentes. La posibilidad de que el suceso represente sólo el cumplimiento de un deseo puede descartarse, al igual que cualesquier acciones deliberadas o subconscientes por parte de la persona o personas involucradas. El estado de dormir representa un campo de acción puro que no está contaminado por influencias externas, donde el hecho de ser acausal, de no estar gobernado por las leyes de causa y efecto, puede explayarse con toda libertad. En los sueños, la sincronicidad parece ser especialmente poderosa, pues no tenemos absolutamente ningún control sobre las circunstancias y estamos en manos de un misterio que ordena y conecta, y que nos ha incluido en su diseño. Los sueños sobre algo que se va a desarrollar en el futuro que en ocasiones se cumplen, podrían deberse a que nuestra mente subconsciente está resolviendo problemas conocidos en la objetividad relajada que se tiene al estar dormido. Pero los sueños que predicen con precisión sucesos absolutamente alejados de la persona que está durmiendo y que ella desconoce, brotan de otras fuentes cuyo origen es más difícil rastrear en forma racional.

Un ejemplo sobresaliente de esto es Edgar Cayce, un hombre sencillo de buen corazón que vivió en la zona rural de Kentucky y luego en Virginia a finales del siglo XIX. A Cayce todavía se le recuerda como el Profeta Durmiente debido a sus visiones del futuro mientras estaba en un estado de trance inducido. Sus intereses, estando despierto, no iban más allá de su familia y la Biblia. Pero cuando estaba dormido, hacía declaraciones extraordinarias sobre curas médicas, geología, arqueología e incluso espiritualidad, que a menudo contradecían su educación cristiana fundamentalista. Aunque nunca recordaba lo que decía, se registraron más de 14,000 declaraciones suyas hasta su muerte en 1945. Algunas tenían que ver con sucesos futuros que ahora ya han ocurrido.

Uno de los ejemplos más extraordinarios se relaciona con una mujer de Chicago que le escribió desesperada a mediados de la década de 1920 sobre una urticaria muy dolorosa que se presentó en casi todo su cuerpo. Años de tratamiento por parte de médicos importantes no habían podido curar su condición o determinar su causa. Al deslizarse al nivel consciente de sus sueños, Cayce dijo que la causa de su enfermedad se descubriría poco después de que ella recibiera la respuesta que él le estaba escribiendo; de hecho, después de recibir la carta de Cayce, la mujer encontró el nido de una araña venenosa del género loxosceles, también conocida como araña violín. Esta araña la había picado sin que ella se diera cuenta. El ungüento que Cayce le prescribió hizo que la urticaria se redujera.

Unos meses después, Cayce dijo que algún día los científicos descubrirían que hace miles de años, un importante río, que ahora ha desaparecido, tributario del Nilo, fluía a través de lo que en la actualidad es el Desierto del Sahara, desde el Delta Egipcio hasta el Océano Atlántico al otro lado del Norte de África donde actualmente se encuentra Marruecos. Cuando él hizo su predicción, a principios de la década de 1930, los geólogos en general consideraron que su declaración sólo era producto de su imaginación. Pero sesenta años más tarde, durante un proyecto para trazar mapas del Desierto del Norte de África que se llevó a cabo en 1991, como parte de un programa espacial conjunto de Europa y Estados Unidos, los instrumentos Landsat mostraron el cauce de un río perfectamente definido de una enorme vía fluvial que fluía desde el Delta del Nilo, a través del vasto Desierto del Sahara y hasta cerca de la ciudad de Mogador en la costa del Atlántico, en el sur de Marruecos. Lo que parecía estar más allá del ámbito de las posibilidades para el mundo científico de la época, había sido revelado por Edgar Cayce mientras estaba dormido.

Cayce fue único sólo por el gran número de sueños proféticos que experimentó. Muchas personas viven estos excepcionales psicodramas, como Jung los describió, aunque con menor frecuencia, pero no con mejor profundidad.

Sueños precognitivos

Una persona que experimenta un sueño precognitivo percibe un suceso o condición antes de que ocurra. Estos sueños no siempre tienen que ver con situaciones traumáticas, pero las que mejor se recuerdan son las más dramáticas. Como un ejemplo de una profecía no dramática que se presentó en un sueño, Adrian Rhinehart, un conductor profesional, me dijo que ha tenido varios sueños proféticos, todos relacionados con su tan demandante ocupación. Los sucesos que los sueños predijeron sucedieron tal y como él recordaba haberlos soñado y siempre tenían que ver con accidentes de tránsito, aunque nadie resultó herido ni murió a causa de ellos. Rhinehart habló de un sueño vívido en el que él iba conduciendo por una carretera desconocida, cuando pudo ver un coche boca abajo cerca de la cuneta. Él redujo la velocidad y se acercó a la escena, donde un policía solitario le hizo señales para que siguiera su camino. Más tarde ese día, estaba de hecho conduciendo por una calle por la que nunca antes había pasado y encontró un coche boca abajo, igual que en el sueño. También ahí un solo policía le hizo señas para que siguiera su camino. El conductor dijo que tomaba muy en serio esos sueños y aseguró que expandían su capacidad consciente, aunque sólo fuera en forma sutil, y por lo tanto le ayudaban a evitar accidentes.

Pero Rhinehart no les había puesto mucha atención a los sueños hasta que una noche soñó que iba conduciendo sobre un puente y perdía el control de su automóvil. Cuando el coche cayó por la barandilla, él salió de un salto por la puerta pero se aferró al cinturón de seguridad. Estando seguro en el puente, sostuvo el auto suspendido del cinturón de seguridad tanto como pudo, hasta que tuvo que soltarlo y el vehículo cayó unos treinta metros hacia el mar, donde se perdió de vista. Despertó de ese sueño pensando: "Hoy voy a destrozar mi coche". Pero cuando estuvo completamente despierto, descartó el sueño como si fuera una tontería y se fue a trabajar sin preocupación alguna. Esa tarde, se quedó dormido al volante mientras conducía sobre un puente y chocó con el coche que iba adelante. Aunque nadie salió lastimado, el daño que sufrió su propio vehículo fue extenso. Aun así, él creía, contra toda racionalidad, que podría repararse por completo. Sólo después de dos o tres días llegó a aceptar que los daños que había sufrido el coche eran irreparables.

"Nadie puede decirme que fui víctima de una circunstancia en que uno de mis deseos se hizo realidad", insistió. "Ese era mi coche favorito y mi fuente de ingresos, lo disfrutaba y dependía de él. Otras personas podrían pensar que yo destruí mi propio coche subconscientemente sólo para hacer que ese sueño se hiciera realidad, pero yo sé en mi corazón que definitivamente están equivocados".

Es interesante que ambos accidentes (el de su sueño y el del día siguiente en la carretera) ocurrieran mientras él estaba dormido. En el sueño, él se aferró al cinturón de seguridad hasta que finalmente tuvo que soltarlo, perdiendo así su coche. De la misma manera, después de chocar su coche, no podía admitir lo obvio, que el coche estaba arruinado, y sólo lo admitió mucho después del accidente en sí. En otras palabras, se negaba a desprenderse de su coche.

Un sueño precognitivo que experimentó Julie Westmar, una mujer de Oregon, descarta la posibilidad de que pudiera relacionarse con el hecho de que un deseo se cumpliera. Ella soñó que estaba en un edificio de dos pisos, lo percibió con claridad pero era desconocido para ella. Estaba con siete personas extrañas y ya había anochecido. Todos estaban asustados porque el lugar estaba rodeado por una manada de leones que llevaban armas de fuego. Pero al final llegó un octavo extraño y dispersó a los leones. Westmar le contó este absurdo sueño a su esposo. Varios días después, él se asombró mucho porque, estando de visita en Seattle, reconocieron el edificio que su mujer había descrito. Tuvieron que entrar para reunirse con un sociólogo amigo suyo, con quien compartieron la increíble coincidencia. Él le preguntó a Westmar si alguien había salido lastimado en su sueño, luego los llevó a la ventana y les mostró una situación que se estaba presentando abajo en la calle. Una pandilla de jóvenes rodeaba el edificio; llevaban playeras en las que se leía claramente la palabra "Leones". Atemorizado, el sociólogo apagó las luces del edificio. Ahora, él y sus amigos pudieron ver que los miembros de la pandilla mostraban abiertamente las pistolas que llevaban. Notó que en esa habitación había siete personas, que en su mayoría no se conocían, y que esperaban temerosas. Poco después llegó la esposa del sociólogo, vio a los miembros de la pandilla y llamó por teléfono a la policía, que los dispersó. Ella fue la octava persona en la escena (Ryback y Sweitzer, pp. 131, 132).

La mayoría de los sueños precognitivos se relacionan con la muerte o con situaciones que amenazan la vida. Las personas que aseguran que sueñan con accidentes aéreos antes de que sucedan de vez en cuando reciben publicidad. Para poner esto a prueba, le pedí a Jim Harris, un amigo cercano que decía haber experimentado sueños de este tipo, que se pusiera en contacto conmigo inmediatamente después de tener uno de estos sueños. Pocos meses después, Harris me llamó por teléfono y describió un sueño en el que un pequeño avión privado de un solo motor se elevaba en forma errática, descendía y luego volvía a elevarse, como si el piloto estuviera buscando algo con desesperación. Con una maniobra aterradora, el avión de pronto se estrelló en el suelo, matando a todos los pasajeros. Harris recordó que el avión había caído de lado, con el ala en el aire en un ángulo extraño. Había caído en un sitio rodeado de árboles.

No hubo informes sobre un avión accidentado en la mañana ni en la tarde del día siguiente, pero esa noche, en las noticias apareció lo que había quedado de un avión privado que se había estrellado en un parque de la zona después del anochecer. En el noticiero de la televisión se dijo que el avión había caído de lado con el ala formando un ángulo en el aire. Su fuselaje blanco mostraba claramente un borde rojo y sus números de identificación. Al parecer el piloto, que viajaba solo, murió en el accidente después de haberse perdido y de haberse desorientado debido a las espesas nubes, sobre las que intentaba ascender o en forma alterna bajo las que intentaba descender, hasta que se estrelló contra el suelo, que aparentemente acababa de ver antes de intentar ascender de nuevo. El sueño que Jim tuvo sobre el accidente, aproximadamente treinta y seis horas antes de que ocurriera, coincidió con el hecho real en todos sus detalles.

Este sueño, como los otros que había tenido, le causó gran preocupación, ante todo porque sus sueños nunca incluían suficiente información para que él pudiera cambiar el resultado en la vida real. A pesar de sus detalles, que a menudo eran exactos, siempre les faltaba un número específico o alguna otra característica por medio de la cual él pudiera identificar al avión que sufriría el accidente. Estas terribles visiones abarcaron un periodo de aproximadamente siete años, desde que él tenía casi treinta años de edad hasta que cumplió aproximadamente treinta y cinco años. Tenía un promedio de tres a cinco sueños al año. Cuando dejaron de presentarse, Jim no lamentó su ausencia. Por el contrario, sintió alivio pues ya no sufriría el terrible estrés de saber que no le era posible impedir una catástrofe inminente. Él nunca entendió por qué tuvo esta serie de sueños precognitivos. Pero nunca dudó de su veracidad.

Aunque la mayoría de los sueños precognitivos se relacionan con temas sobre la vida y la muerte, no todos son tan negativos o frustrantes como los sueños que Harris tenía sobre accidentes fatales. Timothy Gray y Alex Tanous mencionan el caso de una mujer que sufría migrañas. Las dosis de codeína que se le administraba sólo le producía un alivio parcial. Una noche soñó que su cuerpo estaba sujeto con alambres a una misteriosa cajita, a la que en su sueño ella llamó "cargador de baterías de la vida". Seis meses después, su médico le ofreció un neurotransmisor, un aparato pequeño con baterías que enviaba impulsos eléctricos al cerebro y en esa forma eliminaba su sensibilidad al dolor en el momento en que empezaban las migrañas.

Hasta que ella vio el neurotransmisor, había olvidado por completo el sueño en el que había visto precisamente este aparato médico. A lo largo de los dos años siguientes, mitigó los peores efectos de sus dolores de cabeza e hizo que considerara la posibilidad de recurrir a un enfoque holístico a la salud, incluyendo la meditación. Ella cree que el "cargador de baterías de la vida" la animó a buscar métodos alternativos que a la larga llevaron a una mejoría de su condición (Gray y Tanous pp. 11, 13).

Sueños compartidos

Avanzamos más allá de las explicaciones sobre el hacer que se cumplan los deseos al abordar el fenómeno de la sincronicidad relacionado con sueños compartidos, mutuos o simultáneos. Aquí, dos personas participan al mismo tiempo en un psicodrama subconsciente común. Estos sueños normalmente ocurren entre personas que son cercanas en lo intelectual o en lo emocional, y al menos en algunos casos, indican la acción de la telepatía en la actividad consciente. Steven Francis y Richard Kazume, dos amigos que fueron parte de mi grupo de investigación, han documentado una serie de sueños en los que aparecieron juntos y en forma simultánea, a pesar de que uno de ellos se había mudado a otro estado y vivía a varios kilómetros de distancia. En un ejemplo de este tipo de sueños, ambos soñaron que asistían a la misma reunión pública con un famoso estadista que en realidad había muerto varios años antes de que ellos nacieran. Es interesante que los detalles de ambos sueños revelaron que aunque las personas que tuvieron el sueño estaban en el mismo evento, tenían diferentes puntos de vista, como si estuvieran en diferentes lugares entre la multitud.

Varios meses antes, Kazume, el más joven de los dos, soñó algo que parecía un pastillero de metal. Era un recinto redondo y metálico, con un interior vacío, era de naturaleza militar y se encontraba cerca del agua o en el agua. Esa misma noche, sin que Kazume lo supiera, su amigo se había acostado tarde y había estado leyendo sobre el *Monitor,* un famoso buque blindado de la Guerra Civil de Estados Unidos. Esta embarcación era única por su enorme torreta metálica donde sólo había un par de cañones. Aunque este no fue un sueño compartido, esta sincronicidad demuestra cómo los pensamientos de una persona pueden penetrar en el subconsciente de otra, incluso sin su voluntad consciente.

Un solo sueño en el que tres personas participaron simultáneamente incluyó a una mujer, a su madre y a su mejor amiga. Se centró en una joven no identificada que estaba embarazada. Las tres compartieron el mismo sueño y se sorprendieron unas a otras cuando lo comentaron en detalle. Cada una recordaba que el sueño había sido muy vívido, excepto por la identidad de la joven embarazada. Estas tres personas no podían imaginar quién era la joven. Varios días después, la hermana menor de la mujer que tuvo el sueño, que tenía catorce años y acababa de enterarse de que estaba embarazada, habló en confianza con ella. Hasta entonces, nadie había sospechado que esta chica estuviera embarazada. El sueño compartido ocurrió la misma noche en que la chica se enteró de su condición (Ryback, p. 59). Parece que el mecanismo de esta sincronicidad triple fue el afecto que estas tres mujeres sentían por la chica. En este ejemplo, nuestras categorías se fusionan para incluir sueños proféticos con el poder del amor, que se describen más tarde en este capítulo. A menudo, cuando las personas tienen vínculos cercanos, ya sea por lazos de familia o por lazos emocionales, las rupturas en sus relaciones parecen generar conmovedores momentos de sincronicidad.

Aunque la telepatía parece haber sido el común denominador de estos sueños compartidos, los escépticos que rechazan la credibilidad de este fenómeno se enfrentan a alternativas mucho más difíciles de considerar, principalmente la posibilidad de que un poder invisible pero decisivo cree un vínculo entre personas separadas mediante sucesos comunes. Las personas que son intolerantes a las explicaciones que van más allá de una interpretación racional, rechazan todo lo que sugiera una causa espiritual que no está en sus manos. Pero al hacerlo, pierden la oportunidad de tenerlo todo, pues aunque la telepatía es un fenómeno auténtico, es en sí una expresión de sincronicidad, como lo demuestra la siguiente sección.

Telepatía

La palabra telepatía viene de las palabras griegas *tele*, que significa lejos, y *pathein*, que significa intuir, sentir o percibir. Define la comunicación directa mediante la transmisión o transferencia de pensamiento, como la describen los teósofos, de una mente a otra, o a varias mentes. Aunque la telepatía no es visual, en ocasiones va acompañada de sonidos o voces. Más a menudo, la comunicación no es auditiva, sino que se percibe interiormente o se intuye.

Aunque cualquier comunicación entre mentes a través de un medio que no sea la percepción sensorial, es una definición útil de telepatía, en los sucesos de sincronicidad esta ocurre sin el esfuerzo deliberado de entrar en los pensamientos de otra persona. Aunque un vínculo telepático subconsciente parece explicar estos sucesos, un examen más cuidadoso indica que la telepatía podría ser uno de los diversos elementos que trabajan juntos para llevar a cabo una sincronicidad. Al igual que la precognición, la telepatía involuntaria a menudo parece activarse por situaciones que amenazan la vida.

Lloyd Weaver, un buzo de Wisconsin, acababa de terminar una satisfactoria tarde de periodos prolongados de buceo con sus amigos en un hermoso lago. Después de que todos se fueron a casa, él se quedó solo en un parque cerca de la costa, donde disfrutó de un buen almuerzo. El agua y el ejercicio lo habían dejado estimulado pero relajado, y dedicó algo de tiempo para disfrutar el clima de finales de la primavera. Un pequeño grupo de niños que jugaba en el parque contribuyó al escenario idílico. Él se recostó pacíficamente bajo un árbol para ver las azules aguas que antes había disfrutado tanto. Se sentía perfectamente centrado y en su mente casi no había pensamientos. Empezó a quedarse dormido, pero un recuerdo desagradable empezó a surgir de manera espontánea. Se dio cuenta de que estaba pensando en un amigo que había perdido una mano en un accidente de trabajo en una fábrica. Cuando él lo visitó en el hospital, su amigo se quejó del dolor que sentía en la muñeca, donde se le había amputado la mano. Él no había pensado en su amigo desde hacía veinte años. ¿Por qué este recuerdo había regresado ahora, en medio de un día tan feliz?

Se sintió intranquilo y miró su reloj; eran exactamente las 3:23 p.m., y sintió un fuerte impulso de regresar a casa lo más pronto posible. En cuanto entró a la casa, le preguntó a su madre si algo estaba mal. Ella le dijo que su hermana, que vivía en el sur de Illinois, a una distancia de casi quinientas millas, se había caído y había sufrido una lesión grave en la muñeca. Tenía dolores muy fuertes y se requería un extenso tratamiento médico para salvar su mano derecha. Se le informó que el accidente había ocurrido unos minutos antes de las 3:30 esa misma tarde.

Más tarde, al analizar los diversos elementos de esta sincronicidad, Weaver llegó a la conclusión de que, aunque su mente había recibido el mensaje telepático del dolor de su hermana, su subconsciente no había sido capaz de llegar a su capacidad consciente. Por lo tanto, buscó urgentemente en el almacén de los recuerdos de su vida para encontrar el recuerdo que pudiera compararse más de cerca, y lo usó con fuerza como un ariete mental para abrirse camino hasta su mente racional y activar su sentido intuitivo. Weaver también cree que la telepatía se desarrolló como parte de nuestra evolución humana universal, cuando nuestros antepasados, hace cientos de miles de años, vivían a la intemperie entre los peligros del mundo natural. A lo largo de innumerables generaciones, llegaron a ser altamente sensibles a cada detalle en un entorno amenazador. La intuición telepática era sólo una de las defensas evolutivas que les ayudaban a protegerse de sus dificultades. Primero se desarrolló entre los miembros más cercanos de la familia que dependían unos de otros para su sustento, luego entre la tribu o el clan. Con el advenimiento de las ciudades, donde se recurría a los muros y a los ejércitos para la defensa de su población, los sentidos telepáticos fueron cada vez menos necesarios y se atrofiaron, aunque no se perdieron por completo, incluso después de cinco mil años de civilización.

En el mismo lago, Weaver experimentó otra sincronicidad relacionada con la familia que puede considerarse esencialmente telepática. El invierno anterior, había conducido, en su coche nuevo, hacia la superficie del lago donde se había formado una gruesa capa de hielo. Originalmente, no había tenido la intención de hacer eso, pero siguiendo un repentino impulso aventurero, condujo a toda velocidad sobre el lago congelado sólo por diversión. Se detuvo en medio del lago y le sacó una foto a su coche. Poco después, fue presa de una visión terrible en la que el hielo se abría y su nuevo hatchback se desplomaba a través de la superficie quebrada y hacia las profundidades. Abordó el auto de un salto y condujo a toda velocidad hacia fuera del lago hasta llegar a la orilla sin haber sufrido daño alguno.

Cuando volvió a casa, se sorprendió cuando su madre le preguntó si había cometido la insensatez de conducir su coche sobre el hielo. Ella le dijo que mientras estaba resolviendo un crucigrama, una visión fugaz pasó por su mente e interrumpió su concentración. Durante prácticamente un instante, tuvo con toda claridad la impresión mental de que el coche de su hijo se sumergía en la superficie del lago. Tuvo la visión más o menos a la 1:30 p.m., el momento en que él sintió el fuerte impulso de alejarse del hielo.

Es extraño que aunque tanto él como su madre tuvieron, al mismo tiempo, una visión en la que el coche desaparecía en las aguas, él vio que el coche caía hacia delante mientras que ella lo vio caer hacia atrás. Ese tipo de discrepancia ocurre a menudo en casos de telepatía. En un esfuerzo consciente en el campo de la transferencia de pensamiento, en una ocasión me concentré en la ilustración de una ametralladora que yo acababa de dibujar en una hoja de papel. Aunque la persona a la que yo estaba dirigiendo esta imagen dijo que había "captado algo", no podía identificarlo. Cuando se le entregó un lápiz y una hoja de papel, dibujó el objeto que vio con los ojos de su mente, pero él todavía era incapaz de reconocerlo, hasta que yo giré la hoja de papel; él había dibujado la ametralladora de cabeza. Los parapsicólogos opinan que, aunque esta alteración de imágenes que, por otra parte, se reciben con exactitud, no se entiende, es una característica de una transferencia de pensamiento auténtica. Podría compararse a la imagen que capta una cámara de televisión, donde ocurre ese mismo tipo de inversión, y se requiere una lente especial que corrija la imagen de modo que quede como debe ser.

A veces, momentos de sincronicidad relacionados con lo que parece ser telepatía involuntaria, se conectan con sucesos aparentemente inocuos. En 1959, una mujer que estaba lavando los trastes en su casa en la zona suburbana de Chicago empezó a pensar en el Programa de Dinah Shore. Eran los días de la televisión en vivo, cuando los programas requerían de pesados horarios de ensayos. La mujer empezó a idear escenas cómicas, números y ensambles para el popular programa de televisión para divertirse mientras pasaba el tiempo entre sus ollas y sartenes. Cuatro o cinco días más tarde, cuando vio el programa, se quedó asombrada al ver que seguía la misma secuencia que ella supuestamente había ideado, virtualmente detalle tras detalle, incluyendo canciones idénticas. Unos días después, estando frente al fregadero ocupada en la misma tarea rutinaria, sus pensamientos distraídamente se deslizaron de nuevo al programa, y empezó a idear la coreografía de los números musicales y a ensayar canciones. Sintió una curiosidad especial de saber si era posible que la realidad correspondiera una vez más con su imaginación o su intuición, así que encendió ansiosa el aparato de televisión a la hora indicada. Al igual que antes, el programa fue casi igual a su visión precognitiva. Durante varias semanas, ella predijo con una precisión increíble cada programa, varios días antes de que saliera al aire, para el asombro de su esposo y de sus hijos. Las visiones continuaron durante aproximadamente mes y medio, luego cesaron y jamás volvieron.

Dinah Shore no era la artista favorita de esta mujer, ni parecía haber una conexión fundamental entre la ama de casa desconocida de la zona media occidental de Estados Unidos y la famosa artista de California. La mujer sintió que su mente había estado recibiendo imágenes mentales de alguien que tenía una relación cercana con la producción del programa. Ambas personas estuvieron pensando en la misma frecuencia telepática, al menos durante cuarenta y cinco días. Aunque la coincidencia no hizo que esta mujer se sintiera más cerca de Dinah Shore, sí hizo que ella estuviera más abierta a aceptar su potencial paranormal. Esta ama de casa fue miembro de mi grupo de investigación y confesó que después de compartir sus experiencias con otros experimentó una calmada sensación de propósito.

En muchos casos de telepatía genuina, las sincronicidades de fondo tienen papeles incluso más sutiles. No obstante, estas obvias corrientes ocultas parecen ser el motivo principal y verdadero de la telepatía, de la misma forma en que otras coincidencias significativas usan diferentes medios para conectar a los seres humanos mediante sucesos de sincronicidad. El segundo momento de sincronicidad que experimentó el buzo ocurrió en un momento en que él en cierta forma estaba lejos de su hermana; su intuición telepática en relación con el accidente que ella sufrió y su preocupación por su salud durante los meses siguientes, hicieron que se volvieran a unir. Y aunque él siempre había estado cerca de su madre, la visión simultánea que compartió con ella, en la que su coche caía al romperse el hielo, reforzó ese lazo de unión.

El amor parece ser la causa universal que respalda a muchos de estos episodios que supuestamente son acausales. Muchas personas creen que el amor, en sus múltiples formas, es el principio fundamental que pone en movimiento todo tipo de sincronicidades. De hecho, hay suficientes ejemplos de afecto humano, con sus cualidades específicas, que merecen tener su propia clasificación. El siguiente caso ejemplifica la universalidad del amor que supuestamente subyace otras formas de coincidencias significativas y forma un puente con la categoría de los sueños precognitivos, de la que ya hablamos antes. Se relaciona con Doris Carlson, una mujer de California a la que un psíquico le informó que algún día conocería a un hombre conocido como Father John, y que sería muy cercano a ella. Diez días más tarde, la mujer estaba bailando con un hombre que acababa de conocer en esa fiesta de Año Nuevo. El hombre le habló de un amigo que él había traído. Este amigo era muy tímido debido a que era ciego. Aún así, le preguntó a la mujer si podía bailar con ella sólo durante unos minutos. Ella se sorprendió de que se lo pidiera; es probable que entre todos los que estaban en la fiesta, ella fuera la que estaría más dispuesta a aceptar, ya que su madre era ciega. Después ella le pidió al extraño que bailara un vals con ella, él se puso de pie y sonriente se presentó como "el viejo Father John", que no se esperaba que bailara muy bien. Se enamoraron profundamente y después vivieron felices como marido y mujer (Vaughn, p. 55).

La precognición del psíquico fue el elemento de identificación que le dio sentido a todo lo que sucedió después como una serie de coincidencias. El amor y la compasión que ella había sentido por su madre durante tanto tiempo se extendieron al hombre que llegó a ser su esposo, aunque ella no había buscado a alguien que sufriera esa discapacidad. El momento en que se conocieron también tiene un significado especial: la víspera de Año Nuevo, un momento importante de transición que representa un nuevo inicio.

En otra historia que ocurrió a mediados de la década de 1940, un letrero enmarcado colgaba en la ventana de una tienda de abarrotes en Portsmouth, Inglaterra. Este letrero indicaba qué día de la semana estaba cerrada esa tienda. Dos semanas antes de que se casara el hijo del dueño de la tienda, le quitaron el marco a ese letrero por primera vez en más de veinte años. De manera sorprendente, el dueño de la tienda descubrió que habían usado una fotografía grande como respaldo para el letrero. Su pálida imagen lo mostraba a él con una niñita en los brazos. La gente reconoció a la niñita: era su futura nuera. Nadie pudo explicar cómo esa fotografía había llegado a estar detrás del letrero, ni las circunstancias en que se tomó la fotografía, ya que la familia del dueño de la tienda y la familia de la niña no se conocían cuando se tomó esa foto. En otra coincidencia relacionada con estas personas, la niñita que cuando creció se casó con el hijo del dueño de la tienda tenía el mismo nombre que su hija, mientras que el esposo de su hija tenía el mismo nombre que el hijo del dueño de la tienda, el hermano de la muchacha (Vaughn, pp. 54, 55).

En un caso que en cierta forma es similar, Helen Montgomery, una niña de ocho años, estaba jugando a las escondidas en un parque de Londres cuando encontró ocho chelines y seis centavos bajo la tierra suelta. Parecía un tesoro maravilloso y se le permitió conservarlo. Mucho tiempo después, siendo una joven, estaba caminando con su novio por el mismo parque y pasaron por el lugar donde ella había desenterrado las monedas hacía casi trece años. Cuando le habló a su novio de su descubrimiento siendo niña, él le confesó que, siendo niño, él había enterrado ahí ese dinero porque se lo había robado a su madre y tenía miedo de meterse en dificultades si lo guardaba en su persona. Cuando volvió para desenterrarlo, se dio cuenta de que alguien más había encontrado su dinero mal habido. Cuando su novia le contó su experiencia, ambos se dieron cuenta de que compartían un memorable incidente de la infancia (Stickney, p. 36).

Incluso cuando el amor ha dejado de existir, las coincidencias significativas podrían crear conexiones relacionadas con asuntos del corazón que se vivieron en el pasado, quizás como una especie de solaz que indicara que de alguna manera esa relación tenía que vivirse a pesar de su final desdichado. Robert Stevens, un turista estadounidense que se había enamorado profundamente de una muchacha irlandesa llamada Iris, experimentó un desequilibrio emocional cuando rompieron su relación menos de un año después. Tratando de olvidarla, él viajó a Austria. Pero en medio de la grandeza cultural y la inusual belleza de este extraordinario país, él no podía dejar de pensar en ella. Una noche, siendo ya tarde, caminaba solo por las calles desiertas de Linz preguntándose cómo estaría ella; de pronto dio vuelta en una esquina y vio un antiguo muro de piedra en el que alguien había escrito estas palabras: "Iris está bien". Lo extraordinario fue que la frase estaba escrita en inglés.

El incidente tuvo un efecto profundo en su susceptible mente. Al principio no estaba seguro de cómo interpretar esta confrontación con algo tan inesperado, le dio vueltas en la cabeza a esta sincronicidad durante varios días. En realidad, casi era lo único en lo que pensaba. Paro al final, su alma llegó a sentir una resignación racional y algo melancólica que tranquilizó sus emociones. Al aceptar sin amargura y sin lamentaciones el hecho de haber perdido a Iris, logró integrar su recuerdo a la historia de su vida, y pudo seguir adelante.

Enigmas

Las diversas categorías de sucesos de sincronicidad nos proporcionan definiciones específicas que nos ayudan a entender este esquivo fenómeno. Pero hay momentos especiales de coincidencias significativas que se niegan a ser clasificados. No pertenecen a ningún grupo de incidentes similares y son sincronicidades por derecho propio. No obstante, merecen tener una clasificación propia debido a su singularidad. Son enigmas de primer orden que no tienen nada en común con otros ejemplos, excepto por el hecho de que también son acausales. Son muy significativos para quienes los experimentan, pero van más allá de su capacidad para comprenderlos. Yo los he puesto en la categoría de los enigmas.

El último ejemplo de la sección anterior nos lleva a la categoría de los enigmas, pues aunque el enamorado atribulado sintió el poder místico de una conexión de sincronicidad, no pudo determinar su verdadero significado. De hecho, muchas coincidencias desafían todo intento de encontrarles sentido. Pero debido al poder que tienen o al sentimiento de propósito que infunden, merecen su propia clasificación. En ocasiones, en su insensatez, son definitivamente divertidas. Entre las civilizaciones que se desarrollaron antes del descubrimiento de la escritura, las coincidencias significativas se relacionaban con el tramposo místico o con el payaso sagrado, que personifica la arruga anormal en un universo que en otros aspectos es comprensible.

David Goodwin, un miembro de mi grupo de investigación, fue víctima del tramposo una noche, siendo ya muy tarde, cuando estaba apilando libros en una casa que compartía con otras personas. Sus compañeros estaban profundamente dormidos, así que tuvo el cuidado de evitar que los libros grandes se cayeran y los despertaran. Pero de alguna manera las pilas de libros se desequilibraron y empezaron a desplomarse, a pesar de sus esfuerzos desesperados por detener la avalancha de literatura. Cuando caían, pudo agarrar un libro al azar antes de que los otros se colapsaran haciendo un ruido espantoso. Se sintió mal al ver que en portada tenía una ilustración: la pintura de una mujer que le pedía que guardara silencio pues tenía el dedo índice sobre los labios.

La literatura tuvo algo que ver en otro caso de sincronicidad enigmática. Una noche, un hombre conducía a casa y estaba escuchando el radio; estaban transmitiendo información sobre la presentación de la obra "Nunca le Apuestes tu Cabeza al Diablo", que originalmente fue un relato corto de Edgar Alan Poe, y uno de los raros intentos de este gran escritor por crear algo humorístico. Poe era uno de los autores favoritos de este hombre. Casi inmediatamente después, un coche destartalado que iba a toda velocidad, lo rebasó por la izquierda. Sus placas sólo tenían estas letras: "POE". El conductor se rió para sí, pero no tenía idea de lo que el universo estaba tratando de decirle.

Como señalamos al principio de nuestra investigación, las placas parlantes son elementos que están presentes en la historia de la sincronicidad. También lo son todo tipo de letreros, y los automóviles son los vehículos en los que se encuentran con más facilidad. Un conductor que estaba escuchando un noticiero en el radio de su coche, se enteró de una reciente legislación federal que le molestó mucho, tanto así que no pudo evitar exclamar en voz alta: "¡Locura!". En ese momento, giró la cabeza y vio la palabra "¡Locura!" pintada en una pared que pudo ver al ir conduciendo a toda velocidad por la autopista. ¿Alguien estaba confirmando sus opiniones políticas?

Un mensajero estaba en la oficina de envíos de la empresa donde trabajaba quejándose con sus compañeros de trabajo porque un cliente que solía darle mucho trabajo no se había puesto en contacto con la empresa durante varios meses. En cuanto el mensajero hizo esa observación, sonó el teléfono y era precisamente ese cliente.

Un reportero de la Marina Armada de Estados Unidos estaba preocupado porque tenía que completar una asignación importante en la fecha señalada por sus superiores. Se le estaba dificultando redactar un texto para presentar un libro conmemorativo que llevaba el título de: *From Sea to Shining Sea [De un mar brillante al otro]*. Cuando conducía su auto a un lugar que estaba a una distancia de mil millas de su base para llevar a cabo deberes no relacionados con esta tarea, y sintiéndose nervioso por el poco tiempo que le quedaba antes de la fecha límite para entregarla, por casualidad vio la marquesina de una pequeña iglesia frente a la que pasó a toda velocidad. Decía: *From Sea to Shining Sea*. Él no supo cómo interpretar esta coincidencia, aunque pudo entregar su trabajo antes de la fecha límite.

El parapsicólogo Allan Vaughn recordaba que en una ocasión pidió a los conductores de vehículos que pasaban por la calle que lo llevaran a donde quería ir, y el primer coche que pasó, aceptó llevarlo. La mujer que lo conducía era la Sra. Allan y vivía en la Calle Vaughn. Ella había asistido a la conferencia del Sr. Vaughn sobre sincronicidad la noche anterior y ahora se dirigía al mismo hotel al que Vaughn quería llegar (Vaughn, p. 26).

Aunque este tipo de sucesos no parecen tener un significado comprensible, producen en quienes los experimentan el mismo asombro que producen en sus beneficiarios las sincronicidades que es más fácil entender. Por lo general, las personas que experimentan enigmas acausales los consideran como una confirmación de aquello en lo que están involucrados en ese momento. En vista de que cada sincronicidad es personal y única, los observadores externos no pueden determinar si esa conclusión es siempre correcta. A menudo, sin embargo, una coincidencia singular que parece no significar nada cuando se le aísla de las que ocurrieron antes y después, empieza a tener sentido cuando se le ve en el contexto de experiencias similares. Entonces se le puede considerar como la pieza de un mosaico más grande, que cuando se junta con otros fragmentos y se observa desde la perspectiva adecuada, forma una imagen objetiva e inteligible de las experiencias de la vida.

Capítulo 4

Orígenes sincrónicos y asombrosas vidas paralelas

¿Vemos en estas coincidencias singulares el propósito de un poder sobrenatural que dirige la atención de la humanidad al hecho de que hay algo más en este mundo que la mera materia?

—IGNATIUS DONNELLY,
DIARIO, 4 DE JULIO 1881

Nuestros orígenes son las raíces de nuestro destino; fundamentalmente representan nuestro sentido de quienes somos y de dónde venimos. Por lo tanto, no es sorprendente que la sincronicidad a veces llegue a nosotros mediante experiencias intensas que nos conectan con lugares de donde venimos o con personas que nos nutrieron desde el principio. Las coincidencias que nos vinculan con nuestro origen espiritual o genealógico hacen que sean más profundos nuestros sentimientos de identidad y de pertenencia y el sentido de ubicación, que es tan importante para los seres humanos.

En ocasiones, estas sincronicidades profundamente personales revelan uno de los aspectos más sorprendentes y misteriosos de este fenómeno que ya de por sí es enigmático: las vidas paralelas. Desde épocas remotas hasta el presente, se ha informado de casos de coincidencias extraordinarias en las cuales personas no relacionadas, que a menudo no se conocen, comparten múltiples similitudes increíbles que ninguna teoría de la probabilidad podría explicar. A veces, los individuos vinculados por similitudes inexplicables estaban separados por grandes distancias, tenían antecedentes culturales divergentes, o incluso habían muerto. Los incidentes acausales que establecen un contacto dramático con el origen de un individuo, o en ocasiones revelan una vida paralela brotan de la misma región de coincidencia significativa; es decir, la fuente de nuestra identidad.

Orígenes

Los sucesos de sincronicidad que definen o enfatizan las raíces humanas invariablemente producen un sentido de individualidad y unidad en las personas que los experimentan, pues se conectan poderosamente con nuestros orígenes nacionales, ancestrales o geográficos. Un caso típico involucró a un estadounidense de orígenes irlandeses, cuyas coincidencias significativas en un Día de San Patricio, 17 de marzo, empezaron cuando se dio cuenta de que, inadvertidamente, estaba escribiendo su diario con tinta verde, precisamente cuatro meses después del día en que había usado esa pluma por última vez. Su diario personal para ese día mencionaba que le había mandado una carta a una amiga, Rosemary Ellen Guiley, que vivía en otro estado; esa noche conoció a una mujer que se presentó como Ellen McGuiley. En la mañana, encendió el radio y escuchó al actor irlandés, Cyril Cusak leyendo "El Lago de Innisfree" de William Butler Yates; eso no era algo inusual, considerando la fecha, excepto que, inmediatamente después, él seleccionó al azar una cinta de su colección de más de quinientos casetes sin rótulo y lo puso en el tocacintas, se sorprendió al escuchar de nuevo el mismo poema recitado por Cusak.

En 1968, Wayne May, que en la actualidad es el editor de *Ancient American [Americano Antiguo]*, una revista de arqueología a nivel nacional, se interesó en el tema de la genealogía después de que su tía le habló de su árbol genealógico, cuyas raíces estaban en las Colonias Americanas antes de la Guerra de Independencia. Wayne no conocía a nadie en el este del país, pero más por broma que debido a una investigación seria, condujo con un amigo hacia el Estado Keystone. Cuando llegó, encontró una guía telefónica local y se sorprendió al ver que tenía tres páginas completas con personas que tenían el apellido May. "¿Dónde empiezo?" se preguntaba. Sólo por diversión, su compañero le dijo que cerrara los ojos, diera tres vueltas y luego señalara una página, sin ver. Siguió fielmente esas instrucciones y marcó el número seleccionado al azar. Se escuchó la voz de una mujer, y él le habló tímidamente de su búsqueda.

Aunque parezca sorprendente, ella lo invitó a su casa. La señora May resultó ser una amigable mujer madura que tenía muy poco interés personal en la genealogía, pero le dijo que hablara con su hijo, David H. May, que se fascinó con la idea. Cuando se conocieron, Wayne se quedó asombrado al saber que él y David pertenecían a la misma familia. Sólo estaban a una generación de distancia. David confesó que su mayor frustración genealógica había sido no ser capaz de descubrir los nombres de los hermanos de su abuelo, que habían participado en la Guerra Civil. Tenía una fotografía de mediados del siglo XIX, de Woodford Clark May, pero no mucho más. Providencialmente, Wayne complementó los datos faltantes en su investigación, pues no sólo proporcionó los nombres de los seis hermanos sino también sus fotos. Y David le dio a Wayne suficientes datos para reconstruir cuatro generaciones anteriores de su árbol genealógico, información que no pudo haber obtenido de nadie más.

A veces, la sincronicidad relacionada con nuestros orígenes puede afectar la vida y la muerte de toda una civilización. A principios del siglo xvi, los aztecas gobernaban la mayor parte del territorio de México. Gran parte de sus creencias religiosas se centraba en la misteriosa figura de Quetzalcóatl, la Serpiente Emplumada. Se decía que Quetzalcóatl era un héroe de piel blanca y barba dorada que lucía un casco de metal. Él y sus tropas de sabios seguidores llegaron por el Océano Atlántico en el pasado remoto para establecer una civilización en Mesoamérica. Les enseñaron a los nativos agricultura, astronomía, arquitectura, escritura y todo lo necesario para construir una sociedad sofisticada. Su pueblo lo amaba por su sabiduría y su bondad; lloraron cuando se alejó en su nave y prometió que un día volvería o mandaría a sus emisarios personales.

Después, los sacerdotes y astrónomos aztecas determinaron la fecha exacta del regreso de Quetzalcóatl. Ellos creían que en febrero de 1519 él regresaría y volvería a establecer su reinado. Después de la partida de Quetzalcóatl, a todos los emperadores aztecas se les consideró custodios de la sociedad, que la preservaban para que el enigmático fundador de su nación, o su embajador, asumiera lo que originalmente le había pertenecido.

Tal y como se había pronosticado, un hombre blanco y barbado que lucía un casco de acero y que estaba al mando de seguidores con el mismo atuendo, llegó en el mes y el año que se había predicho. Incluso tocó tierra en la misma costa, cerca de Veracruz, donde según la tradición era el lugar donde Quetzalcóatl había pisado tierra en el pasado remoto. Precisamente lo opuesto del bondadoso fundador de una cultura, Hernán Cortés destruyó por completo el Imperio Azteca en nombre del cristianismo español. El que fuera capaz de derrocar al poder dominante en la zona media de América, un imperio de millones, en menos de dos años y al inicio con sólo cuatrocientos conquistadores, fue posible debido a la coincidencia significativa que relacionó al Cortés histórico con la mítica Serpiente Emplumada. Como a los españoles les interesaba más el oro azteca que la mitología, sólo después de la conquista se enteraron de que los nativos habían confundido a Cortés con Quetzalcóatl, lo que les resultó bastante divertido.

En realidad, en marzo de 1997 ocurrió un caso extraordinario de sincronicidad genealógica en una población pequeña en el norte de Inglaterra. Los arqueólogos encontraron el esqueleto bien preservado de un hombre que según las pruebas con carbono había vivido hacía nueve mil años. Los restos estaban en tan buenas condiciones que los antropólogos forenses de la universidad local pudieron conseguir suficiente material de ADN para compararlo con personas que ahora vivían en la misma zona. Los científicos tenían curiosidad por descubrir si pudiera encontrarse alguna similitud genética entre los residentes modernos y el extraño del pasado remoto. Eligieron a seis personas debido a la antigüedad de la historia de sus familias (la más antigua se remontaba al siglo XI), uno de ellos era profesor en la universidad donde se estaban estudiando los restos.

Cuando se les sometió a prueba, las otras cinco personas mostraron evidencia de tener algunas similitudes generales con el hombre de nueve mil años, pero la comparación con el plano genético del profesor de cuarenta años de edad, impactó a los investigadores, y especialmente a él. Su análisis mostró definitivamente que los dos juegos de ADN concordaban, comprobando que el profesor no sólo pertenecía a la misma familia, ¡sino que era descendente directo del habitante prehistórico de las Islas Británicas que había sido sepultado hace noventa siglos! "No puedo describir la emoción que me electrifica cada vez que veo el rostro de esa calavera", dijo, "y me doy cuenta de estoy viendo los restos de mi ancestro directo" ("El Hombre más Viejo de Inglaterra", p. 5).

Vidas paralelas

Entre las formas más raras que toma la sincronicidad, quizás las vidas paralelas son la más inexplicable. Encontré un ejemplo particularmente interesante de este extraño fenómeno de sincronicidad, en 1996, mientras estaba yo recopilando material para este libro.

La música que brotaba del radio era sin lugar a dudas de Mozart. Aunque sus últimas sinfonías son bastante conocidas, yo no estaba familiarizado con la obra que estaba transmitiendo la estación local de bellas artes, así que supuse que pertenecía a un periodo anterior de su carrera. A partir de la revolución de discos compactos de los años recientes, muchas composiciones desconocidas han renacido. Obras de los maestros del pasado que habían quedado olvidadas o que rara vez se interpretan, ahora están disponibles a una audiencia mundial de audiófilos que nacieron muchas generaciones después de que los compositores se fueron a la gran sala de conciertos en el cielo. Yo naturalmente supuse que la sublime música que llenaba mi departamento estaba entre las creaciones de Mozart que se habían perdido o que rara vez se escuchaban, y que ahora se había restaurado al repertorio, después de doscientos años de descuido.

Cuando se desvaneció el estribillo típico de Mozart del último movimiento, yo sentí curiosidad por saber el nombre y el número de esta obra desconocida, y en especial quería algo de información sobre la nueva grabación, que tenía la intención de comprar. Como era de esperarse, la voz del anunciador se escuchó al terminar la música: "Esa fue la Sinfonía en Re, de Juan Arriaga". "¿Quién?". Exclamé en voz alta. Pero no hubo ninguna explicación posterior. De inmediato empecé a consultar todos mis libros de historia de la música buscando a este imitador de Mozart. Tenía que ser un imitador muy talentoso, pues ciertamente me había engañado. Después de agotar mis libreros, pasé a las secciones de referencia de la biblioteca pública, pero encontré muy poca información sobre este personaje Arriaga. Mi curiosidad se incrementó debido a la cantidad limitada de datos que pude encontrar sobre alguien que obviamente era un gran creador de música, que aunque al parecer era original, correspondía a la producción sinfónica de los últimos años de Mozart. Los vendedores locales de discos no fueron de gran ayuda. Las grabaciones de la música de Arriaga no se conseguían con facilidad en la mayoría de las tiendas y se tenían que adquirir haciendo un pedido especial. Pero tenía yo la esperanza de que el empaque de los discos tuviera algo de información útil sobre este misterioso compositor.

Impaciente por saber más, visité la biblioteca de música de la Universidad de Minnesota. En ninguno de sus estantes, que por otra parte eran ricos en literatura sobre la música, había una biografía completa de Juan Arriaga. Aparentemente, la descripción más completa sobre su vida se había publicado hacía 164 años como obituario en la ya desaparecida revista francesa *Revue Musicale*. Pero en los pesados tomos de la biblioteca encontré datos sueltos que casi parecían combinarse para formar la historia de una vida meteórica. Según estos datos, a Juan Arriaga se le recordaba después de su muerte como el Mozart español. Como yo ya había escuchado su sinfonía, no lo dudaba. En realidad era vasco y había nacido en Bilbao en 1806. Desde la temprana edad de tres años mostró un extraordinario talento musical e incluso se le comparaba con prodigios de la música mayores que él. Una cita de la revista francesa *Revue Musicale*, decía: "Aprendió los principios fundamentales de su arte casi sin maestro, guiado por su genialidad" (Hindley, p. 105). Todo Bilbao asistió a la premier de su ópera. El compositor de catorce años de edad se horrorizó tanto con la enorme multitud que "se escondió entre bambalinas durante la presentación, sonrojado y en estado de intenso pánico, hasta que un aplauso atronador estalló en la sala. Entonces salió de su escondite y muy conmovido, agradeció a la audiencia con profundas reverencias" (Rodríguez, p. 43).

A los quince años de edad, Arriaga viajó a Francia, donde fue admitido en el Conservatorio de París como la persona más joven a la que se le permitió entrar a las salas de esa augusta y formidable institución. Menos de tres años después, se le otorgó el rango de profesor asistente, lo que también fue un nombramiento sin precedente para una persona tan joven. La *Enciclopedia Británica* nos dice que Arriaga fue un "compositor extraordinariamente precoz", cuya música "muestra abundante inventiva, frescura e ingenio" (H.C.R.L., P. 54). Arriaga se elevó sobre París como un cometa, y casi de inmediato se convirtió en una gran estrella de la música, en el tema favorito de conversación. Sus presentaciones como violinista eran descritas como "demoníacas" debido a la respuesta histérica que invariablemente despertaban en su público de seguidores cuyo número creció rápidamente. No tenía otros intereses aparte de su arte, que lo obsesionaba y al mismo tiempo lo poseía.

En realidad, parecía estar perpetuamente embelesado con la música, especialmente con sus composiciones, y podía contagiar a otros con el encanto de su forma altamente teatral de interpretarlas, que era comparable con un remolino. Su capacidad como compositor no era menos frenética. En un periodo de semanas, días o incluso horas, su pluma produjo oberturas, óperas, cantatas, misas, cantos, cuartetos, toda una sinfonía, duetos, música de cámara, y más. Como su biógrafo moderno, José Rodríguez, escribió: "El joven compositor siguió escribiendo a toda velocidad. Trabajaba sin cesar" (p. 41). Francois J. Fetis, el maestro de Arriaga en París y su promotor después de su muerte, mostraba el mismo asombro: "Su progreso fue prodigioso. El progreso de este joven en el arte de tocar el violín también fue rápido. La naturaleza le dio el don de hacerlo todo bien en el campo de la música" (Figueredo, p. 89). José, sobrino bisnieto de Arriaga, escribió lo siguiente sobre este compositor: "Su trabajo era excesivo y agotador, y tal vez por esa razón sufrió de una infección en el pecho que empeoró debido a las largas horas que dedicaba a su arte cada día y llegó a amenazar su existencia" (Figueredo, p. 114). Arriaga murió en 1826 sólo diez días antes de cumplir veinte años.

Parece increíble que haya logrado tanto en una vida tan breve. Pero su fugaz dominio de la escena musical en París se eclipsó totalmente con su muerte. En su ciudad natal se le dio su nombre a un teatro y sus compatriotas erigieron un monumento en su memoria. Pero el mundo exterior no sabía nada de él hasta tiempos recientes, cuando las grabaciones en disco compacto están empezando a dar a conocer al público de hoy sus composiciones, que se habían descuidado durante tanto tiempo.

La tarea de compilar los fragmentos dispersos sobre Arriaga, de alguna manera me intranquilizó. Parecía haber algo peculiar, imposible de definir, en esta personalidad que repentinamente iluminó la cultura occidental en forma tan brillante y se desvaneció tan abruptamente como había comenzado, para volver a surgir después de siglo y medio de oscuridad gracias a un medio tecnológico que ni siquiera su genialidad estelar pudo haber imaginado. "El Mozart Español", pensé. Esta designación póstuma me invitaba a hacer una comparación.

A diferencia de Arriaga, Wolfgang Amadeus Mozart es el músico sobre el que más se ha escrito en el mundo. Su vida y obra están documentadas en innumerables libros. Como leemos en la *Enciclopedia Británica*: "La literatura sobre Mozart es tan vasta que una lista de sus títulos llenaría varios cientos de páginas" (H.C.R.L, P. 54). Hay obras teatrales, películas, e incluso óperas sobre este famoso compositor. Al menos la mitad de la comparación no sería difícil de investigar.

De hecho, de inmediato fue evidente que se trataba de una vida paralela, que iba más allá de similitudes musicales. Al igual que Mozart, Arriaga fue un niño prodigio, y ambos fueron virtuosos de un instrumento que causaron sensación popular, aunque sólo fuera brevemente. Es extraordinario que compartieran sus nombres, en sus versiones en latín y en español, es decir: Juan y Crisóstomo. El nombre legal de Mozart era Johannes Chrysostomus; el nombre de Arriaga era Juan Crisóstomo. Me preguntaba si los padres del músico español habían intentado deliberadamente que él siguiera las huellas musicales del compositor austriaco desde su nacimiento. Pero supe, que por el contrario, no le dieron ninguna dirección particular a su vida, todo lo que se sabe de

Arriaga señala su fuerza de voluntad. Ninguno de sus padres estaba consciente de que sus nombres eran iguales a los de Mozart. Aunque a su padre "le agradaba mucho la música", y fomentó el talento de su hijo, nadie de la familia, excepto Juanito, mostró dones musicales o inclinación a la música (Figueredo, p. 5). Tampoco hay evidencias que indiquen que él haya seguido conscientemente el ejemplo del maestro de Salzburgo. Arriaga era él mismo. De hecho, desde sus primeros años como compositor, siendo aún niño, sabía muy poco sobre Mozart o sobre cualquier otro compositor. La evidencia indica que Arriaga ya había desarrollado su propio estilo antes de familiarizarse con la música de Mozart.

Tanto Arriaga como Mozart ya eran músicos competentes a los tres años de edad y prefirieron el violín y no el clavicordio como su instrumento favorito, lo que en sí era una preferencia poco usual en su tiempo. Mozart compuso su primera ópera, *Bastien y Bastienne* (K. 50), una comedia, cuando tenía trece años de edad. *Los esclavos felices*, que también es una comedia, fue la primera y única opera que escribió Arriaga, y también la compuso a los trece años de edad, antes de haber estudiado los principios básicos de la armonía, lo que, según afirma Rodríguez (p. 38), es virtualmente imposible. Ambos dejaron su tierra natal para encontrar el éxito en París como compositores y artistas. La *Sinfonía París* de Mozart (K. 297) fue el resultado de su visita a la Ciudad de las Luces. La escribió en el tono que más utilizó en sus sinfonías posteriores, Re Mayor, que es la misma que prefería Arriaga y la usó en su propia *Sinfonía París*.

Lo que confirma estos extraños hechos paralelos es la música en sí, que habla con más elocuencia, aunque en forma no menos misteriosa que las meras coincidencias. Ha habido muchos músicos que han copiado el estilo de Mozart en forma consciente o inconsciente. Sus obras invariablemente pueden distinguirse de las de Mozart, incluso las que fueron escritas por los grandes maestros. Haydn, Brahms e incluso Chopin trabajaron con temas de Mozart, pero sus composiciones siempre pueden identificarse como suyas. Sólo la música de Arriaga parece un brote orgánico directamente de las composiciones de Mozart. La conexión entre la música de estos dos compositores a veces parece perfecta, incluso para los expertos.

Lo más intrigante es que ambos hombres nacieron el mismo día; Mozart nació el 27 de enero de 1756, Arriaga nació el 27 de enero de 1806. Aunque esta es la primera vez que se describe la relación de Mozart con su alter ego español, el caso de las vidas paralelas de los dos presidentes más famosos de Estados Unidos han desconcertado a los historiadores a lo largo de cuarenta años. Algunos de los hechos son obvios y bien conocidos: Abraham Lincoln y John Kennedy fueron elegidos como jefes de la nación exactamente con cien años de diferencia y terminaron su presidencia al ser asesinados; los vicepresidentes que tomaron las riendas del gobierno después de los asesinatos tenían el mismo apellido: Johnson. Además, Andrew Johnson nació en 1808 y Lyndon Johnson en 1908. Los apellidos "Lincoln" y "Kennedy" tienen siete letras (el siete, como mencioné antes, significa la terminación de ciclos), y ambos hicieron su campaña con un método poco usual: célebres debates públicos con sus principales oponentes.

Sus elecciones presidenciales se ganaron por márgenes muy estrechos, e Illinois fue el estado que decidió la elección en ambos casos, y el conflicto entre los derechos de los estados y los derechos civiles fue el problema primordial de sus respectivas administraciones. El nombre del secretario personal de Lincoln era Kennedy, y el secretario de JFK se apellidaba Lincoln. Siguiendo con este extraño intercambio, el asesino de Lincoln le disparó al presidente en un teatro y se ocultó en un almacén; Oswald le disparó a Kennedy desde un almacén y se ocultó en un teatro. Y ambos presidentes fueron asesinados un viernes y en presencia de sus esposas.

Lincoln tenía una mentalidad mística y tomaba muy en serio las coincidencias significativas. Como escribe su biógrafo: "A lo largo de su vida, creyó en los sueños y en otros signos y portentos enigmáticos" (H.C.R.L., vol. 10, p. 986). Poco antes de la muerte de Lincoln, él le habló a su esposa de un sueño vívido que había tenido en el que vio su propio cuerpo tendido en un féretro envuelto en crepé negro. Poco después de su elección, Kennedy también anticipó su asesinato sintiendo premoniciones (Vidal, p. 227).

Al parecer, el siglo XIX tuvo ración de coincidencias paralelas. En 1886, el Capitán Henry W. Lawton, del ejército de Estados Unidos, persiguió a Gerónimo, el famoso jefe apache. A lo largo de los cinco meses y las 1645 millas que tuvo que recorrer para acorralar a su presa, Lawton se obsesionó con su persecución. Sólo pudo atrapar a Gerónimo a base de engaños. Aunque Gerónimo vivió otros catorce años, su poder fue destruido y murió traicionado y humillado. Nunca volvió a ver su amada tierra natal, ante todo por la tenacidad del soldado estadounidense. La pasión de Gerónimo por la tierra se debía, en parte, a su deseo de defender el legado de generaciones de apaches que habían vivido y muerto en lo que ahora se había convertido en el estado de Arizona.

Por su parte, Lawton fue honrado con una substancial recompensa de dinero y una ventajosa promoción, llegando a ser al oficial militar estadounidense en las Filipinas, donde se le transfirió antes del final del siglo XIX. Vivía con su familia en Manila, en una lujosa residencia, cuando brotó una rebelión en Luzón. Aunque su presencia no era necesaria en esa operación de menor importancia, se ciñó el mismo revólver Colt que había usado años antes en su fanática persecución de Gerónimo y dirigió sus tropas hacia la jungla. Ahí, un tirador emboscado le disparó y lo mató. Casi inmediatamente fue capturado por los estadounidenses. Cuando lo interrogaron, se sorprendieron al saber que el nombre del filipino rebelde era Jerónimo.

La sincronicidad paralela no se limita a los famosos. Paul Kammerer, un importante precursor del estudio científico de la sincronicidad, habló de dos hombres comunes que vivieron vidas paralelas. No se conocían ni tenían relación alguna, pero ambos nacieron en Silesia y fueron voluntarios en el cuerpo de transporte del ejército. En 1915, fueron admitidos al mismo hospital militar, donde ambos fueron tratados por neumonía. Lo extraordinario es que compartían el mismo nombre y apellido: Franz Ritcher.

Aunque por su propia naturaleza, la sincronicidad es un fenómeno muy personal, he tratado, con el menor número posible de excepciones, de mantenerme alejado de la investigación. Por lo tanto, es con cierta renuencia que cito el siguiente caso como ejemplo. Como en el caso de la comparación entre Mozart y Arriaga, nunca antes se ha publicado, y si no fuera un ejemplo tan claro de la categoría que estoy describiendo aquí, no lo hubiera incluido.

A principios de 1988, me topé con una breve biografía de Ignatius Donnelly, un escritor y político estadounidense que vivió en la segunda mitad del siglo XIX. Parece extraño que yo no hubiera tenido el cuidado de aprender algo sobre él, considerando el hecho de que fue el fundador de la Atlantología, el estudio moderno de la leyenda de la Atlántida, que para esa fecha ya había captado tanto mi atención. Yo había leído muchas veces su libro, *Atlántida: El mundo antes del diluvio*, pero nunca me había concentrado en el autor. Yo había escrito mi propio libro sobre el tema hacía ya un año. Pero al revisar casualmente el relato de la vida de Donnelly por primera vez, me sorprendí un poco al ver que habíamos nacido el mismo día, el 3 de noviembre. En esa época yo no sabía nada sobre la sincronicidad, y pensé que el paralelo era una feliz coincidencia, y nada más. Suponiendo que eso sería divertido para mi madre, le mostré la biografía. Pero la expresión de su rostro no fue de diversión. Después de una pausa para superar su asombro, me dijo algo sobre mi nacimiento que nunca me había dicho antes. Y lo que me dijo cambió mi vida para siempre.

Me dijo que antes de que yo naciera, su familia se esforzó mucho para que me bautizaran con el nombre del santo patrono de la escuela de la localidad, Ignatius. El Padre Vaughn, que era un gran amigo de mi abuelo, insistía que me bautizaran con ese nombre. Pero mi madre resistió la presión de los amigos y familiares y me bautizaron en honor de un santo con un nombre menos arcaico.

El hecho de haber nacido en la misma fecha que el autor más importante en el tema de la Atlántida, podría haber sido una feliz casualidad. Pero el hecho de que casi hubiéramos compartido el mismo nombre indicaba algo más, algo que superaba mi capacidad de comprensión. La comparación me causó escalofríos y me maravilló. Quería saber si había más paralelos significativos entre Ignatius Donnelly y yo.

Fui a Saint Paul, donde la Sociedad Histórica de Minnesota conserva todos los libros que él publicó y sus documentos personales, incluyendo sus diarios, complementados con varias biografías modernas. Durante los meses y años siguientes, llegué a conocerlo bastante bien. A veces me sentí tan abrumado que me sentía débil al ver la cantidad y la clase de comparaciones y coincidencias entre este hombre y yo. No sólo fue fácil encontrar hechos de su vida que tenían un paralelo en mi vida, sino que había coincidencias que todavía estaban ocurriendo.

Por ejemplo, su horrible visión del siglo XX, aparecía en una novela, *La columna de César,* escrita a mediados de la década de 1880 y vuelta a publicar en la década de 1960. El sistema de préstamos de libros entre bibliotecas tardó varios meses en localizar un ejemplar, que finalmente llegó en septiembre de 1988. Cuando abrí el libro, leí que la primera página explicaba que los sucesos descritos en el libro tendrían lugar en septiembre de 1988.

Ese mismo año, algunos amigos me regalaron una pluma de oro con mi nombre grabado en un costado. Varios meses después, leí en una biografía de Donnelly que decía que a él también le habían regalado una pluma de oro grabada exactamente cien años antes. En mayo de 1988, viajé a Irlanda por primera vez. Cuando regresé varios meses después, otra biografía de Donnelly me estaba esperando. En ella leí que Donelly había viajado en barco a Irlanda por primera vez en mayo de 1888.

En 1995, sin que yo lo solicitara, una pequeña casa editorial de Minnesota me ofreció un empleo sólo a unas cuantas millas de distancia de Nininger, el mismo lugar donde Donnelly pasó la mayor parte de su vida y donde escribió todos sus libros, el más famoso de los cuales fue *Atlántida: El mundo antes del diluvio.* Mientras estaba yo en la cercana ciudad de Minnesota, terminé mi propio libro sobre el mismo tema, *La destrucción de la Atlántida,* que había yo comenzado a escribir ocho años antes de saber algo sobre Donnelly. Sólo después de terminarlo me enteré de que el título que él originalmente le había dado a su libro era *La destrucción de la Atlántida.* El día antes de viajar en bicicleta a Nininger por primera vez, mi jefa, que no sabía nada sobre mis planes de viaje, me dio una revista sobre Minnesota. Ella nunca había hecho nada similar. "No sé por qué", dijo, "pero sentí un impulso de comprar esto para ti". Aunque ella ignoraba por completo el contenido de la revista y no había nada en su portada que indicara los temas que contenía en su interior, la revista tenía un artículo sobre Ignatius Donnelly y Nininger. Hoy en día, es muy raro que este hombre y esta ciudad aparezcan en alguna publicación, incluso en el mismo estado.

Por lo que yo podía ver, la única clave de este continuo misterio parecía ser la muerte de Donnelly. Murió precisamente cuando las campanas de Saint Paul anunciaban el año nuevo en 1901. Repitiendo lo que dijo uno de sus biógrafos, él falleció precisamente en el momento en que empezaba el siglo sobre el cual él había escrito (McHenry, p. 275). Parecía que el momento de su muerte indicaba algo imposible de expresar. Cuando leí que un mal cardiaco literalmente lo había asfixiado y lo había llevado al otro mundo, recordé lo que yo había escuchado sobre mi propio nacimiento. Parece que estando en el vientre de mi madre el cordón umbilical rodeó varias veces mi cuello. Al nacer, cada vez que se realizaba un esfuerzo, el cordón se tensaba alrededor de mi cuello, asfixiándome. Hubo un momento en que estaba yo mitad adentro y mitad afuera, pero el tenaz cordón umbilical me seguía asfixiando. Con muchas dificultades y gran destreza el médico pudo cortarlo y liberarme. Donnelly murió asfixiado. Yo sufrí asfixia al nacer. ¿Significaba esto que él fue una reencarnación anterior?

Cuando encontré su tumba en un cementerio suburbano y me detuve cerca de ella, no sentí nada especial. Volví a la Sociedad Histórica de Minnesota y toqué el escritorio donde Donnelly había escrito y algunos de sus efectos personales, incluyendo una maleta de piel. No hubo recuerdos de una vida pasada, ninguna sensación de familiaridad. Los casos de reencarnación que yo había estudiado no se parecían a las coincidencias que yo estaba experimentando en mi propia vida. Además, las personas que aseguraban tener recuerdos de una vida pasada nunca hablaban del tipo de sincronicidades que yo había experimentado y que conectaban a dos personas separadas por un periodo de cien años. No, la reencarnación y las vidas paralelas eran dos cosas diferentes. En las vidas paralelas dos personas (y a veces más), que en otros aspectos están totalmente separadas en cuanto a lazos familiares o en cuanto al tiempo, comparten puntos en común que son significativos. La reencarnación es la repetición de una vida tras otra que la misma alma humana experimenta. Las personas que han reencarnado hablan de fuertes sentimientos de familiaridad con el pasado, incluso reconocen detalles de épocas lejanas. Nada de esto fue parte de mi experiencia en relación con Donnelly.

Después de casi diez años de investigación personal, todavía tengo que encontrar explicaciones creíbles para este enigma. Pero la búsqueda de respuestas no ha quedado sin recompensa, pues me llevó a cuestionar todo el tema de la sincronicidad. Las vidas paralelas representan un fenómeno real que puede verificarse en base a datos concretos. También proporcionan, en forma simultánea, un sentido de destino y asombro para quienes están conscientes de los detalles de esta conexión. Más allá de estas situaciones, podrían llevarlo a uno a una búsqueda espiritual de la verdad. Por ejemplo, el darme cuenta poco a poco de mi conexión acausal con Ignatius Donnelly me preparó para el suceso que puso en marcha un estudio de la sincronicidad que abarcó toda mi vida; es decir el encuentro con el coche que tenía las placas de Rushdie.

Pero las vidas paralelas no sólo conectan el presente con el pasado, los vivos con los muertos. También ocurren entre personas contemporáneas. Un artículo que apareció en el periódico *San Francisco Chronicle* en 1978, trataba sobre dos mujeres de Maryland que no se conocían pero tenían exactamente el mismo nombre, Wanda Marie Johnson. Nunca se habían conocido hasta que un reportero las presentó. Ambas habían nacido el mismo día, el 15 de junio de 1953, ambas eran la mayor de dos hermanas y un hermano. Las dos Wandas habían vivido en el Distrito de Columbia antes de mudarse al Condado Prince Georges, donde eran madres de dos hijos. Ambas fueron atendidas en la Clínica Howard, en cuyo Hospital de la Universidad Howard nacieron sus hijos. Ambas tenían coches Ford Grenada 1977, cuyos números de serie eran iguales, exceptuando tres. Los primeros cuatro dígitos de sus números del seguro social eran iguales, y los dos siguientes también eran iguales, aunque estaban en posición inversa ("Dos Vidas, una Coincidencia Extraña", p. 12).

Uno de los casos más ilustres de vidas paralelas involucra a un rey de finales del siglo XIX. El 28 de julio de 1900, Umberto I conoció a un hombre que no sólo tenía su mismo nombre sino que nació el mismo día en Turín, la ciudad donde había nacido el rey. El extraño también tenía un extraordinario parecido con Umberto, y ambos estaban casados con mujeres que se llamaban Margherita. Al día siguiente, el rey se enteró de que su doble había muerto a causa de un disparo accidental. Pocas horas después Umberto fue asesinado por la bala de un anarquista. (Hicks, p. 125).

Un historiador que fue parte de mi grupo de investigación, el Dr. Alfred Walker, de la Universidad de Wisconsin en Greenbay, estaba escribiendo sobre un piloto bombardero estadounidense que se estrelló en Alemania durante la Primera Guerra Mundial. El piloto logró evitar ser capturado durante nueve días antes de que finalmente lo apresaran y lo confinaran en un campo de internamiento mientras duró la guerra. Cuando estaba escribiendo sobre los problemas de este piloto, Walker recibió una llamada telefónica de un amigo que no sabía nada sobre lo que él estaba haciendo. Llamó para hablarle al historiador sobre un colega cuya historia, en su opinión, podría ser el tema de un libro interesante. Se trataba de la autobiografía de un piloto bombardero en la Segunda Guerra Mundial que se estrelló en Alemania, escapó de ser capturado durante nueve días antes de ser confinado como prisionero de guerra hasta que terminaron las hostilidades. Este caso de doble sincronicidad contiene elementos de vidas paralelas y de trabajo paralelo. Ambos hombres estaban trabajando con libros extraordinariamente similares al mismo tiempo.

Muchas de las personas involucradas en estos incidentes de vidas paralelas compartieron la fecha de nacimiento, un elemento importante en esta forma peculiar de coincidencia que en ocasiones se considera una sincronicidad. Evelyn Diebold, de Muldelein, Illinois, informó sobre un ejemplo notable. Ella nació el 24 de mayo de 1940. El hecho de que su hija Victoria naciera el 24 de mayo de 1961 es bastante extraño, hasta que nos enteramos de que además de esta coincidencia significativa: ¡el tío abuelo de Evelyn (1891), su sobrino Dale (1957), su sobrina Kathy (1967) y sus primos segundos Bud (1946), Tom (1970) y Arthur (1991), todos nacieron el 24 de mayo!

Uno de los ejemplos más famosos de trabajo paralelo ocurrió a mediados del siglo XIX, cuando la teoría del origen de las especies se desarrolló en forma simultánea. Cuando Charles Darwin escribía en secreto *El origen de las especies* en Londres, recibió un gran impacto al recibir un manuscrito que virtualmente reflejaba sus propias conclusiones sobre la evolución y la selección natural. Lo escribió Alfred Russell Walace en el Archipiélago Malayo, al otro lado del mundo. Wallace trabajaba independientemente de Darwin, y no sabía nada sobre las investigaciones del hombre mayor. Al comentar que incluso algunos de los términos más importantes de Wallace ya estaban incluidos como títulos de los capítulos de su libro, Darwin dijo: "Nunca había yo visto una coincidencia más extraordinaria". Como señaló Ralph Waldo Emerson, que vivió en esa época: "Ciertas ideas están en el aire. Todos podemos recibir su impacto, pues estamos hechos de ellas; todos podemos recibir su impacto, pero algunos lo reciben con más fuerza que otros. Esto explica el extraño carácter contemporáneo de algunos inventos y descubrimientos" (Emerson, p. 666).

Algo que es menos conocido es la invención paralela del primer aparato autónomo para respirar bajo el agua. En Estados Unidos, lo inventó un buzo de Milwaukee, Max Knohl, y en Francia lo inventó Jacques Cousteau. Ninguno de los dos sabía de la existencia del otro, mucho menos que estuviera trabajando en el mismo proyecto.

En la década de 1970, un futuro dramaturgo que era parte de mi grupo de investigación encontró accidentalmente un extraño libro antiguo que describía la vida de Joseph Merrick, un hombre horriblemente desfigurado desde su nacimiento, pero que poseía una gran mente y un corazón bondadoso. Merrick pasó de ser un fenómeno de circo a ser una persona respetada y de gran renombre, hasta su muerte siendo aún un hombre joven. Mi amigo nunca antes había leído esta historia y al ver su potencial dramático, empezó a transformarla en lo que él creyó que llegaría a ser una obra teatral única. Cuando estaba en el proceso de organizar su material, se sorprendió y al mismo tiempo se desilusionó al leer sobre una nueva obra teatral sobre Merrick. Se llamaba *El hombre elefante*.

En nuestra discusión anterior sobre los signos relacionados con animales, hablé de Mike Solarzano, cuya fotografía accidental de una ballena aumentó su interés en la arqueología del Pacífico. Aparentemente, esa sincronicidad lo llevó a otra coincidencia significativa después de su regreso a Oahu. Como él dijo: "En mayo de 1996 empecé a sentir un interés repentino e incluso poderoso en todo lo relacionado con Lemuria. Mis pensamientos gravitaban constantemente en esa dirección de manera espontánea, y encontré que constantemente buscaba información sobre el tema. Una noche, mientras pensaba que debería llamar por teléfono a un amigo que también se interesaba en la civilización que se había hundido en el Pacífico, él me llamó, lo que es en sí una sincronicidad. Cuando le mencioné que recientemente me había sentido atraído a temas relacionados con Lemuria, me dijo que él también había sentido la misma compulsión en días recientes. Después de compartir notas, supimos que nuestra fascinación simultánea con Lemuria coincidía con un festival romano conocido como Lemuria que se celebraba el 9 de mayo. Antes de esa fecha, ninguno de los dos sabíamos cuándo se celebraba ese festival. Sentimos que el surgimiento de interés en el tema que tuvimos en común de alguna manera se relacionaba con un festival antiguo del mismo nombre".

Se dice que ciertas ideas que de hecho se materializan en forma acausal y simultánea en la mente de los seres humanos, están "en el aire". ¿Es esta una forma popular de admitir que la telepatía es el verdadero principio que conecta a personas que por otra parte no tienen ninguna relación? ¿O incluso este medio paranormal es inadecuado para explicar por completo el fenómeno más amplio de la sincronicidad?

El paralelismo no sólo puede vincular a los individuos en un destino común, sino a naciones enteras; esta es una observación que hizo el filósofo Oswald Spengler, un filósofo de principios del siglo XX. Él notó que todas las civilizaciones anteriores, tanto antiguas como modernas, del occidente y del oriente, parecían pasar por el mismo patrón general de nacimiento, juventud, maduración, madurez, deterioro y extinción. La sociedad es el macrocosmos del individuo, y está sujeta a los mismos ciclos que un ser humano mortal. La creencia de que la historia se repite parece confirmarse con los numerosos ejemplos que Spengler menciona en *La decadencia de Occidente*. A veces los patrones recurrentes son extraordinariamente similares.

En el pasado, un pueblo cuyo emblema era la esvástica, se levantó como el poder dominante en la región. Sus enemigos en el oeste se aliaron y cruzaron el mar como una gran flota de invasión que llegaría a las costas de los territorios ocupados. Después de una amarga guerra, los soldados de la esvástica fueron aniquilados o tomados prisioneros y su capital fue destruida por el fuego. Aunque estas líneas nos recuerdan la invasión a Normandía por parte de la Europa de Hitler en 1944 y su clímax un año más tarde en Berlín, también concuerdan con una guerra que se libró 3,200 años antes, cuando los troyanos, cuyos artefactos culturales que han sobrevivido ostentan una esvástica, dominaron la mayor parte de Asia Menor. Fueron vencidos en una larga lucha con los pueblos aliados de la Península Griega, que navegaron por el Mar Egeo en "mil embarcaciones" para invadir Troya y al final incinerar Ilios, su ciudad más importante. El hecho de que Hitler supiera o no que la esvástica era un emblema de Troya, es incidental en lo que concierne a su razón para elegirla como el símbolo de su movimiento, que él relacionó con los ancestros indoeuropeos del pueblo alemán.

En el pasado se ha reconocido el aspecto de la sincronicidad relacionado con la explotación política, e incluso en la actualidad lo reconocen los líderes gubernamentales. Usan paralelos históricos como propaganda para justificar sus causas ideológicas. Por ejemplo, cuando los alemanes y los japoneses entraron a la guerra contra Estados Unidos en 1941, los místicos nazis argumentaron que las banderas nacionales de los combatientes simbolizaban providencialmente su lucha común. Señalaban que la esvástica había sido anteriormente un antiguo símbolo de las deidades solares, como el dios griego Apolo, cuyo templo en Antinópolis, en el Valle Bajo del Nilo, estaba decorado con la cruz con los brazos doblados. El otro símbolo solar era la bandera imperial de Japón, el sol naciente. En contraste, la bandera de Estados Unidos presentaba estrellas en el cielo nocturno. El simbolismo "predestinado" de estas tres banderas nacionales, interpretado por los propagandistas del Tercer Reich significaba que las fuerzas de la luz y la ilustración de las potencias del Eje estaban luchando contra los poderes de las tinieblas. Por consiguiente, se dijo que Alemania y Japón compartían un destino paralelo debido a la sincronicidad de sus emblemas nacionales prehistóricos.

En esa época, los Aliados percibieron una sincronicidad totalmente distinta en esas mismas banderas. La esvástica se representó en numerosos carteles como un crucifijo roto, que representaba la destrucción deliberada de la civilización cristiana. La bandera de Japón no se veía como un sol, sino como un agresivo pulpo que surgía del mar y representaba el imperialismo de Japón. Las estrellas de la bandera de Estados Unidos, por otra parte, se veían como arquetipos universales de esperanza para los pueblos del mundo que habían sido conquistados por el Eje o que todavía estaban luchando contra él.

Presento estas comparaciones de mediados del siglo XX para mostrar cómo la autoridad de las coincidencias significativas afectó la psicología de todas las naciones que luchaban por fortalecer su sentido de identidad. A menudo, percibían las aparentes vidas paralelas de ciertas personas que compartían un destino común. Las banderas son imágenes potentes que expresan identidad y destilan el carácter de los países que representan a través de una imagen única y poderosa. Por lo tanto, están abiertas a las pasiones, y a veces a la histeria, de la conciencia grupal, que podría usar las interpretaciones de la sincronicidad nacional para justificar sus ambiciones políticas.

Tal vez la periodicidad histórica que Spengler detectó en los grandes ciclos de la civilización es el mismo ciclo que está presente a nivel microcósmico entre los seres humanos como individuos. De ser así, entonces el principio que organiza al universo no hace distinciones entre la energía y la materia, sino que ordena lo visible al igual que lo invisible formando un plan cósmico que sabemos existe pero es demasiado colosal para comprenderlo. Somos una piedra pintada con un color en un mosaico tan grande como la totalidad de la existencia. Tal vez en algún momento podamos encontrar otras piedras de color que están juntas con las cuales podemos formar una imagen completa. Pero la totalidad del mosaico es demasiado enorme para que podamos visualizarlo por completo. No tenemos la objetividad de su creador para ver el mural en su perspectiva perfecta, la cual sería el único punto de vista desde el cual podríamos aprender toda la verdad.

El hecho innegable de que ocurren vidas paralelas demuestra que ciertas personas comparten un destino común a través de sus identidades mutuas, aunque estén separadas físicamente por la distancia y por la muerte. A partir de las vidas paralelas podemos llegar a la conclusión de que éstas representan una dramática evidencia a favor de la sincronicidad como principio, como poder; son una evidencia de la mente o la voluntad cósmica que trasciende el espacio y el tiempo y nos conecta con un misterio que supera nuestra capacidad de comprensión. El reconocer la existencia de vidas paralelas nos revela, al menos, que la pérdida inevitable de nuestra existencia física no nos aniquila. Por el contrario, compartimos la eternidad del tiempo en sí.

Capítulo 5

La vida imita al arte

Cuando vemos a un ilusionista, detectamos el cabello con el que mueve sus títeres, pero no tenemos la agudeza visual para distinguir el hilo que ata la causa con el efecto.

Ralph Waldo Emerson, *Destino*

Los Vedas de la India que se citaron en el Capítulo 1 nos dicen que la música, la pintura, la poesía, la escultura y la arquitectura abarcan el arte creado por los seres humanos, pero que la naturaleza es el arte de Dios. Por consiguiente, afirman los Vedas, cuanto más cerca esté nuestro arte de la naturaleza, más cerca está de Dios, y más cerca estamos nosotros de Dios al experimentar ese arte. Por tanto, para los antiguos escritores hindúes, las mejores expresiones artísticas trascendían la simple diversión o edificación y llegaban a algo más alto y más grande en el ámbito espiritual. Consideraban que las creaciones supremas como el Taj Mahal o el Mahabharata eran los intentos más nobles del hombre para encontrarse con el Creador a la mitad del camino. Esta extraordinaria capacidad estética del arte que hace que nos elevemos a alturas que superan al arte mismo se confirma en las obras de

Shakespeare; Hamlet afirma que el arte debería "poner un espejo frente a la naturaleza". Lo cierto es que las obras de arte de mayor influencia favorecen estados alterados de la conciencia humana en los que se manifiesta la sincronicidad. Mediante el poder de la catarsis, el arte nos lleva al mundo de los mitos, usando un conjunto hábilmente organizado de arquetipos, un desfile de imágenes simbólicas que activan miles de interruptores psicológicos para conjurar las emociones más profundas.

Entonces, no debería sorprendernos que las personas que crean arte, y las que simplemente lo disfrutan, a menudo encuentren que se les usa como vehículos involuntarios de una coincidencia significativa. Crear arte es un ejercicio de la facultad imaginativa, que en sí opera a partir de orígenes subconscientes. El arte surrealista intenta reflejar, con una actitud imperturbable, el estado del sueño, mientras que los dramas musicales de Richard Wagner que forman el ciclo del *Anillo del Nibelungo*, son positivamente clarividentes: Su *Ocaso de los dioses* se presentó en el escenario mundial en 1945, setenta años después de su estreno en el pequeño escenario alemán de Bayreuth.

Otro drama ajeno a lo musical empezó a tomar forma en los años que precedieron a la Primera Guerra Mundial. En esa época, Adolfo Hitler era un obrero hundido en la pobreza que soñaba con llegar a ser artista. Compartía su incertidumbre con un estudiante de música tan indigente como él llamado August Kubiczek, su único amigo y confidente; y casi nunca podía comprar un boleto para el teatro en las localidades en que los espectadores permanecían de pie. Una noche él y Kubiczek fueron a la ciudad austriaca de Linz, donde se estaba presentando una de las primeras obras de Wagner, que raras veces se ponía en escena. Presenciar y escuchar *Rienzi, el último de los tribunos*, sería una nueva experiencia para estos dos paupérrimos fanáticos de la ópera. Resultó ser mucho más que una novedad para ambos.

Es la historia de un estadista del siglo XIV que saca a sus compatriotas romanos de su sociedad degenerada gracias al poder de su oratoria. Une a todas las clases en una revolución patriótica contra los aristócratas corruptos, derroca su régimen malvado y construye otro estado cuyos fundamentos están en la gloria de la antigua Roma. Durante cierto tiempo, su nuevo orden es un éxito popular e Italia se eleva hasta alcanzar su antigua grandeza. Luego sigue una guerra contra los aristócratas que habían emigrado, Rienzi sale victorioso y las masas lo aclaman como su Tribuno. Pero los nobles que sobreviven ponen en marcha una campaña de propaganda subversiva entre la gente, la Iglesia se pone en contra de Rienzi, y casi es víctima de un intento de asesinato. Su popularidad se redujo e incluso sus amigos más cercanos lo desertaron. Al final, se queda solo en el Capitolio rodeado por una multitud con antorchas en las manos. Como lo habría hecho Mussolini, arenga a sus oponentes desde un balcón, profetizando que mientras las siete colinas de Roma estén en pie, él volverá en algún futuro distante para renovar la grandeza de su pueblo. Ante eso, la indignada multitud lanza teas contra el capitolio que se consume en la conflagración. Rienzi desaparece entre el fuego, mientras la música de Wagner representa gráficamente las flamas que se elevan hacia el cielo nocturno.

El hecho de que una obra tan al estilo del siglo XX se haya escrito en una fecha tan temprana como 1849 es en sí un extraordinario fenómeno de clarividencia. Sin embargo, su efecto en Hitler cuando tenía 20 años de edad, fue traumático. El arte había sido una inspiración para él antes, en especial el arte de Wagner. Pero esto fue completamente distinto. Después de la puesta en escena él se veía muy alterado. Kubiczek le preguntó qué le pasaba. Su respuesta fue: "¡Cállate y sígueme!". Caminaron durante más de media hora en silencio hasta que finalmente llegaron a la cima de la colina Freinberg, una colina alta que está en el parque público cercano a Linz.

Cuando llegaron a la cima, Hitler tomó las manos de su amigo y habló como nunca lo había hecho antes. Mirando al cielo nocturno, el torrente de sus palabras parecía brotar de un hombre poseído. Kubiczek sentía como si ni siquiera le estuviera hablando a él, sino que estaba hablando como si se estuviera dirigiendo a una gran multitud que sólo él podía ver. Todavía vibrando con el efecto de la representación de Rienzi, Hitler, transfigurado, habló como si estuviera en un trance, diciendo que un día se pondría en sus manos "el mando de todo el pueblo alemán" para unificarlo como nunca antes y llevarlo a alturas sin precedente en cuanto a la grandeza ideológica, militar, social y cultural. La lucha sería muy peligrosa, rodeada de amenazas, como se había dramatizado en la ópera. Todo podría colapsarse en una terrible destrucción, pero su elevado destino de todos modos se cumpliría. Kubiczek pudo haberse reído a carcajadas si su amigo no hubiera mostrado una seriedad tan mortal.

Era un artista fracasado, totalmente desconocido, pobre, desnutrido, que vendía acuarelas por unos cuantos centavos, sin otros amigos, sin familiares que pudieran ayudarle. Sin embargo, con su ropa raída, estaba convencido de que un futuro de una magnitud capaz de sacudir la tierra llegaría a ser realidad. Él y Kubiczek nunca volvieron a hablar de su extraño comportamiento.

Se separaron justo antes del inicio de la Primera Guerra Mundial y no volvieron a encontrarse sino hasta la llegada de otra guerra en 1919. Kubiczek, que ahora era un veterano incapacitado, pudo hablar solo con su viejo amigo, que se había convertido en el Führer del Tercer Reich. Por primera vez en veintisiete años, Kubiczek le recordó esa noche en Linz y la representación de Rienzi. Como respuesta, Hitler miró pensativo por la ventana de su sala privada donde ambos estaban esperando su caravana de automóviles. Después de un largo momento de pesado silencio, Hitler dijo en voz baja: "En ese momento comenzó" (Kubiczek, p. 193).

Muchos de sus biógrafos han comentado el aparente sexto sentido de Hitler, en especial cuando se veía amenazado de muerte. Las probabilidades de que no sobreviviera como soldado en el frente y como mensajero desde el principio de la Primera Guerra Mundial hasta su final cuatro años más tarde, eran astronómicas.

De todos los que pertenecieron a su Regimiento en 1914, sólo él y otro hombre sobrevivieron. Existen muchos informes de testigos oculares, tanto oficiales como soldados, sobre su capacidad precognoscitiva para saber, a veces en segundos, dónde explotaría una bomba. El 9 de noviembre de 1939, hablando en una reunión en Munich, Hitler interrumpió su discurso a los veteranos del partido que habían luchado en el golpe de estado de 1923, aunque por tradición sus discursos eran largos, y salió de la sala. Unos minutos después, explotó una poderosa bomba que había sido introducida en secreto en un pilar de madera frente al cual Hitler había terminado su discurso hacía unos minutos. Varias personas murieron en la explosión.

Cinco años después, otra bomba explotó en una sala de conferencias donde él estaba planificando sus estrategias con sus comandantes. Los hombres que estaban de pie cerca de él murieron o resultaron gravemente heridos. Hitler sólo perdió sus pantalones y gran parte de su capacidad auditiva en un oído. Unos segundos antes de que explotara la bomba, él había estado de pie cerca de ella. En el último momento, otra persona inadvertidamente hizo a un lado el maletín donde estaba la bomba.

Aunque nació y fue educado en la iglesia católica, a la que al parecer fue devoto hasta principios de la década de 1930, Hitler finalmente se alejó de la religión institucionalizada. Después de llegar a ser Canciller en 1933, en sus discursos públicos y en especial sus conversaciones privadas, se refería menos a Jesús y al cristianismo que a la Providencia benéfica, aunque indefinida, que siempre lo había guiado y protegido. Conservó un fuerte sentido de su propio destino hasta el final.

Existen interpretaciones psicológicas, esotéricas e incluso ocultas de las experiencias aparentemente paranormales de Hitler. Marie-Louise von Franz, colega de Jung, que llegó a ser bien conocida después de la muerte de Jung, debido a sus conferencias al público, creía que los alemanes, en su situación miserable después de la Primera Guerra Mundial, empezaron "a seguir inconscientemente al arquetipo de un héroe salvador", una proyección "masiva" que recayó sobre un "psicópata criminal" (von Franz, p. 56). Por tanto, Hitler recibió su poder del anhelo de todo un pueblo de que sus deseos se cumplieran, y posiblemente ese anhelo fue lo que creó a Hitler. Un anhelo en el que no era posible distinguir el destino nacional del pueblo y la Providencia que apoyaba al hombre.

Incluso algunos "psicópatas histéricos" menos infames han experimentado coincidencias providenciales similares. Por ejemplo, el famoso psiquiatra Arnold Mindel conoció a un paciente que se presentó diciendo que era Jesucristo y afirmó que podía crear y destruir la luz. Este megalómano acababa de hacer esta afirmación cuando cayó inconsciente al caer una lámpara del techo (Peat, pp. 27, 28).

Algunos escritores modernos han llegado a la conclusión de que Hitler de alguna manera había podido penetrar en el lado oscuro de su propio subconsciente para liberar poderes paranormales latentes en un pacto con el Diablo para regir al mundo. En otras palabras, era satánico; Hitler robó de un museo en Viena un objeto conocido como la Lanza del Destino (la lanza que supuestamente había penetrado en el costado de Cristo en la cruz), con la que pudo alterar la trama y urdimbre del destino, logrando así sus propósitos diabólicos (Cranston, p. 28).

Los iniciados de las tradiciones esotéricas, tanto en oriente como en occidente, aseguran que cada ser humano nace con todo el conocimiento de todo el universo, pero sólo en momentos de una extraña lucidez ciertas porciones de esa información de alto nivel llegan a nuestra capacidad consciente. Estos iniciados llegarían a la conclusión de que Hitler, al reaccionar en forma tan apasionada ante Rienzi, visualizó acertadamente su futuro, que también se había visualizado y dramatizado en la ópera. Cuando vio la representación en Linz, su alma simplemente reconoció su destino representado en el escenario con años de anticipación.

Ya sea que aceptemos o no esta interpretación, estas coincidencias de largo alcance, desde la precognición que motivó Rienzi, hasta la reacción profética de Hitler y hasta su vida posterior, indican que las personas apasionadas entran en profundos estados alterados de conciencia, a partir de los cuales de hecho tienen acceso a lo paranormal. Habiendo entrado en este estado mental alterado, Hitler subconscientemente descifró el trance artístico de Wagner, preservado en los detalles de su ópera. Fue como si dos hombres, uno de los cuales había muerto hacía mucho tiempo, se estuvieran comunicando a través de sus sueños. En todo caso, *Rienzi, el último de los tribunos*, nos da un ejemplo especialmente potente de la sincronicidad que actúa a través de la música y el drama, un incidente capaz de cambiar el mundo, en el que la vida imitó al arte.

A pesar del drama electrizante de los sucesos de sincronicidad que se basan en la música, nada supera, en magia natural, a las coincidencias misteriosas que aporta la literatura. Y ningún otro autor tiene un vínculo más apropiado con este fenómeno que Edgar Alan Poe, lo que no es sorprendente, tomando en cuenta sus relatos y poemas paranormales. En *El misterio de Marie Roget*, escribió:

> *Aun entre los pensadores más sosegados, pocos hay que alguna vez no se hayan sorprendido al comprobar que creían a medias en lo sobrenatural —de manera vaga pero sobrecogedora—, basándose para ello en coincidencias de naturaleza tan asombrosa que, en siendo meras coincidencias, el intelecto no ha alcanzado a recibir.*
>
> *Tales sentimientos (ya que las creencias a medias de que hablo no logran la plena fuerza del pensamiento) rara vez se sofocan del todo, hasta que se les explica mediante la doctrina de las posibilidades, o como se le ha llamado técnicamente, el Cálculo de las Probabilidades. Ahora bien, este cálculo es puramente matemático en esencia, y ahí nos encontramos con la anomalía de que la ciencia más rígida y exacta se aplica a las sombra y a la espiritualidad de la especulación más intangible (Poe, p. 174).*

Lo que hace que el interés de Poe en las coincidencias significativas sea más intrigante, es su papel en un caso extraordinario de sincronicidad sobre el que él nunca tuvo conocimiento. Su novela corta, *La narración de Arthur Pym de Nantucket* es la historia de tres hombres que quedan a la deriva en un bote abierto después de que su barco naufraga en una tormenta. Estaban hambrientos y el hambre hizo que enloquecieran; asesinaron al grumete, Richard Parker y se lo comieron. La obra en prosa de Poe se publicó como una obra original de ficción en 1838. Cuarenta y seis años después de la muerte de Poe, tres sobrevivientes de un naufragio que estaban en un bote abierto, se comieron a un cuarto hombre, cuyo nombre era precisamente Richard Parker. En su juicio en 1884, se citó la obra de Poe en relación con los acusados, pero estos marineros incultos no estaban familiarizados con ella. Ni la parte acusadora ni la defensa pudieron determinar la relación que la novela pudiera tener con el juicio, aparte de una relación completamente circunstancial, y la novela dejó de mencionarse en los testimonios en el tribunal (Peat, p. 238).

Al igual que Wagner, pero con una forma de arte completamente distinta, Poe visualizó un hecho futuro sin reconocer conscientemente su propia precognición. ¿Cómo podría haberla reconocido si murió antes de que este hecho sucediera? Su mente había quedado atrapada en un proceso creativo que, en especial en el caso de los maestros de gran habilidad, entró tan profundamente en su subconsciente, que pudo traer del futuro algo que él pudo ver con los ojos interiores de su mente. Su relato profético demuestra, una vez más, que los estados de conciencia profundamente alterados, tienen acceso al mecanismo universal del cosmos para producir sucesos de sincronicidad.

Lo que implican este tipo de aventuras involuntarias tan cercanas al espíritu de un chamán, es que los conceptos lineales del tiempo son enteramente subjetivos, y que se ven, desde nuestra perspectiva limitada, en una dimensión material. En la objetividad más amplia que está al alcance de quienes viajan al Otro Mundo, como Wagner y Poe, el tiempo parece ser de una pieza en lo que Kant llamó "un Presente Eterno". Como se describe en las tradiciones antiguas de los pueblos hindúes y noruegos, el tiempo es como una rueda que siempre está girando, en la que las cosas vienen, se van y regresan perpetuamente. Un refrán antiguo que es muy común dice: "Los grandes sucesos proyectan su sombra frente a sí mismos". Esto demuestra en qué medida la idea de la precognición ocupa el pensamiento popular.

Poe no fue el único que escribió una obra de ficción sobre un desastre en el mar que en realidad sucedió años después. En 1898, el autor británico Morgan Robertson, publicó la novela, *El naufragio del Titán o futilidad*. Es la historia de un trasatlántico que zarpó de Inglaterra en su viaje inaugural. Era el barco más grande, más rápido y más lujoso de su clase que se había construido, y su capitán había decidido establecer un nuevo récord de velocidad en su trayecto hasta Nueva York. Zarpó en abril y navegó al Titán a lo largo de las rutas del norte del Atlántico. Ahí, sus vigías detectaron un iceberg cuando ya era demasiado tarde. Cuando el barco se impactó contra el iceberg, éste abrió su parte media, abriendo varios cortes profundos en su casco, debajo de la línea del agua, cerca de las puertas herméticas, la sección más vulnerable del barco. El pánico hizo presa de todos a bordo, cuando los pasajeros y la tripulación se dieron cuenta de que no había suficientes botes salvavidas para todos. La embarcación que según sus constructores era imposible hundir, se sumergió causando la muerte a un gran número de personas.

Todo esto nos parece muy familiar en una época en que nuestra sociedad parece obsesionada con el *Titanic*. Su hallazgo en las profundidades del mar en 1986 sigue generando debates científicos sobre el desastre, y existen innumerables libros que analizan una y otra vez cada aspecto relacionado con él; al igual que reproducciones en museos, películas e incluso una obra musical. ¿Qué es lo que vemos en este desafortunado barco que de alguna manera refleja nuestra identidad? ¿Y qué visualizó Morgan Robertson catorce años antes del suceso? La comparación de su novela y el suceso de la vida real que vaticinó, echa por tierra todos los cálculos racionales sobre las probabilidades relacionadas con coincidencias.

El escritor del siglo XIX describió su barco ficticio diciendo que tenía 800 pies de largo, tres hélices (una configuración muy inusual en esa época y después) y que se impactó contra el iceberg a una velocidad de 24 nudos. El *Titanic* tenía 882.5 pies de largo, también tenía tres hélices y se impactó contra el iceberg a una velocidad de 22 nudos. Sólo llevaba veinte botes salvavidas, cuatro menos que su predecesor literario. Ambos barcos naufragaron en el mes de abril. Lo último, y lo más poderoso, es el parecido en los nombres de los barcos.

Pero Robertson no fue el único autor que vaticinó el hundimiento del *Titanic*. Cinco años antes de que se publicara su libro, el escritor alemán Gerhard Hauptmann, que más tarde llegaría a ser famoso, escribió *Atlantis*, una novela sobre un maravilloso trasatlántico, el *Roland*. Hauptmann describe su barco diciendo que sería "imposible hundirlo", y usa la palabra "titánico" una y otra vez para describir su tamaño sin precedente. Al cruzar el Atlántico rumbo a Nueva York, el *Roland* se hunde, causando una gran pérdida de vidas humanas, después de una colisión misteriosa que nunca se explica por completo.

Al principio, *Atlantis* tuvo una circulación limitada en Alemania, de modo que es muy poco probable que Robertson haya recibido influencia alguna de su contemporáneo europeo, ya que no leía alemán y nunca mencionó la novela de Hauptmann. Además, *El naufragio del Titán o futilidad*, contiene muchos más detalles en común con el hundimiento del *Titanic*. Pero al terminar el siglo XIX, Hauptmann alcanzó una reputación internacional y la mayoría de sus obras anteriores se publicaron de nuevo en varios idiomas alrededor del mundo. Es notable a principios de 1912, se publicara la primera edición en inglés de su novela *Atlantis*, con su *Roland* "titánico"; el mismo año en que ocurrió el hundimiento del *Titanic* unos meses después.

Una característica mucho más típica de las premoniciones que perecieron rodear al *Titanic*, fueron los abrumadores sentimientos de aprensión que experimentaron algunos pasajeros que en forma irracional cancelaron sus reservaciones poco después de abordar o se comportaron en una forma extraña similar que de alguna manera vaticinaba lo que iba a suceder. Los sueños precognitivos relacionados con el desastre fueron incluso más numerosos.

Durante la agonía del *Titanic* en el norte del Atlántico ocurrió un caso de intuición poco usual. En ese momento, totalmente desconocido para el mundo exterior, una jovencita estaba muriendo en el hospital del Ejército de Salvación en Kirkerdbright, en la lejana Escocia. En su delirio, sujetó la mano de un enfermero que estaba en su lecho de muerte y le imploró: "Capitán, ¿no puede usted ver que ese enorme barco se está hundiendo? Mire a toda esa gente que se está ahogando. Alguien llamado Willy está tocando el violín y se acerca a usted". Estas fueron virtualmente sus últimas palabras antes de morir. Unas horas después, el enfermero se enteró del desastre en el que murió su hermano Willy, que era violinista en la banda del desafortunado trasatlántico.

En su estado de conciencia alterado, la chica moribunda había cruzado los límites aparentemente inviolables del espacio y el tiempo para participar en un importante hecho humano. En pocas palabras, cuando su alma o su capacidad consciente ya estaba suspendida entre la realidad física y la realidad no física en esa desconocida región media donde habitan los fenómenos de sincronicidad, y momentáneamente participó en ambos mundos.

Estos cambios de realidad parecen lanzarse hacia el futuro más frecuentemente que deslizarse hacia el pasado, tal vez porque los asuntos de la vida y la muerte, que contienen más significado y por lo tanto, más energía psíquica, ocurren en el contexto del presente y el futuro. Otro ejemplo es *El síndrome de China*, una película de ficción sobre un desastre nuclear en que se presenta la fusión accidental del núcleo de un reactor en una planta atómica. Sólo tres semanas después del estreno de la película, el incidente se hizo realidad en la planta nuclear de la Isla Three Mile, en Pennsylvania.

Las sincronicidades de esta magnitud asombrosa nos dejan con muy pocas alternativas de interpretación. Si Robertson no visualizó conscientemente un hecho futuro en su novela, tal vez intuyó la verdadera naturaleza del tiempo en sí, en la que no hay pasado, presente o futuro, sino que el tiempo es un estado de ser en el que todo está congelado y ocurre al mismo tiempo, en forma constante y eterna. Ese punto de vista explicaría por qué las personas que saben sobre los desastres antes de que ocurran no pueden impedir que ocurran. No es sólo que dichos sucesos sucederán, sino que ya han ocurrido y de hecho están ocurriendo en este momento en otro nivel relacionado de existencia o en otra dimensión, que sólo pueden vislumbrar algunas personas, como Poe y Robertson.

De ser así, entonces la posibilidad de que exista algo llamado libre voluntad es cada vez más cuestionable. Tal vez estemos actuado bajo una ilusión cuando suponemos que tenemos el control de nuestras vidas. Todo lo que nos pasa y cada acción que llevamos a cabo podrían parecer sucesos al azar o decisiones personales, pero por el contrario, toda nuestra experiencia y toda nuestra conducta podrían estar encerradas inextricablemente, como lo están las células mismas de nuestro cuerpo, en el principio universal que organiza la existencia. Si ese es el caso, entonces no hay manera de escapar al destino, ya que el destino y nosotros estamos entretejidos en la misma tela. Lo único que podemos hacer es reconocerlo. La sincronicidad es la rotura en el velo, la revelación repentina e inesperada que muestra la conexión con ese Otro Mundo que siempre está en movimiento detrás de los escenarios de este mundo, como lo que ocurre tras bambalinas durante una obra teatral, que se supone que el público no debe ver.

Esta perspectiva plantea preguntas perturbadoras que desestabilizan nuestras percepciones fundamentales del mundo y nuestro lugar en él como individuos. Las respuestas que aprendemos de una coincidencia significativa bien podrían obligarnos a revisar en forma radical las ideas establecidas sobre la existencia en sí.

Poe no fue el único escritor visionario del siglo XIX. Julio Verne es otro novelista conocido por sus novelas proféticas. En *dueño del mundo* (1886), vaticinó el uso del zepelín como nave de guerra en el aire en la Primera Guerra Mundial. En *Veinte mil leguas de viaje submarino* (1870) visualizó el atuendo de los buzos y los submarinos atómicos, mientras que en *De la tierra a la luna* (1873) describió los viajes espaciales. Como un acto consciente de las coincidencias significativas, en 1955 el primer submarino nuclear recibió el nombre de U.S.S Nautilus, en honor de la nave del Capitán Nemo. En 1996, un grupo de investigadores literarios descubrió en Amiens, donde Verne pasó sus últimos días, una obra de Verne que era desconocida y nunca antes se había publicado. Se había escrito hacía más de cien años. La novela *París en el siglo XX,* describía al pueblo francés en 1988, cuando el transporte masivo está totalmente motorizado, hay máquinas de fax en todas las oficinas y en muchas casas, y las mujeres tanto casadas como solteras usan píldoras anticonceptivas; una abominación impensable para los contemporáneos de Verne en la época victoriana, cuya sensibilidad pudo haberlo convencido de no publicar una novela que en esa época seguramente se consideraría escandalosa.

Como coincidencia, Ignatius Donnelly también escribió una novela sobre la vida en 1988. *La columna de César* describe el gas venenoso, la radio, la televisión, el surgimiento de los países africanos del tercer mundo (la historia empieza en la nación independiente de Uganda, que en 1891, cuando la novela se publicó por primera vez, era una humilde y desconocida colonia británica), y el transporte masivo a nivel mundial. Donnelly incluso acuñó la palabra "aerolínea" para describir el servicio aéreo trasatlántico. Esto ocurrió doce años antes del primer vuelo de los hermanos Wright en Kitty Hawk.

Un siglo antes, el escritor irlandés, Jonathan Swift describió las lunas de Marte más de 150 años antes de que las descubriera el

Observatorio Naval de Estados Unidos en 1877. En su novela *Los viajes de Gulliver,* escrita en 1796, Swift describió con exactitud los satélites de Marte diciendo que eran muy pequeños; los diámetros de Deimos y Fobos son, respectivamente, de diez y seis millas.

No obstante, el arte que motiva la sincronicidad no siempre se relaciona con desastres o con profecías. Más a menudo es un comentario sobre asuntos cotidianos, aunque en ocasiones estos son bastante traumáticos. Por ejemplo, un ejecutivo de negocios de Chicago que quedó atrapado en el tráfico en el centro de la ciudad estaba sentado en su coche en una intersección, cuando un Oldsmobile se pasó el alto frente a él. Observó horrorizado cómo el vehículo perdió el control, se subió a la acera, atropelló a una niña y lanzó a su madre contra el muro de piedra de un rascacielos. Por increíble que parezca, la mujer parecía estar ilesa, pero era obvio que su hija estaba muerta. La madre gritó con una voz que sobresalió entre la cacofonía mecánica de la ciudad. El hombre nunca había escuchado un sonido así en su vida. El lamento de la mujer se le clavó como una daga en una parte sensible de su ser, que él no sabía que existía, hasta que sintió ese dolor.

Todo pasó frente a sus ojos en cuestión de segundos como en una especie de cámara lenta monstruosa. Entonces cambió la luz del semáforo y el policía le hizo señales para que avanzara. Pero él estaba tan impactado emocionalmente que se desvió de la calle principal para estacionarse en una calle lateral lo más pronto posible. No pudo conducir durante los siguientes 20 minutos, no podía sacar de su mente el horror de la escena de la que acababa de ser testigo. Entonces, casi involuntariamente, sintió que en su interior surgía una ira negra, una ira contra Dios. ¿Cómo, a pesar de la misericordia que se le atribuía, pudo haber permitido que sucediera algo así? ¿Dónde estaban los supuestos ángeles guardianes cuando más se les necesitaba? En ese momento, desesperado por alejar sus pensamientos del accidente, decidió escuchar la radio. La música que se escuchó fue una sección orquestal de la ópera de Humperdinck, *Hansel y Gretel,* que describe una escena en que dos niños están dormidos en el bosque y los ángeles de la guarda bajan del cielo para cuidarlos. Esta coincidencia de alguna manera hizo que su ira contra Dios se evaporara, y una indescriptible seguridad tranquila calmó sus nervios; supo que de alguna manera la niña estaba bien en una forma que supera la razón. Sereno, condujo el resto del trayecto hasta su casa, y una vez ahí, encendió una vela por la desconocida madre y su hija. En este caso, la sincronicidad musical produjo una especie de sanación trascendental y reconcilió a una persona que había observado un hecho traumático que de otra manera seguramente habría hecho que su amargura espiritual se hiciera más profunda. Su experiencia estuvo entre los momentos más conmovedores de sincronicidad que compartieron con nosotros los miembros de nuestro grupo. La mayoría de ellos también sintieron que este tipo de encuentros místicos produjeron un cambio positivo en ellos, aunque sus experiencias no siempre fueron tan profundas. A continuación se presentan algunos ejemplos.

Un hombre que se dirigía a su trabajo en coche una tarde de marzo estaba escuchando un casete que había encontrado recientemente en la biblioteca local. Era la grabación del poema *El árbol de Navidad* en la voz de C. Day Lewis. Este poema comparaba el árbol con el carácter transitorio de la vida y lo fugaz que es la felicidad. La grabación acababa de empezar, cuando el hombre pudo ver un árbol de Navidad tirado al lado de la calle, algo que no se ve con mucha frecuencia tanto tiempo después de Navidad. Tal vez es extraño, pero el efecto de esta sincronicidad no fue hacer que este hombre sintiera desesperación por el hecho de que la felicidad sea un fenómeno transitorio. Por el contrario, le recordó que uno debe hacer buen uso de su tiempo y encontrar placer en la vida.

Paul Westerberg, un vendedor de Wisconsin que había conducido más de mil millas en lo que al parecer era un viaje infructuoso, ya iba de regreso por la misma autopista que lo había llevado tan lejos de casa. Para alejar su mente de la decepción, seleccionó al azar un casete. Después de tres o cuatro piezas, empezó a escuchar la canción en español, *Granada*, que se refiere a la ciudad española del mismo nombre. En ese momento, pasó por un señalamiento que anunciaba la siguiente ciudad: Grenada, Mississippi. Aunque esta no fue una coincidencia muy dramática, esa sincronicidad hizo que él sintiera que en cierta forma, en el plan más amplio de su vida, incluso este viaje aparentemente inútil era parte de una estrategia general que él no podía ver ni entender, pero que a pesar de eso existía. Westerberg sintió que nada carecía de significado o de propósito.

En ocasiones, una sincronicidad específica se repite como un estribillo musical hasta que la persona a quien va dirigida se da cuenta de ella. Wayne Taylor, un hombre de negocios, entró a una tienda durante su hora de descanso para comer, para ver su selección de libros. Encontró que le agradaba la música ambiental que se escuchaba por el altavoz y que era desconocida para él. Cuando preguntó, le informaron que se trataba de *The Standing Stones of Callanish [Las piedras paradas de Callanish]*, una obra compuesta por Jon Mark, oriundo de Nueva Zelanda, que lleva el nombre de un sitio megalítico de cuatro mil años de antigüedad en la Isla de Lewis, que se encuentra frente a la costa occidental de Escocia. En lugar de comprar un libro nuevo, compró un casete con esta música. Al regresar a su trabajo, se acercó a Taylor un amigo de Glasgow, que sin saber lo que él acababa de comprar, le mostró una fotografía grande de las piedras de Callanish en una revista de viajes.

Años más tarde, cuando estaba leyendo un libro sobre Callanish y preguntándose cómo llegar ahí con sus limitadas finanzas, recibió una llamada telefónica de otra tienda informándole que la grabación de *The Standing Stones of Callanish* acababa de llegar para él, aunque él no había pedido otra copia. Cuando finalmente viajó a Escocia, visitó otras ruinas neolíticas que se encuentran en una colina alta y solitaria a las afueras de la ciudad de Inverness, en el norte del país. Este sitio se conoce a nivel popular como el

Templo de los Druidas, y despertó su sentido de tranquilidad. Permaneció en el antiguo círculo megalítico la mayor parte de una agradable tarde de mayo.

Con la esperanza de captar el mejor ángulo para una buena fotografía, Taylor apoyó la espalda contra la más grande de las piedras, un bloque de granito con venas de cristal blanco, que tenía una atura de cuatro metros. En esta posición tuvo una visión perfecta del templo. Cuando volvió a casa semanas más tarde, su amigo de Glasgow le dijo que había tenido una visión fugaz de él recargado contra un muro de piedra mientras estaba al otro lado del mar. Al consultar el diario que llevó durante su viaje, se dio cuenta de que la visión de su amigo coincidía con la fecha y la hora en que él había apoyado la espalda en el gran monolito del Templo de los Druidas.

Como se mencionó antes, los procesos creativos y recreativos de quienes crean el arte y de quienes lo experimentan, inducen estados alterados de conciencia en los que estas personas parecen tener acceso, subconscientemente, al alma del universo. Este traslape estético a menudo tiene como resultado coincidencias significativas que conectan nuestra vida ordinaria con el Otro Mundo.

En el estreno en Londres de una nueva sinfonía de Franz Joseph Haydn en 1791, los asistentes se conmovieron tanto con la música que después del primer movimiento tomaron sus sillas y se acercaron más alrededor de la orquesta, dejando un espacio vacío cerca de la mitad de la sala. Poco después de que empezara el segundo movimiento, la función se suspendió repentinamente cuando una gigantesca lámpara que pesaba cientos de kilos cayó del techo y se estrelló en la parte de la sala que hacía unos minutos había ocupado el público. A partir de entonces, la Sinfonía Número 96 de Haydn en Re mayor, se conoce como la Sinfonía Milagro.

En una ocasión, Beatrice Lillie, la famosa actriz cómica de la década de 1930, estaba en un escenario en London, Ontario, en la revista de Noel Coward, *This Year of Grace* [*Este año de gracia*]. Una larga fila de coristas estaba detrás de ella mientras cantaba

"Britannia Rules the Waves" [Britania rige las olas], un número que ella había interpretado muchas veces. Al terminar el segundo verso, había una indicación para que el coro avanzara al centro del escenario. Pero por primera y única vez en su larga carrera, la Señorita Lillie pareció olvidar su acto y cantó de nuevo el primer verso.

Debido a lo que todos en esa época pensaron que había sido un olvido por parte de su estrella, el coro no se pudo mover. Justo antes de que terminara su repetición no programada del primer verso, cuando las bailarinas finalmente estaban listas para moverse al centro del escenario, una enorme lámpara que pesaba al menos cincuenta kilos, se balanceó locamente fuera de control por encima de ellas y se estrelló haciéndose pedazos exactamente donde las bailarinas habrían estado si Lillie no se hubiera "equivocado" en su número. Si hubieran estado en la posición que habían ensayado en el momento asignado, al menos algunas de las bailarinas habrían sufrido lesiones graves, o incluso habrían muerto (Vaughn, pp. 33, 34).

Estos dos incidentes similares indican que los estados alterados de conciencia que se producen a través de la concentración de poderes mentales en la experiencia artística, se deslizan hacia algo distinto a la conciencia racional, a un mecanismo invisible que organiza y que está detrás de nuestra realidad física. Las dos esferas de existencia se entrelazan constantemente, como los engranajes en movimiento de un reloj cósmico tan grande como el universo. Pero la relación entre estas dos esferas, se vuelve aparente para nosotros sólo cuando se conectan en momentos de sincronicidad.

Capítulo 6

La sincronicidad en las crisis: advertencias

En una cadena sutil de incontables anillos
el siguiente lleva hasta el más lejano;
el ojo lee augurios en los lugares donde va
y la rosa habla todos los idiomas.

RALPH WALDO EMERSON

Las coincidencias significativas que advierten de peligros inminentes por lo general se consideran premoniciones relacionadas con desgracias, sólo después de que éstas ocurren. Es difícil identificar la primera mitad de una coincidencia significativa, hasta que se conecta con su contraparte significativa. Para reconocer esa clase de fenómenos antes de que estén completos, se requiere una destreza que algunas personas desarrollan al seguir cada sincronicidad que entra a su vida. Desarrollan un sentido intuitivo que ellas aceptan como una forma de guía especial.

El hecho de que las premoniciones vaticinen lo inevitable, o que al menos en algunos casos, representen advertencias sobre dificultades que podemos evitar, se ha debatido entre los pensadores desde la antigüedad. En *Un cuento de Navidad,* de Charles Dickens, cuando Scrooge tiene una visión de sucesos futuros, él pregunta: "¿Son estas las sombras de cosas que pueden ocurrir o de cosas que deben ser?". El Espíritu del Futuro no responde, lo que indica que una parte del futuro puede alterarse y otra no. Al final, Scrooge corrige su actitud materialista y cambia el terrible resultado que había visto antes. Con la pregunta de Scrooge, abordamos el poder del destino, que algunas personas consideran inexorable y otras consideran que se puede enmendar. Una minoría de nuestro grupo de estudio tenía el primer punto de vista, pero la mayoría estaba consciente de la sincronicidad y expresó su creencia en la cualidad positiva de la mayoría de las premoniciones, si no es que de todas, que nos advierte de dificultades inminentes.

Un ejemplo que ilustra esto se relaciona con una secretaria de Nueva York, Christine MacArthur, que empezó a notar un golpe inusual que venía de la parte inferior del frente de su coche, siempre que daba vuelta a la izquierda. El ruido no era fuerte, ni parecía algo grave. Ni siquiera era persistente, sino que aparecía y desaparecía. En una ocasión, de hecho se dirigía al taller mecánico para que revisaran la parte delantera del coche, pero se dio la vuelta y se fue a su casa justo antes de llegar al taller porque el ruido había desaparecido. Varios días después, el ruido regresó. Es probable que el golpeteo no fuera importante, y ella se mostraba reacia a llevar el coche para una revisión que posiblemente sería un gasto inútil. También se dio cuenta de que había olvidado el nombre y la dirección del taller que se especializaba en su tipo de vehículo. Trató de recordarlo, pero no pudo recordar dónde estaba el taller. A fin de cuentas, era un asunto trivial.

Entonces, Christine decidió olvidar el asunto por completo y encendió el radio para distraerse. Prácticamente las primeras palabras que brotaron de la bocina fueron parte de un comercial del mismo taller que ella había estado tratando de recordar hacía unos minutos; su nombre y dirección se mencionaron una y otra vez. De inmediato decidió llevar su coche a una revisión. Los mecánicos encontraron que un eje frontal estaba muy dañado y era necesario reemplazarlo. Si ella hubiera seguido conduciendo en esas condiciones, la rueda del lado derecho se habría desprendido. Como Christine normalmente conducía a altas velocidades en la autopista, las consecuencias habrían sido desastrosas.

Las coincidencias significativas, en especial las que tratan de advertir a quienes las experimentan sobre una situación de peligro inminente, a menudo tienen una conexión fundamental con miembros de la familia. Otra premonición relacionada con un automóvil, ocurrió a través de una sincronicidad de tres sueños que empezó con Julia Rockwell, que reside en Florida. Ella soñó que su hermano menor no había reparado una pieza vital del coche estándar que él iba a usar en una carrera. Ella no sabía nada sobre mecánica, y sin embargo, pudo describir a la perfección el cable de los frenos que no se había revisado. Debido a ese vívido sueño, Julia intentó desesperadamente, auque sin éxito, que sus advertencias se escucharan por encima del ruido que hacía el coche de su hermano al acelerar. Cuando soñó sobre ese fatal cable, soñó que ella despertaba a su hermano, gritándole cosas incomprensibles. Al mismo tiempo, la esposa de su hermano soñó que el rostro de su cuñada flotaba angustioso sobre su cama. Alarmados, su hermano y su esposa, se levantaron de la cama de un salto, encendieron todas las luces y revisaron toda la casa. Aunque no encontraron nada mal, a la mañana siguiente todavía estaban nerviosos y llamaron a Julia por teléfono. Cuando su hermano supo de su sueño, fue a la cochera y empezó a revisar su coche. Encontró el cable de los frenos roto. Si hubiera conducido el coche como tenía la intención de hacerlo, seguramente se habría visto involucrado en un accidente (Ryback and Sweitzer, p. 63).

En diciembre de 1985, una anciana de Atlanta soñó que alguien entraba con violencia a la casa de su hermana y la golpeaba con un bate de béisbol. En la mañana, su hermana le telefoneó y le dijo que ella había tenido el mismo sueño. Actuando en base a esta coincidencia, ella se mudó temporalmente de su casa, a la que entraron ladrones la noche siguiente ("¿Un sueño salvó a una mujer?" p. 68).

Un gran número de sincronicidades relacionadas con advertencias ocurren en los sueños, porque estando uno despierto estas advertencias tienden a perderse en la confusión de la vida cotidiana. Estando dormido, la mente se concentra por completo en el sueño. Al estar despierto, esas impresiones parecen visiones que la facultad racional descarta con más facilidad como fantasías de la imaginación. Si la premonición recibida en un sueño es suficientemente vívida o poderosa, causa una impresión que permanece cuando uno despierta. Es más fácil que la mayoría de las personas actúen en base a una advertencia precognoscitiva recibida en un sueño, aunque sólo sea porque su mente consciente no habrá tenido nada que ver con ello, y por lo tanto, no se le podría acusar de estar fabricando una fantasía.

La muerte

La muerte es, por mucho, el tema que más se menciona en todas las sincronicidades más importantes. Como escribieron Combs y Holland: "Ningún otro hecho en la experiencia humana se relaciona con una gama tan rica de fenómenos psíquicos" (p. 22). Las variaciones de este tema son radicalmente diversas, e indican el gran número de coincidencias especialmente significativas que conectan, literal y físicamente, esta vida con el más allá. Las premoniciones de la muerte no parecen ser advertencias; las premoniciones de la muerte parecen vaticinar lo inevitable, mientras que las advertencias señalan hechos futuros que en cierta medida todavía están bajo nuestro control. La línea que las separa no siempre está claramente definida.

Pero los sueños sólo son uno de los numerosos medios que usa la premonición. Después de una fiesta de Año Nuevo, alguien tomó una foto de Willie, nuestro perro. Nuestra querida mascota gozaba de perfecta salud. Pero cuando se reveló la fotografía, todo en ella se veía claramente excepto Willie, pues en el lugar donde él estaba se veía un espacio vacío que parecía una sombra. El que tomó la fotografía, que era un miembro de la familia, se sintió poseído por un sentimiento de tristeza por la muerte inminente de su perro, aunque no había motivo de alarma. Pocos días después, un coche atropelló al perro y lo mató.

Algunas personas no necesitan sueños o fotografías para saber cuando la muerte está cerca. Quienes tienen esta habilidad (que se ha conocido durante miles de años en diversas culturas, incluyendo la India de los Vedas, el Egipto de los Faraones, y muchas tribus nativas de América), aseguran que pueden detectar una decoloración y/o una disminución en el aura de la víctima, un campo de energía similar a un arco iris que se cree brota de toda la materia orgánica y la rodea.

En el verano de 1930, desapareció un niño que estaba nadando en un lago de Wisconsin. Se supuso que estaba muerto, pero a pesar de todos los esfuerzos de legiones de rescatistas, no pudieron encontrarlo. Aunque ellos no eran parte del equipo de rescate, dos ancianos de la tribu Winnebago llevaron a los rescatistas en un bote de remos a un lugar donde el agua se veía muy sucia y les dijeron que el chico se encontraba ahí. Minutos más tarde, sacaron el cuerpo sin vida del lago. Después les preguntaron cómo habían encontrado el lugar exacto, y los amerindios dijeron que "vieron su aura desvaneciéndose como la luz de una luciérnaga que acaba de morir". Aunque este ejemplo no es una precognición, ya que ocurrió después del hecho, se menciona aquí para demostrar la conexión que parece existir entre una coincidencia significativa en la que el aura humana es un indicador de la muerte.

Algunas personas sensibles a esto que no saben nada sobre las auras aseguran que a veces ven o intuyen una extraña luz aterradora en el rostro de una persona que está cerca de la muerte. Los soldados que están en combate y el personal médico han mencionado este tono amarillento con mucha frecuencia. Otras personas que han experimentado premoniciones insisten en que pueden detectar el futuro en ciertos rasgos faciales, en especial, en expresiones en los ojos de la persona que está a punto de morir. Buscan una expresión única de resignación melancólica que no se relaciona con ninguna otra situación. Es un cambio muy sutil, una especie de suavidad en la boca y en los ojos, producida por el conocimiento subconsciente que tiene la persona de que su vida está a punto de terminar.

La salud relativa no siempre es importante, y personas que en otros aspectos son cuerdas, muestran este tipo de expresión de resignación y supuestamente saben que alguna circunstancia externa va a acabar con su vida. Aunque la lectura de auras y expresiones faciales o la capacidad de ver una especie de luz astral pueden predecir una muerte inminente, aquí consideramos que estos supuestos medios de premonición son interpretaciones de la acción de la sincronicidad. En otras palabras, la lectura del aura y cosas similares podrían ser racionalizaciones subconscientes que experimenta una persona que de pronto se enfrenta a una coincidencia significativa relacionada con el trauma que genera la experiencia de la muerte.

La mayoría de las coincidencias orientadas a la muerte no se reconocen, muy a menudo ni siquiera las reconocen las personas involucradas más directamente con ellas, pues mueren antes de que se lleve a cabo una conexión. Es como si su experiencia fuera enteramente para beneficio de los que los observan y sobreviven, que a menudo no tienen relación alguna con la situación. Los siguientes ejemplos ilustran estas sincronicidades que van más allá de la tumba.

Steve Dempsey perdió a su madre cuando era muy joven. Al cruzar una calle, el conductor de una camioneta la atropelló y la mató, dándose a la fuga. Llevaron al niño a la casa de sus tíos, quienes lo educaron como si fuera su propio hijo. Cuando ya tenía más de veinte años, estaba de vacaciones en un estado desértico del oeste y cuando hizo una llamada telefónica a su casa se enteró de que su tío había muerto por causas naturales. Aproximadamente trece años más tarde, estando también de vacaciones en el oeste, hizo una llamada a su tía exactamente del mismo lugar donde se había enterado de la muerte de su tío, al que no había vuelto desde entonces. Pero esta segunda llamada fue muy similar. Se le informó que su tía acababa de morir. Al cruzar la calle para llevar a cabo una misión de misericordia en el vecindario, fue víctima del conductor de una camioneta que se dio a la fuga. ¿Qué extraño destino conectaba a estas dos mujeres que habían tenido papeles tan importantes en la vida de este hombre?

Cuando Lord Carnarvon falleció en Egipto el 5 de abril de 1923, a las 2:00 a.m., su perro, que él había dejado en Inglaterra, murió precisamente a la misma hora. Simultáneamente, una extraña falla eléctrica produjo un apagón masivo en el Cairo, sumergiendo a toda la ciudad en las tinieblas. Esta triple sincronicidad motivó especulaciones a nivel mundial en relación con la Maldición del Faraón, ya que Carnarvon había financiado la excavación de la tumba de Tutankhamon. El que encontró la tumba fue Howard Carter, cuyo canario era venerado por los excavadores nativos pues lo consideraban un buen augurio que era responsable del éxito de los arqueólogos británicos. Varios días después de su fabuloso descubrimiento, el canario fue devorado por una cobra que entró a la casa de Carter (Vaughn, p. 115).

Ambas criaturas eran, desde tiempo atrás, símbolos de fuerzas que iban más allá de su identidad natural como bestias. Se consideraba que el canario era un espíritu guía que llevó a Carter a la tumba. De hecho, era más que una superstición árabe local; era un arquetipo que se encuentra en muchas culturas alrededor del mundo. En el mito germano de Sigfried, por ejemplo, un ave de colores le trae fama y poder pues lo guía a las riquezas de una cueva que antes custodiaba un dragón que él había matado recientemente. Algo aun más apropiado es que la cobra era, por supuesto, el emblema de los faraones egipcios. Era el "uraeus" o serpiente divina, que solía representarse en los muros de las tumbas reales, y representaba la muerte de cualquiera que osara entrar. El ataque de la cobra contra el canario de Carter es más extraordinario porque las cobras prácticamente se habían extinguido en Egipto mucho antes de 1923, y era raro encontrarlas en las casas.

El 5 de enero de 1996, el tenor Richard Versalle estaba solo en el escenario del Teatro Metropolitan Opera de Nueva York, interpretando *El caso Makropulos,* de Leos Janacek. En la primera escena, el cantante de sesenta y tres años de edad subió a la parte más alta de una escalera que estaba recargada contra los gabinetes de archivo que estaban alrededor del escenario cubriendo los muros desde el suelo hasta el techo. Desde esa altura, Versalle cantó la línea: "Lástima que sólo vives durante cierto tiempo". Después se desplomó muerto, víctima de un ataque cardiaco. Aunque los fisiólogos materialistas podrían tratar de explicar esta sincronicidad argumentando que él falleció debido a una combinación de "deseos que se cumplen y deseos de morir" (desde hace mucho tiempo, los actores han considerado que morir en el escenario es una muerte ideal), los estudiosos de las coincidencias significativas se niegan a creer que Versalle esperó a llegar a la línea más apropiada antes de causar su propia muerte con un ataque cardiaco sólo porque quería morir con estilo ("Cantante de Ópera Muere en el Escenario", p. 18).

Antes, otro cantante de ópera sucumbió ante una sincronicidad similar. En 1952, el famoso barítono, Heinrich Schlusnus terminó un recital interpretando "En el Crepúsculo", de Franz Schubert, un himno a la belleza natural del mundo. Su última línea dice: "Y su corazón, antes de destrozarse, sigue libando el brillo y bebiendo la luz". En la noche, justo antes del crepúsculo, Schlusnus se fue a casa y murió de un ataque cardiaco.

Algo que parece menos ofensivo al sentido común que estas conexiones acausales, es reconocer la actividad más amplia de la sincronicidad que se cierne imponente en otra muerte del mundo del espectáculo en la que se presentaron diversas coincidencias. En 1961, la actriz de Hollywood, Natalie Wood, tuvo que actuar ante las cámaras en una escena en la que representaba a una mujer que se estaba ahogando. Unos días antes del rodaje, ella le dijo a su director, Elia Kazan, que ella sufría de hidrofobia y que las aguas oscuras, en especial, le producían un gran temor.

Aunque el lago donde supuestamente se ahogaría era un poco lodoso, era tan poco profundo que ella nunca estaría en peligro, y los miembros del equipo de filmación siempre estarían cerca. No obstante, en la mañana en que ella iba a representar la escena, le dijo a Kazan que el miedo la paralizaría si tenía que meterse al agua, y que dudaba poder hacer la actuación. Le preguntó si no podrían filmar la escena en el tanque del estudio. Como eso era imposible ya que la producción resultaría muy cara, ella sólo estuvo de acuerdo en actuar si un hombre entraba al agua con ella de modo que la cámara no pudiera captarlo. Su actuación de una mujer que se estaba ahogando fue la más convincente de su carrera, tal vez porque su pánico era real. Después, la actriz temblaba debido al temor residual que aún sentía y se reía sintiendo alivio.

Veinticinco años después, cuando trataba de abordar un yate cerca de media noche, fue presa del pánico, tropezó y cayó al agua. La gente que estaba en el yate contiguo la escuchó gritar: "¡Alguien ayúdeme!", pero no pudieron encontrarla en la oscuridad. Su cuerpo ahogado fue encontrado a la mañana siguiente. Aunque la hidrofobia de la actriz vaticinó la forma en que ella moriría, lo más extraordinario es una comparación de los nombres relacionados con esta letal sincronicidad. El nombre de la película en la que Wood representó la escena del ahogamiento fue *Esplendor en la hierba*, el nombre del yate del que ella se cayó era *El esplendor* (Kazan, p. 117). El dueño del yate le había dado ese nombre debido a su bella construcción, no debido a la película.

Thomas Franklin, un fanático de las grabaciones, que tenía una enorme colección, seleccionó al azar una cinta como música de fondo mientras trabajaba en su casa. Del altavoz brotó la voz de Vincent Price, leyendo la obra de Longfellow, *"Skeleton in Armor" [Esqueleto en Armadura]*. Como hacía algunos meses él había escuchado esta cinta y la había avanzado casi hasta el final del poema, escuchó a Price recitando sólo las últimas líneas, que describen los últimos momentos del guerrero vikingo: "Así, mi alma, marcada con numerosas cicatrices, atravesó los barrotes de la prisión y ascendió a las estrellas de donde había venido..." Franklin se sorprendió cuando a la mañana siguiente leyó en el periódico que Price había muerto más o menos a la hora en que él estaba escuchando al actor leyendo esas palabras.

Pero esta no fue la única sincronicidad de este tipo que experimentó Franklin. Al año siguiente, al volver a casa del trabajo en la noche, de nuevo sacó una grabación al azar, y fue una que él no había escuchado desde hacía meses. Presentaba varias rutinas interpretadas por el comediante británico Donald Cook. Una vez más, al día siguiente se enteró de que Cook había muerto más o menos a la misma hora en que él estaba escuchando la grabación.

La sincronicidad, como la propia muerte, no respeta a nadie, y se extiende más allá de Hollywood para llegar a la Casa Blanca. En 1995, el Presidente Bill Clinton, que se había reunido con una docena de figuras políticas del partido Demócrata, empezó a hablar espontáneamente de Ron Brown, "el mejor secretario de comercio en la historia de la república, al menos en este siglo, que ha hecho más para crear oportunidades de empleo que ningún otro secretario de comercio". Clinton siguió hablando sobre la vida de este hombre, casi como si fuera una elegía. El presidente del Partido Demócrata, Mark Andrew, que asistió a la reunión, comentó: "Continuó durante algunos minutos hablando sobre las contribuciones de Ron Brown".

Cuando terminó la reunión, los representantes del partido, con expresiones adustas en el rostro, acompañaron apresuradamente al Presidente a la Oficina Oval para informarle que Ron Brown acababa de morir en un accidente aéreo. Al referirse a los comentarios que Clinton había hecho minutos antes de recibir la triste noticia sobre el secretario de comercio a quien él estimaba tanto, Andrew dijo: "Habló de él en los términos más halagadores y había en él un aire profético que dio a sus palabras un toque muy inquietante" ("Andrew recuerda la 'inquietante' noticia de la muerte de Brown", p. 11).

El propio Carl Jung no estuvo inmune a las sincronicidades relacionadas con la muerte. Una noche se sintió apesadumbrado sin una razón que él pudiera entender y no podía dormir. Más o menos a las 2:00 a.m., despertó repentinamente con la clara impresión de que alguien había entrado en su habitación. Encendió la luz a toda prisa y no encontró señal alguna de que alguien hubiera entrado, aunque todavía tenía la sensación de estar ante una visita imposible de definir. Después se dio cuenta de que lo que lo había despertado era un terrible dolor de cabeza que parecía golpearlo a la mitad de la frente y llegar hasta la nuca.

Poco a poco el dolor de cabeza cedió, y él pudo volver a dormir. En la mañana, supo que uno de sus pacientes se había suicidado dándose un tiro en la frente y que la bala se había alojado en la nuca. El hombre se había suicidado a las 2:00 a.m. la noche anterior, precisamente la hora en que Jung había despertado con ese terrible dolor de cabeza (Bolen, pp. 33, 34).

Las sincronicidades relacionadas con la muerte siguieron a Jung más allá de la tumba. Cuando el pionero de la psicología yacía en su lecho de muerte en su hermosa casa estilo suizo en Kuesnacht, el 6 de junio de 1961, a los ochenta y cinco años de edad, una fuerte tormenta azotó al cercano Lago Zurich. Su llegada coincidió con la muerte de Jung. Menos de dos horas después, su árbol favorito fue destruido por un rayo. Años más tarde, el narrador de un documental británico estaba describiendo la muerte de Jung y la pérdida de su amado árbol. Cuando el narrador estaba frente a las cámaras, en el sitio donde se encontraba la casa de Jung, un relámpago cayó en el jardín donde había estado el árbol, y a eso siguió el dramático sonido de los truenos (van der Post, p. 275).

El karma es el equivalente moral de la ley física de Newton que afirma: "Para cada acción, existe una reacción opuesta exacta". Esto parece estar presente en los incidentes de sincronicidad, en especial los que se relacionan con la muerte. Tal vez el ejemplo más ilustrativo corresponde a Henry Ziegland, un texano que traicionó cruelmente a su novia en 1893. Abrumada por la desesperación, la mujer se suicidó. Su hermano, tratando de vengar su muerte, encontró a Ziegland a campo abierto y le disparó a quemarropa con un revólver. Su víctima cayó al suelo. Después, el consternado hermano de la chica se suicidó, pero Ziegland sobrevivió al ataque. La bala sólo le había rozado la mejilla y se había alojado en un árbol cercano. Pero él no aceptó su afortunada supervivencia de buen grado, y durante los años siguientes siguió insultando la memoria de la mujer muerta y de su hermano, que había querido vengar su muerte.

Después, en 1913, Ziegland estaba ocupado cortando un viejo árbol. En vista de que no podía progresar satisfactoriamente con su hacha, lo rodeó con cartuchos de dinamita. Aunque estaba a una distancia segura de la explosión, cayó muerto. El forense encontró una bala que le había atravesado el cráneo, y determinó que era la misma bala que el iracundo hermano de su novia le había disparado. Ziegland dinamitó el mismo árbol en el que se había alojado la bala que había estado esperando ahí durante veinte años (*Aunque usted no lo crea, de Ripley*, p. 133).

Según Águila Roja Solitaria, un chamán de Menomonie, célebre por su forma de preservar las tradiciones antiguas: "La muerte no siempre es un juicio. A veces es el Gran Sanador". Un caso que ilustra este concepto se relaciona con Virginia Hardyman, un ama de casa de Chicago. Aproximadamente a las 5 a.m. la despertó un perfume de flores muy definido y casi abrumador que llenaba su habitación. Era como si alrededor de su cama alguien hubiera apilado enormes ramos de flores. Pero no pudo ver nada, no había una causa para una fragancia tan inconfundible. Ella supuso que era el residuo físico de un sueño olvidado, pero como no pudo volverse a dormir, disfrutó esa sensación durante varios minutos que le parecieron muy largos.

Más tarde ese mismo día, Virginia se enteró de que más o menos a las 5:00 a.m., su tía había muerto pacíficamente mientras dormía, precisamente a la misma hora en que el aroma de muchas flores había invadido su habitación. Su tía había sido una segunda madre para ella, y habían tenido una relación muy cercana desde su niñez. Además, su tía cultivaba su jardín con entusiasmo y en el verano disfrutaba de sus numerosas flores. La mujer experimentó una profunda sensación de certeza, sabiendo que su tía había sobrevivido a la muerte y había vuelto a ella para darle una muestra de su liberación de los cuidados de la tierra con un regalo de amor que la identificaba.

Rescate

Aunque algunas sincronicidades parecen conectarse ineludiblemente con la muerte, otras hacen posible que se lleven a cabo rescates perfectamente oportunos que salvan vidas. En el verano de 1995, Don Augusta había llenado su camión cisterna (pipa) con doscientos galones de agua. Mientras conducía por la autopista, vio un coche envuelto en llamas. La joven de veinte años que lo conducía, Heather Skaggs, se había quedado dormida al volante. Su vehículo se impactó contra dos árboles, se volteó y se incendió justo antes de que llegara el conductor del camión cisterna. Él abrió la válvula del tanque y apagó el fuego, lo que permitió que los rescatistas liberaran a Skaggs. Ella salió del hospital después de dos días en condición satisfactoria. "Fue un milagro que yo tuviera ese camión con agua", dijo Augusta al reportero ("una Coincidencia relacionada con el Agua", p. 17).

En otro incidente de sincronicidad en una autopista, un estudiante que toda la semana había estado ocupado en un entrenamiento intensivo de primeros auxilios, se sintió molesto cuando los miembros de su familia lo presionaron para que asistiera a una aburrida reunión familiar en su único día libre. Aceptó con renuencia, pero dejó la reunión tan temprano como pudo.

Tomó la autopista de regreso a casa, aunque esa no era su ruta usual.

Tal vez quince minutos después de entrar en la autopista, pudo ver una patrulla estacionada al lado de la autopista con las luces de emergencia encendidas. Redujo la velocidad y se acercó, notó que había dos vehículos de pasajeros muy dañados en el césped del camellón. Se estacionó, bajó del coche y corrió hacia uno de los coches chocados. En su interior había un anciano gravemente lesionado que sangraba profusamente. Recordando el entrenamiento que había recibido hacía unos días, el estudiante de primeros auxilios vendó sus heridas y utilizó adecuadamente los instrumentos del estuche de primeros auxilios que llevaba consigo. El patrullero había hecho una llamada pidiendo ayuda, pero la ayuda no había llegado. Había otras víctimas del choque, algunos de ellos necesitaban atención médica inmediata. El estudiante se puso a trabajar y aunque había mucho que hacer, él hizo todo lo necesario, y cuando los paramédicos finalmente llegaron, le dijeron que sin duda les había salvado la vida a varias personas.

La ambulancia de los paramédicos se retrasó debido al tráfico que se generó por los autos que redujeron la velocidad al pasar por la escena del accidente y detenerse a ver lo que había pasado. El accidente ocurrió unos minutos antes de que el estudiante de primeros auxilios pasara por ahí. Si hubiera salido de la reunión familiar más o menos un minuto antes, no habría visto el accidente, y si hubiera llegado ahí un poco después, habría habido varias víctimas mortales. Si no hubiera asistido a la reunión, que es lo que él hubiera querido hacer originalmente, las víctimas habrían estado sin ayuda durante demasiado tiempo.

En julio de 1990, Weston Kilpatrick nació con un problema cardiaco muy grave. Tenía defectos en la válvula aórtica, con orificios entre el ventrículo derecho y el ventrículo izquierdo. Su corazón era irreparable, y era necesario conseguir un donador compatible para que el niño pudiera sobrevivir. Los padres de Weston rezaban día y noche por su hijo, pues su vida estaba en riesgo. Este niño llegó a ser el único interés en su vida. Al final, los médicos ya no pudieron hacer nada más por el niño. Pero quince meses después de su nacimiento, y un día antes de que se determinara que su corazón estaba fallando, se encontró un donador. Weston sobrevivió y llego a ser un niño sano y normal (Tevas, p. 19).

El hecho de que la persona indicada llegue al lugar indicado, con una oportunidad perfecta, por lo común se considera providencial. Un ejemplo que ilustra esta situación se relaciona con una mujer que no tenía conocimientos de medicina y que soñó que estaba flotando muy alto sobre la ciudad en que vivía. Desde las alturas, podía ver a todos los residentes de la ciudad y sus actividades, al igual que todos los negocios. Incluso se vio a sí misma caminando para ir a comer. Luego su atención se concentró en un hombre que usaba anteojos grandes con montura de carey, llevaba un saco negro y un portafolio color café, viejo y maltratado. Ella supo que el hombre estaba muy enfermo, con náusea y dolores de pecho, estaba asustado y no podía respirar. Ella podía sentir cada detalle de su malestar. El hombre se desplomó en la calle; la mujer descendió a su cuerpo físico y corrió a ayudarlo.

Al ir caminando hacia su trabajo a la mañana siguiente, vio al hombre que había visto en su sueño, con el saco negro, los anteojos y el portafolio color café, viejo y maltratado. Asombrada, pudo ver que se tambaleaba y caía tal como ella lo había visto en su sueño. Ella corrió a él. Como entendía precisamente lo que estaba mal en él, pudo describir su condición en tal detalle por teléfono a los paramédicos, que ellos supieron exactamente qué hacer para salvar su vida. En el hospital, se confirmó la precisión del diagnóstico que ella había hecho en el momento en que él se sintió mal, y el hombre respondió al tratamiento (Ryback, p. 67).

Los parapsicólogos podrían interpretar el sueño aparentemente precognitivo de esta mujer como un momento de proyección astral, en el que el alma, liberada temporalmente de su morada corporal, ya sea estando dormida o en algún otro estado alterado de conciencia (como estando bajo el efecto de narcóticos, estando gravemente enfermo, o durante un ritual), vaga libremente cruzando los límites del espacio y el tiempo, visitando de hecho lo que para nosotros es el futuro, y regresando a nuestra dimensión presente con información importante. Esto es exactamente lo que se requiere que haga el chamán de una tribu en beneficio de su pueblo. Aunque en el caso antes descrito la proyección astral pudo haber sido parte del mecanismo mediante el cual se llevó a cabo la providencial reunión de esta mujer con la víctima del ataque cardiaco, no es probable que haya sido la causa de esa conexión entre la persona que tuvo el sueño y su objetivo. La mujer no recordaba ningún otro sueño, antes o después de este sueño en el que parecía flotar sobre el mundo con una misión de rescate.

El principio de conexión que parece estar activo en todos los casos que he descrito parece ser el poder del suceso en sí. Al buscar explicaciones para la sincronicidad en la proyección astral o en la telepatía, estamos confundiendo las causas con los medios. Ya que ninguno de estos dos fenómenos satisface la comprensión universal de las coincidencias significativas, debemos considerarlas simplemente como métodos de conexión para los sucesos de sincronicidad.

Un caso famoso de sincronicidad masiva descarta por completo la presencia de la proyección astral o la telepatía. Quince miembros de un coro, estuvieron de acuerdo en reunirse para practicar en la iglesia el 1 de marzo de 1950, a las 7:20 p.m. Eran el lugar y la hora a la que usualmente tenían ensayos, y todos llegaban a tiempo siempre. Pero esa noche, a diferencia de otras, los quince miembros se retrasaron por una variedad de razones triviales. El ministro y su familia llegaron tarde porque su esposa todavía estaba planchando el vestido de su hija; una estudiante se apresuró para terminar su tarea de geometría antes de salir para el ensayo; alguien más tuvo problemas para echar a andar su coche; dos amigos querían escuchar el final de un programa de radio; una chica se quedó dormida, lo que hizo que ella y su madre se retrasaran unos minutos, y así sucesivamente.

Todos los retrasos fueron triviales, pero su conjunto resultó ser una coincidencia única que impidió que los miembros del coro llegaran a la hora indicada. A las 7:25 p.m., un gran estallido destruyó por completo la iglesia debido a la explosión de una caldera de gas. Si estas quince personas hubieran estado reunidas dentro de la iglesia a la hora acostumbrada, es difícil imaginar cuántos de ellos habrían podido sobrevivir (Weaver, p. 280).

Quizás este incidente, a un mayor grado que otros ejemplos similares, demuestra que la sincronicidad no tiene preferencias. Se conecta con la misma efectividad para salvar vidas que para tomarlas. El único factor que representa una diferencia parece ser el tiempo. Tal vez hay "un tiempo para vivir y un tiempo para morir", como dice el Antiguo Testamento.

Reencarnación

Aunque por lo general la idea de la reencarnación todavía se recibe con escepticismo fuera de Asia, se está aceptando cada vez más en occidente, y no sólo debido a las influencias orientales. La creencia de que el alma es inmortal y que renace constantemente a través de periodos sucesivos de vida, tiene sus raíces en los cultos misteriosos de la época clásica e incluso en las antiguas religiones de la Edad de Bronce. Pero la espiritualidad agraria de la Europa Neolítica es aun más antigua, en ella, se adecuaba el destino humano a los ciclos recurrentes de los cambios de estación. En esa época, la gente creía que la naturaleza nacía en el equinoccio de primavera, maduraba a lo largo del verano, declinaba en el otoño, moría en el invierno y regresaba cada primavera. Como la humanidad era una de las miles de creaciones de la naturaleza, se consideraba que también era parte del eterno proceso de renovación.

Según esta perspectiva, la existencia en sí es análoga al estado de estar despierto, en el que nos dedicamos a nuestras actividades cotidianas; luego nos cansamos, nos dormimos, soñamos y despertamos cada mañana. De la misma manera, en nuestra vida consciente nos dedicamos a actividades terrenas, nos cansamos al aumentar en edad y nos acostamos para morir. En otras palabras, la muerte es un sueño por el que pasamos y del que despertamos en otra vida. En otras palabras, la muerte es un sueño por el que pasamos para entrar a una nueva capacidad consciente. Y el estado de sueño, la dimensión entre un estado de estar despierto y otro, y la muerte, que crea un puente entre una vida y la vida siguiente, no se recuerdan con facilidad.

La sincronicidad está representando un papel dinámico en el proceso de llegar a reconocer la reencarnación, en base a conexiones significativas que se dice vinculan la vida presente con las vidas pasadas. Nadie sabe cuántas de estas conexiones son los deshechos de falsas ilusiones o de un deseo inmaduro de que los sueños se hagan realidad. La sincronicidad, al igual que otras ideas esotéricas anteriores que alcanzaron cierta popularidad, se degrada o se corrompe en manos de algunas personas, en este caso, en manos de quienes desean adularse pensando que son la reencarnación más reciente de algún gran personaje histórico. Esa necedad de los tiempos modernos, sin embargo, nos ayuda a comprender, y tal vez a compadecer, a los iniciados de ciertas escuelas misteriosas en el mundo antiguo que se negaban a dar a conocer sus conceptos espirituales en público y de hecho los ocultaban en secreto bajo pena de muerte. Pero a pesar de los entusiastas de las vidas pasadas de nuestro tiempo a quienes les agrada creer que fueron Cleopatra o Luis XIV, algunos casos dan al investigador honesto la oportunidad de una seria consideración, en especial aquellos en que las coincidencias significativas representan papeles importantes.

Palingenesia es un término que se usa para describir la reencarnación, o en forma más apropiada, la transmigración de las almas. Viene de las palabras griegas *palin* ("de nuevo") y *genesis*, que significa principio. Es interesante que las religiones cristianas hayan usado este término para referirse al bautismo, un segundo nacimiento del alma al integrarse a la Iglesia. En biología, la palingenesia describe el desarrollo de un organismo individual que reproduce las características de sus ancestros. Por ejemplo, es posible que no te parezcas a tu madre o a tu padre, o que te parezcas muy poco a ellos, pero que tengas más características de tu abuelo o de un antepasado más remoto, ya que los conjuntos de genes a veces se saltan una o más generaciones.

Estas definiciones esotéricas, religiosas o científicas para el mismo término son distintas, pero son puntos de vista sobre el mismo fenómeno, que no son peculiares a un grupo y que son complementarios. Describen el hecho de que la chispa de la vida salta sobre el vacío de la muerte para volver a nacer, tanto en el mundo espiritual como en el material. Si después de todo, la palingenesia es un proceso fundamental de la existencia, entonces se manifiesta en las coincidencias significativas que experimentamos, las conexiones de sincronicidad de una vida a la otra.

Hace unos cuantos años, los científicos condenaban el hecho de simplemente mencionar la reencarnación, calificándolo como una superstición de finales del siglo XX y como tonterías de "New Age". Pero una nueva generación de pensadores, muchos de los cuales están entre las mentes más agudas de nuestro tiempo, ha reconsiderado seriamente la naturaleza del alma humana y su papel en los ciclos de la naturaleza. Stephen Hawking, un científico reconocido mundialmente, se presentó en la televisión nacional presentando la reencarnación como una clara posibilidad, debido a una coincidencia que lo ha perseguido toda su vida desde que era niño. Cuando él estaba en la primaria, aprendió que Galileo Galilei, el gran matemático, astrónomo y físico italiano, murió el 8 de enero de 1642, trescientos años antes del nacimiento de Hawking. ¿Podría ser que el alma de Galileo haya reencarnado en el científico británico de nuestros tiempos, como lo sugiere Hawking?

En 1996 el Dr. Bruce Goldberg presentó uno de los ejemplos de reencarnación mejor documentados. El Dr. Goldberg es psicólogo orientador de Woodland Hills, California. Por casualidad, entrevistó en forma separada a dos hombres que le dijeron que habían experimentado un recuerdo especialmente vívido de una vida pasada. El primer hombre que habló con el Dr. Goldberg fue Arnold, quien recordaba que había sido aprendiz de obrero metalúrgico en la Europa de principios del siglo XII. Su nombre era Thayer y el maestro artesano lo trababa muy mal. A los pocos años de ser su aprendiz, estos dos hombres tuvieron un pleito que se convirtió en una lucha mortal. Thayer murió asesinado después de ser apuñalado en el estómago.

Año y medio después de que el Dr. Goldberg dejó de tratar a Arnold, conoció a Brian, que quería entender su compulsión por manipular a otros. Bajo terapia de hipnosis, Brian recordó que había sido maestro artesano en Europa en 1130. Entonces se llamaba Gustave y había aceptado un nuevo aprendiz que resultó ser incompetente. Brian-Gustave dijo que el nombre del joven era Thayer. Dos años más tarde, tuvieron un argumento serio que degeneró en una lucha física, cuando el maestro intentó atar la pierna de su aprendiz a la mesa de trabajo. Empezaron a golpearse y Gustave admitió haber apuñalado a Thayer en el cuello y en el estómago hasta matarlo (Goldberg, p. 12).

Arnold y Brian nunca se conocieron, ni supieron que la otra persona había tenido un recuerdo de la vida pasada. Sólo el Dr. Goldberg conocía la relación significativa que había entre ellos. Él fue el factor de conexión en una coincidencia significativa que no podría haber ocurrido en otra forma. Aunque las dos vidas pasadas tuvieron cierta credibilidad a través del Dr. Goldberg, en realidad el fenómeno primordial fue la sincronicidad en sí. En este caso, algo tan controvertido y espiritual como la reencarnación parece no ser diferente, en esencia, a los elementos que se presentaron en los casos que se describieron antes, en los que la telepatía, las advertencias, las premoniciones, y todo lo demás, se subordinaron al hacho de mayor alcance que es la coincidencia significativa.

Capítulo 7

La sincronicidad como guía y como destino

La creación visible es el término o la circunferencia del mundo invisible.

RALPH WALDO EMERSON, *NATURALEZA*

Muchas personas que continuamente experimentan coincidencias significativas y las reconocen, creen que la sincronicidad en todas sus formas es una especie de guía personal. Como he mencionado antes, las categorías que se presentan en estos capítulos para definir los diversos tipos de sucesos significativos acausales, a menudo rebasan los límites establecidos entrando a otras clasificaciones, fusionando sus definiciones y borrando las distinciones precisas. Sin embargo, algunas coincidencias significativas, como las que se describen en este capítulo, ofrecen claramente una guía específica, que en ocasiones casi parecen instrucciones, pero que más comúnmente muestran alternativas relacionadas con problemas que en otra forma no serían visibles.

Estos ejemplos de dirección provenientes de Otro Mundo son senderos que nuestras vidas toman hacia el futuro, si decidimos seguirlos, y son por lo tanto, los medios a través de los cuales evolucionan nuestros destinos personales. Los individuos que aceptan estas sincronicidades que los guían en la vida, abrazan "la vida auténtica" como la definió Joseph Campbell; siguiendo nuestra propia verdad, independientemente de las consecuencias. Este es el alto destino que los antiguos griegos llamaron *moira* y que según sus creencias, se ofrece a cada ser humano.

Lo cierto es que, en más que un sentido general, en vista de que todas las sincronicidades se relacionan con nuestra vida en un nivel tan personal, son en realidad signos que nos guían para seguir una dirección específica, si sólo nos ganamos la aprobación de nuestra aprensiva mente racional o si tenemos el valor para desafiarla. Aquí, defino "guía" como las coincidencias significativas que señalan en una dirección específica en el momento más oportuno. Pero en nuestro intento de traer algo de claridad a un fenómeno infinitamente complejo que ha desconcertado a los seres humanos a lo largo de miles de años, necesitamos encontrar la manera de entender este tema tan amplio para poder controlarlo, concentrándonos en sus aspectos individuales.

Guía

En la víspera de Año Nuevo, Colin McDonald estaba revisando agriamente todas las injusticias y toda la mala suerte que había experimentado durante los doce meses anteriores. "¡La vida apesta!", le dijo a su esposa como conclusión. Más tarde asistieron a una fiesta y un amigo que no estaba consciente de sus sentimientos negativos, le regaló un libro con el título de *La vida apesta [Life Stinks]*, una crítica cómica sobre el optimismo. La coincidencia le causó tal impacto a este hombre, que por naturaleza tenía un sentido del humor irónico, que consideró que su propia depresión era divertida y empezó a tomarse menos en serio.

Mike Sawinski, un inversionista, condujo su auto a campo traviesa durante cinco horas pensando intensamente en una cueva que algunos de sus conocidos aseguraban, sin tener evidencias seguras, que contenía una gran cantidad de oro. No estaba seguro si debería involucrarse personalmente en su dudosa aventura, aunque era tentadora. En medio de sus pensamientos, medio consciente, encendió la radio. Captó una pequeña estación que no conocía y que estaba transmitiendo un antiguo éxito raro de 1937, años antes de que él naciera. Aunque el inversionista nunca había escuchado esa canción, se sorprendió al escuchar la letra de la canción: "Hay una mina de oro en el cielo".

Algo asombrado por lo oportunas que fueron esas palabras, decidió seguir el consejo de la canción. Para él significaba que la inversión que estaba considerando era exactamente eso, "una mina de oro en el cielo", una fantasía. Sawinski decidió no asociarse con el proyecto de la cueva, y los otros inversionistas perdieron mucho dinero buscando ese oro, que nunca encontraron.

Mientras visitaba a un amigo, Richard Kidolis se vio en un espejo de cuerpo completo y se sintió consternado al ver el sobrepeso que ahora tenía. Hasta entonces, no se había dado cuenta del grado de su condición. Al imaginar las difíciles dietas y ejercicios que su cuerpo obviamente necesitaba, empezó a sentirse desesperado pues pensó que le sería imposible deshacerse de esos kilos. Sintió que era perezoso por naturaleza y que no tenía la fuerza de voluntad para ajustarse a un régimen físico.

Al entrar a la sala de la casa, Kidolis se sentó frente a una mesita en la que había una pila de revistas. Encima estaba el último número de *Psychology Today,* en la cubierta aparecía el título del artículo principal: "Mirar al hombre del espejo". Sintió que una fuerza que lo guiaba, pero que él no podía comprender, le estaba dando instrucciones para que reconsiderara la imagen de sí mismo con sobrepeso a la que se había enfrentado hacía unos minutos en la habitación contigua. Ese mismo día, empezó a hacer ejercicio y a llevar una dieta a su propio paso. Conforme lo hacía, empezó a adquirir un nuevo sentido de respeto propio, Kidolis mejoró su salud general y, antes de que finalizara el año, había perdido todo el exceso de peso y estaba en buena forma.

Marcus Bach, autor de *El mundo de Serendipity,* hablaba de lo impaciente que estaba por hacer una llamada telefónica entre sus vuelos una mañana en el aeropuerto de San Luis Missouri. Pero la única caseta de teléfono que estaba desocupada, estaba bloqueada por las piernas de un extraño de apariencia torpe que las había extendido frente a la angosta puerta. Se tropezó con este desconsiderado patán y sintió que su enojo aumentaba más y más, cuando estaba a punto de lanzarle unas cuantas palabras bien escogidas, reconoció al hombre. Era un antiguo estudiante suyo que en una ocasión le había dicho a Bach que lo admiraba por su ecuanimidad (p. 80).

Estos casos sólo son ejemplos del tipo de guía sutil y oportuna que la sincronicidad proporciona en nuestra vida diaria. Estas coincidencias significativas parecen empujarnos en la dirección correcta, y a veces llaman nuestra atención a nuestros problemas o defectos en forma más eficaz que cualquier otra influencia externa.

Moira

Los antiguos griegos creían que cada persona nacía con un destino inferior y uno superior. El inferior es la fortuna del ser humano, los componentes ineludibles de la vida que son necesarios para la existencia; por ejemplo, el nacimiento, la educación, el trabajo, el automóvil, el esposo o esposa, los hijos y los amigos. El destino superior se refiere a no hacer lo que la sociedad, los colegas o la religión esperan que uno haga, sino seguir lo que le dicta el corazón. Este curso atípico a menudo significaba (y todavía significa) enfrentarse al resentimiento de otros, al hecho de que se condene a la persona como un rebelde social, e incluso tal vez el fracaso financiero.

El gran experto estadounidense en mitología, Joseph Campbell, dijo que estas personas se han embarcado en el "viaje del héroe". Viven de acuerdo a sus propios valores, que tienen poco o nada en común con los valores populares. "Siguen su propia felicidad", o moira, un término que los griegos usaban para definir este destino superior. Seguir el moira significa hacer aquello para lo cual uno se siente calificado en su interior, o aquello que se inclina a hacer, independientemente de las consecuencias sociales o materiales, favorables o desfavorables.

Un caso clásico del tipo de sincronicidad que se expresa como moira ocurrió en la vida del Buda, antes de que desarrollara sus propias enseñanzas. En esos años de su juventud, ya había dejado atrás un materialismo en el que se permitía excesos, siendo hijo de un padre rico, y había cambiado al otro extremo: la negación de sí mismo. Pero al entregarse a un régimen de abnegación, se preguntaba si negar el cuerpo hasta dejarlo morir de hambre y enfermedad, era lo que el Dios del amor realmente esperaba de sus criaturas. Un día, cuando estaba sentado al lado de un camino, débil por los rigores de un ayuno prolongado, pudo ver a un grupo de actores que pasaba por ahí. Mientras otros bailaban y tocaban instrumentos musicales, el Buda escuchó el canto de una mujer: "Sólo podemos bailar cuando la cítara está bien afinada. No afines la cítara en un tono demasiado alto ni demasiado bajo, así bailaremos con los corazones de los hombres. Una cuerda demasiado tensa se rompe y la música de desvanece. Muere cuando la cuerda se queda en silencio porque ya no está tensa. ¡No afines la cítara en un tono demasiado alto o demasiado bajo!" (Jacoby, p. 263).

La letra de la canción expresaba a la perfección los pensamientos del Buda en ese momento, una coincidencia significativa que él aceptó como un signo providencial. Con esta motivación, abandonó los extremos dañinos del ascetismo y empezó a entender que la moderación en todas las cosas, incluso en los asuntos espirituales, era el camino que se debería seguir. A partir de esta sincronicidad tan ilustrativa que ocurrió estando él al lado del camino, con el paso del tiempo desarrolló su doctrina del "camino medio".

Seguir una vocación, ese llamado interior, no es complacencia ni es una excusa para la pereza. Hacer lo que uno quiere hacer en realidad representa mucho trabajo, pero nos lleva a una realización personal como ninguna otra cosa. Es la clave definitiva de la felicidad personal en el mundo físico. "Al estar demasiado ocupado", escribió George Bernard Shaw, "al hacer algo que te gusta, no tienes tiempo de pensar si eres feliz o no; esa es mi definición de felicidad" (*Programas de radio de George Bernard Shaw*, p. 84).

La mayoría de las personas se pasan la vida en trabajos que odian o toleran. En el mejor de los casos, los que sólo toleran su trabajo se convencen de que lo disfrutan enfatizando los detalles positivos de su puesto. Las personas sensatas sacan todo el provecho posible de su situación y buscan el lado positivo de la vida. Tal vez están cumpliendo su destino inferior. Tal vez sea mejor para la civilización que lo hagan. Si todos "siguieran su felicidad", el mundo podría caer en un caos. O podría surgir como un mundo completamente distinto cuyos habitantes vivieran, como dice Campbell, "vidas más auténticas".

Dos hombres trabajan lado a lado barriendo calles. Uno odia su trabajo, pues sólo lo aceptó porque era lo único que estaba disponible, mientras que el otro se siente completamente realizado porque en realidad disfruta el trabajo más que ninguna otra cosa que pudiera imaginar. El primero está siguiendo su destino, el segundo, su moira.

La diferencia entre estos dos tipos de destino se presentó en forma dramática en *2001: Una odisea del espacio*, la película de Stanley Kubrick que se produjo en 1968. Al final de la película, después de una misión fallida al planeta Júpiter en que murieron todos los que estaban a bordo de la nave espacial, envían a toda velocidad a un astronauta hacia esa irreparable ruina. Él viaja a velocidades inconmensurables a través del espacio y el tiempo. De pronto se ve de regreso en la Tierra como un anciano que vive en un lugar lleno de lujos y comodidades. Está ricamente vestido, está solo, sentado ante una mesa disfrutando de una exquisita comida. Trata de alcanzar algo y accidentalmente tira una copa de vino que se estrella en el suelo derramando el vino. El anciano se inclina lentamente mirando con tristeza los fragmentos de cristal roto y el charco de vino tinto, luego levanta la vista y frente a él se ve como un hombre joven de pie con su traje de astronauta.

La copa rota y el vino derramado son metáforas clásicas de una vida desperdiciada. El astronauta ve lo que habría sido de él si no hubiera salido en esa misión hacia Júpiter. Habría vivido mucho tiempo, habría tenido una vida segura, próspera, prosaica y nada auténtica. En lugar de eso, optó por seguir su felicidad, por seguir el camino del héroe y así cumplir los deseos de su corazón. Él tomó una decisión por la calidad que tendrían sus años, no por la cantidad de años que podría vivir.

En 1334, Petrarca, el erudito más grande de su época, escaló a lo más alto del Monte Ventoux en Italia buscando un escape temporal de las distracciones de la sociedad para poder tener la mente en claro. Al llegar a la cumbre, admiró el hermoso panorama del mundo a sus pies, entonces abrió al azar el único libro que había llevado consigo. *Las confesiones de San Agustín,* y leyó estas palabras: "Y los hombres viajan lejos para admirar las cumbres de las montañas, las poderosas olas del mar, el ancho fluir de los ríos, el compás del océano, y el curso de las estrellas, y no se ven a sí mismos" (Hillman, pp. 195, 196).

La coincidencia entre esa frase y la visita de Petrarca a la cumbre de la montaña produjo tal efecto en él que, como escribió Grasse: "Inició un proceso de introspección y transformación que tuvo como resultado sus poderosos escritos, que como señalan algunos, son símbolos del inicio del pensamiento renacentista" (Grasse, p. 37).

Pero si la fortuna se nos impone, el moira es voluntario. Nuestros deseos, innatos o adquiridos, nos impulsan a tener cierto comportamiento por necesidad. El moira es algo que se nos ofrece, una oportunidad de elevarnos por encima de la mera supervivencia y los valores transitorios de otros, para ser fieles a lo mejor de nuestro yo interno. Es nuestra verdadera tarea, ya sea dirigir una corporación de miles de millones de dólares o cuidar el jardín de una casa. Los casos que se presentan a continuación ilustrarán lo que todo esto tiene que ver con la sincronicidad. Sus coincidencias significativas iluminan el camino desde nuestro destino inferior hasta nuestro destino superior. También confirman si la actividad a la que nos dedicamos pertenece a nuestro moira, lo que nos daría la seguridad de estar en el camino correcto hacia una vida auténtica en la que somos fieles a nosotros mismos.

Jung experimentó una sincronicidad decisiva de moira durante el periodo más crucial de su vida y su carrera, dieciséis años después de que se alejó de Sigmund Freud, que antes había sido su ídolo y su mentor. A partir de entonces, Jung no recibió apoyo en sus ideas poco convencionales. Estaba en un limbo intelectual y emocional, tratando de codificar sus pensamientos al escribir un libro nuevo. *Memorias, sueños y reflexiones* fue un alejamiento radical de la psicología tradicional, Jung sufría de angustia y dudas personales, y temía las inevitables respuestas agresivas de sus influyentes críticos. Su obsesión por las ideas nuevas le había costado su puesto en una universidad y lo había aislado de la mayoría de sus colegas. Estaba siguiendo el camino solitario del héroe, y ahora, después de tantos años de aparente fracaso al no haber logrado que sus ideas se tomaran en serio, se preguntaba si a final de cuentas había tomado la decisión correcta.

Durante este periodo de confusión interna, Jung tuvo un sueño especialmente vívido sobre un castillo dorado. La imagen era tan brillante y persistente que empezó a pintarla de memoria en el centro de un mandala (en sánscrito, un "diseño circular" que se usa en meditación). Conforme la pintura progresaba, empezó a adquirir un aspecto chino. Estaba en el proceso de terminarla cuando recibió un ejemplar anticipado del libro *El secreto de la flor dorada,* la primera traducción de un texto chino de mil años de antigüedad sobre el "castillo amarillo" del Tao. Mostraba un paralelo con las ideas con las que Jung estaba luchando en ese preciso momento, y las confirmaba.

El efecto de esta coincidencia significativa fue restaurar la confianza de Jung con respecto a su trabajo y en relación a sí mismo. Actuó como una confirmación necesaria de que el camino solitario que él había elegido era el camino correcto hacia su destino superior. Él siguió este camino el resto de su vida y llegó a ser uno de los pensadores de mayor influencia en el siglo xx. Si hubiera ignorado su moira y regresado a su cómodo trabajo como maestro y conferencista, subordinando su propia verdad para evitar ofender a otras personas, habría muerto sin hacer una importante contribución a la civilización.

La investigación de Jung en el campo de la sincronicidad fue precedida por la obra del astrónomo Camille Flammarion. Fue uno de los primeros científicos que investigaron las coincidencias significativas y su relación con la muerte y con el hecho de morir. Flammarion tuvo su propia experiencia acausal significativa cuando estaba escribiendo *Lo desconocido,* que se alejaba de los conceptos más sólidos sobre la naturaleza de la atmósfera de la Tierra. Al final, se dio cuenta de que las ideas que él presentaba eran diametralmente opuestas a la opinión de sus contemporáneos, cuando estaba a la mitad de un capítulo sobre la naturaleza del viento, se llenó de dudas. En ese momento, una ráfaga de viento se llevó todos los papeles con los que estaba trabajando y los lanzó por la ventana que estaba abierta. Flammarion corrió hacia fuera y se tardó horas en recopilar cada uno de esos papeles. Al volver a su departamento con su colección de hojas arrugadas, llegó a la conclusión de que se le había castigado por dudar de su curso de acción, debido a lo que otros podrían pensar de él. Resumió su trabajo, que fue la base de la meteorología moderna.

Hasta los novelistas muy exitosos, como Rebecca West, tienen sus momentos de duda. Después de dedicar lo que ella consideraba demasiados meses a trabajar en su nuevo libro, *Harriet Hume,* su confianza en sí misma empezó a deteriorarse y se preguntaba, como lo hacen todos los escritores en algún momento de su carrera, si ya había agotado su capacidad como escritora. Bajó la pluma después de escribir sobre una chica que encontraba un erizo en su jardín. La idea en sí parecía absurda y estaba a punto de tachar ese pasaje cuando una sirvienta la interrumpió para preguntarle si quería ver el erizo que acababa de encontrar en el jardín. Rebecca conservó todas las referencias a los erizos, terminó su novela en tiempo récord y vio cómo llegó a ser un éxito sin precedente.

Pocas películas han sido víctima de tantas pesadillas en su producción como lo fue la versión de 1939 de *El mago de Oz*. Entre los problemas desconcertantes, aunque de poca importancia, que tuvo que enfrentar Victor Fleming (uno de los cinco directores que trabajaron en la película), está algo tan sencillo como encontrar el tipo adecuado de saco que usaría el adivino ambulante. Aunque parezca increíble, en el estudio no había una levita que le quedara a Frank Morgan, que representaba al Profesor Marvel, o con la que Fleming estuviera satisfecho. Le lanzó un ultimátum al encargado del departamento de utilería diciendo: "¡Me consigues la levita que quiero después de la comida o estás despedido!". El personal de producción ya había rebasado el presupuesto, y estaban tan atrasados en el rodaje que la producción estaba a punto de cancelarse. Presa del pánico, el jefe de utilería salió corriendo y recorrió varios kilómetros para llegar a la casa de empeño más cercana. Ahí, en un cuarto trasero, encontró un viejo abrigo negro que esperaba pacificaría al director. Además, parecía ser de la talla correcta. Regresó a tiempo para la toma y descubrió que la levita le quedaba perfectamente a Morgan, el actor, y que respondía a las especificaciones de Fleming.

Meses más tarde, cuando la filmación y la edición se habían terminado, y cuando se reunieron todos los objetos de utilería para mandarlos de nuevo al almacén, la levita que había usado el Profesor Marvel fue motivo de un conflicto burocrático. No estaba en el catálogo de existencias de Warner Brothers, y el jefe de utilería tuvo que explicar cómo y dónde la había conseguido. Cuando levantó el cuello de la levita para coserle una etiqueta de la empresa, se sorprendió al encontrar otra etiqueta con el nombre de su antiguo dueño. Decía simplemente: "L. Frank Baum", el autor de la serie original de libros para niños con el título de *El mago de Oz*. Baum había muerto hacía veinte años, de modo que no pudo apreciar esta coincidencia significativa, y esto hizo que fuera aun más intrigante, ya que él personalmente se había identificado con el personaje que usó la levita, el Profesor Marvel. No obstante, la conexión fue adecuada, pues la versión de 1939 hizo más para popularizar el trabajo de su vida que ningún otro esfuerzo editorial.

Otro caso de moira que pasó desapercibido para la persona más interesada, tuvo que ver con Wolfang Pauli, uno de los físicos más importantes del mundo moderno y colega de Jung en sus primeras investigaciones sobre incidentes acausales significativos. Cuando Pauli murió el 15 de diciembre de 1958, un joven estudiante desconocido, llamado F. David Peat, estaba presentando un examen universitario en Liverpool, Inglaterra. Peat se sorprendió al leer una pregunta del examen sobre la forma en que se percibiría el universo si nunca hubiera existido el principio de la exclusión de Pauli. La ironía de la coincidencia afectó a Peat tan profundamente que dedicó su vida a investigar este tema, y más tarde publicó un libro que podría considerarse una obra clásica en este campo: *Sincronicidad: El puente entre la materia y la mente.*

Los exámenes escolares a menudo activan sincronicidades que conectan a los estudiantes con su moira, ya que los estudiantes se involucran intensamente en sus exámenes. Una estudiante universitaria que estaba en su último semestre y estaba presentando sus exámenes finales, soñó un examen de biología que presentaría en la mañana. Visualizó la tercera página que tenía un diagrama con preguntas relacionadas. Al despertar de su sueño, sintió curiosidad y quiso saber si ese diagrama realmente existía. Hojeó su libro de biología y lo encontró exactamente como lo había visto en su mente subconsciente. De inmediato memorizó todo lo relacionado con ese diagrama. Cuando presentó el examen unas horas más tarde, de inmediato buscó la tercera página y encontró ese mismo diagrama y el material relacionado, tal y como había aparecido en su sueño la noche anterior. Después de su graduación, llegó a ser una profesional en varios campos relacionados con la biología.

Para muchas personas que renuncian a la seguridad de su destino inferior para seguir su moira, el tiempo es más valioso que cualquier compensación monetaria. Creen que si las tareas involucradas al trabajar para otros no son compatibles con su propia verdad interna, le están dando a su vida un valor monetario insuficiente. Cuando nos entregamos a hacer realidad la verdad de otros siempre salimos perdiendo, independientemente de lo grande que sea la compensación material. Sacrificamos aquello que más deseamos debido a las expectativas de otros. Sólo se nos permite cierto número de respiraciones desde el momento en que nacemos hasta el momento de nuestra muerte. Dilapidar esas respiraciones en algo que no podemos considerar propio es desperdiciar nuestra herencia natural, la posesión más valiosa que tenemos, el tiempo. Por lo tanto, es mejor fracasar buscando nuestro verdadero trabajo que tener éxito en algo que no es nuestro; este éxito sería en realidad una traición contra nuestra propia verdad, mientras que buscar nuestra verdad sería vivir con éxito nuestra vida auténtica. Además, traicionamos nuestro carácter genuino interior cuando aceptamos las ideas de otros sobre lo que es o no es exitoso. Para seguir nuestro destino superior, debemos tener la fuerza y el valor necesarios para ser fieles a nosotros mismos.

Los hombres y las mujeres que dirigen el curso de su vida con puntos de vista tan valientes, siguen el camino del héroe. Para ellos, el hecho de que algunos héroes tengan fines trágicos es menos importante que el hecho de que hayan usado su tiempo en forma heroica. Insisten en que el verdadero valor de la vida debe encontrarse sólo en la búsqueda de nuestra propia verdad, independientemente de los resultados.

Stephen Diamond ciertamente siguió su propia luz, sin tomar en cuenta las opiniones de la sociedad. Pero en lugar de buscar su destino superior, se dedicó a una gratificación personal destructiva y sin sentido. Llegó a San Francisco con sólo diez dólares, y ahí experimentó los efectos recurrentes de la mezcalina que había tomado en el pasado reciente. Poco después se quedó sin un centavo, pero sentía un deseo nervioso de escribir todo lo que estaba sintiendo. Cuando ya ni siquiera tenía con qué comprar el cuaderno más barato, decidió robarse uno en la farmacia de la localidad. Pero una vez que llegó ahí, su conciencia no le permitió robar y él volvió a la calle, en un pésimo estado emocional. Sin embargo, todavía tenía un deseo ardiente de escribir lo que sentía. En ese momento, vio "una libreta boca abajo en una pila de basura, ropa, zapatos y libros viejos". Era un bonito bloc médico de aproximadamente doscientas páginas limpias que en la parte superior tenían impreso un nombre en letras mayúsculas: "DR. STEPHEN DIAMOND". Era su propio nombre. Esta dosis doble de sincronicidad tuvo un efecto tan profundo en él que cambió su vida por completo. Al paso del tiempo, escribió el *bestseller Lo que dijeron los árboles [What the Trees Said]*. Diamond de hecho fue su mejor médico (Vaughn pp. 80, 81).

Para demostrar que las coincidencias de moira no son simples casualidades ni probabilidades únicas en la vida, los siguientes ejemplos se tomaron de mi propio diario de sincronicidades que corresponde a un periodo de doce meses. En ese tiempo, estuve profundamente concentrado en completar varios libros, uno era sobre la Atlántida, un tema que había estado investigando y sobre el que había estado escribiendo a lo largo de los últimos dieciséis años.

23 de enero: Finalmente pude leer, varios años después de conseguirlo, un artículo poco conocido sobre la leyenda de la Atlántida. Tal vez un grupo desconocido que adoptó el nombre de Gremio Internacional de Hechiceros imprimió varias docenas de copias. Nunca antes había yo escuchado hablar de esta organización, ni había tenido contacto con sus seguidores. Cuando estaba estudiando el manuscrito por primera vez, recibí una llamada de un hombre que compartió conmigo algunas de sus ideas úni-

cas, aunque no precisamente creíbles, sobre la Gran Pirámide de Egipto, ideas que tendían a confirmar algunas de mis propias conclusiones. Durante nuestra conversación, me preguntó: "¿Alguna vez ha escuchado usted hablar del Gremio Internacional de Hechiceros?", y después se identificó como miembro de ese gremio.

2 de febrero: Siguiendo un impulso, llamé por teléfono a mi amigo Joe, con quien no había hablado desde hacía varios meses. En el curso de la conversación, mencioné el nombre de un respetado investigador de la cosmología mesoamericana, Bruce Scofield. Joe se sorprendió porque menos de cinco minutos antes de mi llamada, él había leído sobre Scofield por primera vez y se preguntaba dónde conseguir su libro, pues sólo se había publicado una edición muy limitada. También quería ponerse en contacto con el autor, pero no tenía idea de cómo hacerlo. Resultó que yo, no sólo tenía un ejemplar de ese mismo libro sino también la dirección de Scofield, y le mandé estas dos cosas a Joe, que está llevando a cabo una importante investigación histórica.

1 de marzo: Cuando estaba yo trabajando en la sección del autor, busqué la biografía de Edna Ryneveld para incluirla en un nuevo arreglo que estaba yo compilando. No habíamos estado en contacto durante aproximadamente un año. Cuando puse a un lado esa información, sonó el teléfono. Era Edna. Me llamó para hablarme de cierta sincronicidad relacionada con mi reporte especial que se publicó en la revista *Fate Magazine*. Ella ni siquiera sabía que yo lo había escrito, hasta que yo se lo dije. Ella había estado hojeando la revista de principio a fin y se detuvo en la parte que describía la forma en que el sol se alinea con la parte superior de la Pirámide de Kefrén en el equinoccio de primavera. Justo en ese momento, levantó la vista y vio un vitral que tenía la imagen de una pirámide con el sol en su parte superior. Edna estaba sentada bajo este diseño poco usual cuando hojeaba la revista *Fate*. También me dijo era el regalo de su creadora, una amiga, que no podía explicar por qué se la había dado, pero había decidido hacerlo debido a un impulso indescriptible.

14 de mayo: Después de hacer que un amigo se entusiasmara con el capítulo de mi libro que describe el misterio interno de la Gran Pirámide de Egipto, miré por casualidad a su hermano que estaba jugando con un juguete poco usual. Era una pirámide transparente de plástico en cuyo centro había un juego con piezas movibles.

8 de julio: Estaba yo escribiendo sobre un discurso que el Capitán Bowen dio a sus colegas, pilotos de la Primera Guerra Mundial. Me detuve para encontrar algunos antecedentes en una pila de libros relacionados con el tema que había yo conseguido en la biblioteca pública. Cuando encontré precisamente el material que estaba buscando, giré el libro para ver el nombre del autor en el lomo, y me enteré de que su nombre era "Bowen", aunque no tenía relación alguna con el capitán de la Fuerza Aérea del ejército de Estados Unidos. Sólo unos minutos después, estaba yo escribiendo sobre el hecho de que los miembros de la tripulación de Bowen se habían reunido para tomarse una fotografía. En ese momento, mi editor entró a mi oficina y me dijo: "Será mejor que te encargues de esto", y me entregó una copia de la foto sobre la que estaba yo escribiendo.

15 de septiembre: Esta mañana al ir conduciendo sobre un puente que atraviesa la autopista, estaba escuchando una transmisión de radio en la que el anunciador estaba leyendo unas líneas del Capítulo XIII del Evangelio de San Mateo. Mucho más tarde en la noche, me dirigía a dar una plática sobre la Atlántida en el grupo local de la Organización Edgar Cayce. Unos minutos antes de llegar a la sala de conferencias, crucé el mismo puente por el que había pasado en la mañana. El radio estaba encendido y estaban trasmitiendo de nuevo el programa que había yo escuchado antes. Justo al cruzar el puente, escuché la misma línea del Capítulo XIII de San Mateo: "No hay profeta sin honra sino en su tierra y en su casa". Edgar Cayce, fue un sanador psíquico que fue muy criticado durante su vida, y se le conocía como "El Profeta Durmiente".

12 de octubre: Cuando terminé de escribir el último capítulo, "¿Dónde está la Atlántida?", me invitaron a participar en un juego de *Trivial Pursuit*. Yo casi nunca juego a las cartas, pero esa noche lo hice para relajarme. Al poco rato, saqué una carta que decía: "Da una ubicación probable de la Atlántida".

Estos incidentes representan una fracción de todas las coincidencias significativas que anoté dentro de los parámetros de un año. Los he citado aquí porque entran en la categoría de moira y muestran que esos sucesos de sincronicidad no son episodios raros e inconexos, sino que van más allá para formar patrones significativos e incluso una serie más amplia de conexiones que crean una relación entre los seres humanos individuales y sus verdaderos senderos en la vida. Vistos en grupo, forman una especie de guía sutil que nos impulsa hacia nuestro yo superior. Nos dirigen a lo largo de un sendero más noble hacia el moira, el trayecto del héroe que cada uno de nosotros puede tomar en su búsqueda de la vida auténtica.

Capítulo 8
La experiencia que cambia la vida

¿Pueden existir esas cosas y vencernos como una nube de verano, sin que nos maravillemos especialmente?

—William Shakespeare,
Macbeth, Tercer acto. Escena iv

Algunas coincidencias significativas son tan extraordinarias que producen cambios importantes en la condición psicológica de un individuo. Son vínculos entre nuestras crisis internas y el entorno y los sucesos externos, aparentemente desconectados, que producen cambios genuinos en la vida y son oportunos en forma traumática. Este tipo de incidentes dramáticos son experiencias transformantes que alteran permanentemente nuestros puntos de vista y nuestras actitudes. Son destellos profundamente reveladores de reconocimiento propio que, una vez que se contemplan, hacen una impresión indeleble en nuestra personalidad. La experiencia transformante es paralela a ese momento crucial y evasivo de alquimia en el que un metal se transformó en otro. No todas las personas están sujetas a un solo suceso acausal que es tan poderoso que modifica su existencia en sí. Lo que distingue a esta clasificación en particular del resto es la magnitud de su efecto, como lo percibe el individuo involucrado, y su poder para cambiar un aspecto importante de nuestra vida a nivel personal de una condición a otra.

Dennis Wright, un pintor que era parte de mi grupo de investigación, compartió con nosotros el siguiente ejemplo. Aunque tiene un giro cristiano, la denominación de la persona que experimentó una sincronicidad es tan incidental como cualquiera de sus otros elementos transitorios en lo que respecta a su impresión final. Wright fue educado en la Iglesia Católica, y toda su vida estuvo rodeado por los símbolos tradicionales que representaban y expresaban sus necesidades espirituales. Por consiguiente, la experiencia transformadora le habló en la clase de lenguaje simbólico que no sólo podía entender sino que además tomaba en serio.

Cuando estaba a la mitad de su educación universitaria, Wright estaba bajo una gran presión pues sus padres insistían en que dejara sus estudios de artes gráficas. El deseo de su corazón siempre había sido llegar a ser pintor profesional, una vocación muy opuesta a los deseos de su padre quien tenía otros planes más lucrativos para su hijo. Si él seguía con sus estudios de artes gráficas, su padre estaba dispuesto a desheredarlo, lo que representaría una sustancial pérdida económica para él, aunque eso no habría sido una pérdida tan grande como perder el apoyo emocional de su familia. La única alternativa era cumplir con los deseos de su padre y abandonar la carrera que él deseaba. El precio de seguir su felicidad era perder la seguridad económica de toda una vida. Además, su padre le había dado un ultimátum, así que se esperaba que él tomara una decisión.

Para complicar sus dificultades, en los últimos meses el muchacho había estado viviendo un difícil periodo personal que en la Iglesia Católica se conoce como "la noche oscura del alma". Esta frase se refiere a una condición de duda, que no es poco común, que experimentan personas que en general son devotas, pero sienten que sus oraciones no son escuchadas. Su fe parece estarse desvaneciendo y su confianza en los valores espirituales es cada vez más difícil de sostener. A veces sienten que Dios las rechaza y sienten enojo hacia Él. El estudiante estaba experimentando este abandono espiritual cuando recibió la "última palabra" de su padre. Aunque él no era un seguidor devoto de la iglesia, había conservado su fe católica desde su infancia, al menos hasta que lo envolvió "la noche oscura del alma". Sin duda, la crisis espiritual y la crisis con su padre se reflejaban entre sí, y representaban los extremos del mismo dilema psicológico.

Pero las cosas habían llegado a un punto crítico, y se sentía impaciente no sólo con su padre sino también con Dios. Uno de ellos parecía un reflejo del otro. En un esfuerzo por aclarar su mente, caminó a un parque cercano y encontró una banca solitaria donde trató de ordenar sus agitados pensamientos. El lugar estaba virtualmente abandonado, excepto por unos niñitos que estaban jugando cerca y una o dos figuras solitarias corno él que se movían a lo lejos entre los árboles. De pronto, toda la frustración que lo había envuelto durante los últimos meses llegó a un punto de ebullición. En silencio, pero apasionadamente, elevó su última oración a Dios; una oración que más bien parecía un ultimátum.

"Mira, te he rezado pidiendo ayuda con este problema mil veces, pero sólo me ignoras. Lo único que estoy pidiendo es que me guíes, que me des algo de dirección. Quiero saber qué rumbo seguir. Te he explicado mi problema una y otra vez, pero creo que ni siquiera estás cerca para escucharme, o para escuchar a otras personas. Si yo estuviera tratando de comunicarme por teléfono con alguien como tú, ya me habría dado por vencido desde hace mucho tiempo. Se supone que eres omnipotente, pero a pesar de todo tu poder ni siquiera puedes inclinarte para ayudar sólo a una de tus criaturas con las crisis de su vida. Estoy a punto de tirar por la borda toda mi fe en ti. Nunca me volveré a molestar en llamarte por ninguna razón, porque ya ni siquiera estoy muy seguro de que existes. Si existes, no eres de gran ayuda, así que a partir de hoy sólo confiaré en mí mismo. Estoy empezando a sentirme avergonzado por haber llegado a pensar que podrías escucharme. Así que te propongo esto: Dame una prueba tangible y material de que en realidad existes, de lo contrario nunca volverás a saber de mí. O te muestras en este momento y te materializas aquí frente a mí en este momento, ¡o se acaba todo!".

Precisamente en ese momento, una niñita sucia corrió hacia él y le dijo: "Mire, señor, ¡mire esto!" y blandió hacia él un pequeño crucifijo de plástico colocándolo a unos centímetros de su cara.

Él soltó una carcajada que asustó a la niña y ella se fue corriendo apretando el crucifijo barato en la mano. Esa niña nunca habría podido imaginar que su aparición esa tarde de primavera había sido una experiencia de transformación de primera clase para este muchacho. En un momento, la "noche oscura del alma" que lo había asolando durante tanto tiempo, se desvaneció. Él sintió alivio, no sólo se había descargado una crisis religiosa. Al parecer, una claridad se estaba filtrando en su mente, como si esta fuera una esponja seca que se llena de agua limpia. Sus nervios se tranquilizaron. Se relajaron en una especie de certeza espiritual que él nunca antes había experimentado. Sintió una conexión tangible que lo llevaba, desde lo más profundo de sí mismo, hacia algo que superaba la razón. Y de su sensación de renovación y bienestar brotó una determinación de seguir los deseos de su corazón y llegar a ser un artista.

Pero el hecho de que una nueva luz iluminara su camino por la vida fue secundario al sentimiento de reverencia que descendió sobre él. Se le había guiado hacia un auténtico "santo de los santos", y él había experimentado un misticismo personalizado que no podría compartir con nadie. Se había añadido a su vida algo valioso que nadie podría arrebatarle.

Otra coincidencia transformadora ocurrió cerca de un pequeño pueblo que se encuentra a unos quinientos kilómetros de Lima, donde Philip Vanderdecken, un turista estadounidense, había viajado para observar el suceso astronómico del año. A principios de

1994, se enteró de que habría un eclipse de sol total el día de su cumpleaños. Pero el evento celestial sólo podía verse en una banda angosta a la mitad de América del Sur, de preferencia al sur de Perú. Aunque él deseaba celebrar su cumpleaños en esta forma única, el mejor precio que su agente de viajes pudo conseguirle para un viaje redondo a América del Sur, costaba 1,200 dólares, que era mucho más de lo que él podía pagar. Se resignó al hecho de que su siguiente cumpleaños tendría que pasar de largo sin un gran espectáculo astronómico.

Unos días después de que su agente de viajes le diera esa mala noticia sobre el boleto de avión, Vanderdecken recibió una comisión inesperada por un trabajo suplementario que no había sido muy difícil. Le ofrecieron exactamente 1,200 dólares. Pensó que este pago era "un signo por parte de alguien que le indicaba que él tenía que celebrar su cumpleaños en Perú". Hizo planes para su viaje con entusiasmo y llegó a Perú una semana antes del eclipse, tomó el autobús a Nazca, donde personas de todo el mundo se estaban reuniendo para contemplar el eclipse. Hasta la víspera del día en que se supone que ocurriría el eclipse, él se estuvo divirtiendo inmensamente en Perú.

Pero a medida que se acercaba la hora del eclipse, su estado de ánimo empezó a caer en una profunda melancolía. Una mañana salió del hotel, salió de la ciudad y se dirigió al desierto, alejándose del mar, y acercándose a las montañas. Ascendió hasta la cumbre desde donde lo único que podía ver eran rocas áridas y arena en todas direcciones, extendiéndose hasta el horizonte. Ni siquiera en esta altitud podía deshacerse de esa sensación de desesperación que era cada vez más profunda, de un sentimiento de remordimiento por una vida de oportunidades perdidas y de esperanzas no cumplidas. Desde esa perspectiva, parecía tener una visión clara de la larga serie de años que lo habían llevado hasta el momento presente. Varderdecken empezó a recordar sus errores de cálculo y sus esfuerzos fallidos, remontándose hasta su infancia. Catalogó todos los fracasos que pudo recordar como derrotas.

No se dio calificaciones aprobatorias en ningún aspecto de su vida. La carrera que él había elegido se había esfumado, y todos sus asuntos personales sin excepción acabaron en una ruina emocional. Venir a Perú a ver un eclipse era apropiado, pues la palabra eclipse significaba "falla". Su vida se había visto eclipsada durante demasiados años de esperanzas perdidas, y era una vida sin mérito. Su sentido de valía personal nunca había sido tan bajo. Hasta su voluntad de vivir parecía más débil, y él especuló que morir de hambre solo en la cumbre de esta montaña no sería un destino tan terrible. Antes había tenido estados depresivos, pero nunca uno tan profundo como este.

Pensando que estaba solo, se sorprendió cuando de repente notó la presencia de otro hombre a unos cien metros de distancia. Estaba de pie inmóvil en el borde de un peñasco. Lo miró fijamente y pudo ver que el extraño estaba llorando en silencio. El sonido apagado de una campana lejana resonó por el lejano valle, y dedujo que los nativos tenían una procesión que se abría camino hacia la pequeña plaza del cementerio que él no había notado antes. Pensó que no podía haber elegido un lugar más adecuado para sentir remordimiento. Había fracasado en la vida. ¿Qué más le quedaba aparte de este lugar y todo lo que implicaba?

En un punto bajo de este examen personal tan condenatorio, su mente pareció sufrir una leve alteración, tan sutil como el surgir de una brisa. Más que escucharla, sintió una suave incitación que parecía venir del interior de su imaginación distraída o de algún lugar en el ambiente funerario. Lo consolaba con un impulso sin voz, con una persuasión sin palabras, era algo que le decía que el eclipse que pronto ocurriría sería muy especial, que representaría un regalo sorpresa que superaría su sincronicidad con su cumpleaños y al mismo tiempo sería parte integral de ella. ¡Era extraño tener estos pensamientos que eran tan opuestos a su profundo remordimiento! Esa sensación, que casi era una especie de euforia, continuó un poco más, luego pareció evaporarse como un perfume casi imperceptible que se desvanece en el aire. Al irse esa sensación se llevó con ella a la depresión, y él se dio cuenta de que se sentía indiferente a las experiencias que había catalogado como fracasos. Se preguntó de qué se trababa todo eso. Sereno, e intrigado por la experiencia, descendió de la montaña con la puesta del sol.

"El eclipse ya comenzó" dijo Juan, el guía local que él había contratado el día anterior, al tocar a la puerta de su cuarto de hotel a las 6:00 a.m. Más dormido que despierto, Vanderdecken se vistió a toda prisa y tomó sus lentes de sol. Juan estaba impaciente pero lo recibió con una gran sonrisa. Siguió al estadounidense que caminaba a toda velocidad por el angosto corredor que todavía estaba oscuro y por las escaleras del hotel Las Líneas, hacia su dilapidado Chevrolet 1961 que estaba estacionado en la calle. Salieron del pueblo a toda velocidad, salieron de Nazca y tomaron la Carretera Panamericana rumbo al desierto peruano. De vez en cuando, pasaban cerca de grupos de personas que miraban hacia el sol del amanecer. Él miro el sol con los lentes de sol que había traído para el eclipse. Juan tenía razón. El eclipse ya había comenzado, aunque en forma casi imperceptible.

Menos de quince minutos después de salir de Nazca, estaban rodeados de una desolación gris que parecía infinita y que se extendía de un horizonte al otro. "¡Ahí está!". Vanderdecken tuvo que gritar para ser escuchado a pesar del ruido del motor del coche de Juan que no tenía silenciador, y Juan sacó su viejo coche de la carretera para tomar un camino de grava lleno de baches, y dirigirse hacia el único peñasco grande que sobresalía negro contra el cielo del amanecer. El turista estadounidense vería el eclipse desde esta aislada roca prominente, que habían seleccionado hacía unos días. Pero no estaba solitaria como ellos habían anticipado. Incluso siendo tan temprano, se habían reunido unas quince personas en esta roca larga de unos siete metros de altura y cien metros de largo. Él no tendría la soledad que había esperado. "Que así sea", pensó.

Para cuando encontraron un lugar en la parte superior, Vanderdecken pudo ver, gracias a sus anteojos especiales, que la luna apenas estaba empezando a darle al sol su primera mordida. La mañana era bastante clara, sólo había unas cuantas nubes como un velo delgado en el oriente. La mañana ya había transformado el gris del desierto en un tono marrón dorado, y la temperatura del aire seco estaba subiendo rápidamente. Sin anteojos de sol adecuados, nadie habría sabido que ese día había algo inusual, al menos al principio. Pero cuando la luna llegó a la mitad del sol, el cambio empezó a acelerarse. El calor que había aumentado rápidamente en el desierto se revirtió y empezó a descender en forma perceptible. El aire se enfriaba cada vez más conforme el brillo de la mañana se hundía en una sombra que parecía de otro mundo. En forma gradual, los tonos dorados del desierto se tornaron plateados. La oscuridad matinal estaba cubriendo esta tierra de antiguos imperios. Se intensificó perceptiblemente, mientas una aparente intranquilidad cundía entre el pequeño grupo de personas originarias de la región y de turistas extranjeros. Hablaban cada vez menos y en voz más queda. La roca misma en la que estaban, desde donde observaban y esperaban, se tornó negra bajo sus pies. "Tal vez el sol no vuelva, porque hemos sido muy malos", murmuró Juan más para sí mismo que para su compañero, quien miró su rostro en la creciente penumbra del cielo del oriente al amanecer. Juan no estaba sonriendo.

Luego, en una forma tan inesperada que lo sorprendió, el grupo de extraños empezó a gritar y a aplaudir para que el sol regresara. Hicieron un alboroto tan salvaje que el eco de ese ruido se extendió a lo lejos por el desierto. Ese arrebato le pareció históricamente irónico, pues recordó haber leído que tanto los amerindios como los griegos, a pesar de su alto nivel de civilización, gritaban para que la luna librara al sol durante los eclipses totales. Ahora, en 1994, un grupo de seres humanos estaba continuando con esta tradición.

Pero las cosas se pondrían incluso más dramáticas. Justo cuando la conjunción celestial llegó a su clímax, lanzando su capa negra sobre la faz de la tierra, el firmamento oriental se iluminó repentinamente con cien estrellas y extrañas constelaciones nunca antes vistas, excepto en el último eclipse total de sol. Los espectadores, que no dejaban de aplaudir, elevaron expresiones de temor reverente. Pero en forma casi tan abrupta como habían aparecido, las estrellas desconocidas se desvanecieron en un firmamento que poco a poco se iluminaba. Al final, la luna liberó al sol, devolviendo al desierto la luz, el calor y el color. Juan sonrió con timidez: "¡Bueno, tal vez no somos tan malos después de todo!". Su reacción supersticiosa al eclipse parecía reflejar la intranquilidad que había mostrado el grupo de observadores.

El área que Vanderdecken había elegido para ver el fenómeno estaba entre las líneas de Nazca. Estas líneas son los famosos dibujos enormes trazados en el desierto de la costa del Pacífico hace dos mil años o más por artistas y exploradores de una civilización perdida que se comprende muy poco y que floreció cientos de años antes de los incas. Sus geoglifos son maravillosas representaciones de una araña, un mono, una ballena, un colibrí, un cóndor, árboles, espirales, triángulos y líneas que avanzan perfectamente rectas sobre el desierto. Estas ilustraciones, hechas sobre la tierra, se trazaron en una escala tan colosal que sólo pueden verse apropiadamente desde la perspectiva de un avión. La roca desde donde Vanderdecken fue testigo del eclipse del día de su cumpleaños se encuentra cerca del extremo sur de esta colección de ilustraciones, que es tan extraña como gigantesca. Él no sabía nada sobre esta zona, excepto que parecía el lugar adecuado para observar el eclipse. Más tarde, la noche después del eclipse, él estaba leyendo un libro que había comprado recientemente sobre los dibujos de Nazca. Abrió el libro por la mitad y se sorprendió al ver una fotografía de la roca que él había utilizado hacía unas quince horas como punto de observación en su vigilia en las primeras horas de la mañana.

Unas cuantas oraciones sobre este sitio lo describían como un lugar extrañamente único porque era el único lugar en la planicie de Nazca a partir del cual radiaban cincuenta líneas absolutamente rectas que se extendían a lo largo de kilómetros en todas direcciones. Y fue desde esta roca que él observó el eclipse solar que ocurrió en su cumpleaños número cincuenta. Este fue su "regalo sorpresa" sobre el que la montaña le había murmurado el día anterior. Esa voz sin palabras no había sido una fantasía después de todo.

Cuando se dio cuenta de eso, lo invadió un maremoto de poderoso asombro, mientras experimentaba un sobrecogimiento que hacía que se estremeciera. Supo de inmediato y con total certeza, que una providencia tan vasta como el tiempo lo había guiado para que celebrara su nacimiento en este lugar tan especial. Fue como si todo el cosmos hubiera celebrado su cumpleaños. Estando de pie en esa roca, con las cincuenta líneas que coincidían en ella, y que fueron trazadas en el desierto hacía miles de años, cada una de ellas era el paralelo de sus propios años de vida. Él había llegado a ser el centro de un momento increíblemente único, en el que el sol, la luna y la prehistoria humana se alineaban perfectamente a través de él. El misterio profundo e impenetrable de este hecho galvanizó su imaginación. Esa experiencia fue más allá de la razón, casi más allá del sentimiento. En el contexto de esta experiencia, la sensación de haber acumulado momentos intrascendentes a lo largo de una vida, desapareció por siempre.

En su lugar, una sensación rebosante de propósito y dirección llenó a Vanderdecken. Sentía que su existencia tenía un significado y un valor que no tenía nada que ver con su autoevaluación anterior según la cual él era un fracaso. Los criterios que él había utilizado para llegar a conclusiones deplorablemente inexactas sobre sí mismo no tenían absolutamente nada que ver con el verdadero propósito de su destino como un hombre elegido por la naturaleza para confirmar su lugar en el gran esquema del universo. La naturaleza le dio esta experiencia porque él necesitaba un milagro a ese nivel para salvarse de la desesperación. Fue un milagro que sólo él conoció, naturalmente, porque era el regalo de cumpleaños que la había dado la Creación.

Pasó gradualmente a un sentimiento suave, tranquilizador, que fue casi como si su alma se asentara. Por primera vez en su vida todo parecía estar en perfecta armonía. Este suceso lo había transformado en un ser que tenía una confianza absoluta en el propósito del universo. A partir de entonces, Vanderdecken caminó por el mundo con una confianza serena en sí mismo y con una compasión cada vez más amplia hacia todas las criaturas, pues él sabía que, al igual que él, estaban interconectadas con la guía cósmica que había dirigido sus pasos a esa roca en el desierto peruano durante el eclipse total de su vida.

Tanto las sociedades primitivas como las más avanzadas alrededor del mundo, se han atemorizado ante los eclipses de sol. La palabra "eclipse" en sí viene del griego *ekleipsis*, que significa "fracaso", es decir: "algo que se hace drásticamente mal". En un ejemplo de comparaciones culturales, los aztecas del México antiguo también consideraban que cada eclipse era un fracaso fundamental o una aberración del cosmos, y por esa razón sacrificaban seres humanos cuyo aspecto físico mostraba aberraciones (enanos, jorobados), hasta que la luna se alejaba de la faz del sol. En el Renacimiento Europeo estos fenómenos celestes fueron despojados de su poder sobrenatural para causar temor, y por lo general se les comprendió a la fría luz científica de la mecánica del firmamento.

Después de la llegada de Colón a las Américas, él utilizó estos conceptos para obligar a los nativos de La Española a ofrecer "voluntariamentes" sus servicios. Cuando los nativos ya no estaban dispuestos a servir a sus conquistadores españoles, Colón les dijo que si no regresaban a sus labores, él quitaría el sol a medio día. Ellos se rieron y se rehusaron a volver a sus labores. Entonces Colón levantó la mano hacia el firmamento, que oscureció repentinamente obedeciendo sus órdenes. El pánico hizo presa de los nativos que juraron volver a los deberes que se les habían impuesto, si el almirante hacía que el sol regresara. Este milagro que Colón se sacó de la manga brotó del almanaque de la Santa María, que contenía una lista de todos los datos astronómicos de importancia, un almanaque que en esa época solía entregarse a todos los barcos europeos. A partir de entonces, la gente ha considerado que un eclipse solar es un suceso curioso y poco frecuente, un fenómeno hermoso y dramático, pero nada más. A pesar de eso, los astrónomos que nos revelan tanto sobre este fenómeno, también nos proporcionan datos adicionales sobre su significado místico subyacente.

En el firmamento de la Tierra el sol no se ve más grande que la luna. El que parezcan ser del mismo tamaño es una ilusión causada por su distancia de nuestro planeta. El diámetro de la luna es de sólo 3476 kilómetros, más o menos la distancia que hay de la Ciudad de Nueva York a Phoenix, Arizona. El tamaño de la luna es aproximadamente la cuarta parte del tamaño de la Tierra, y su órbita alrededor de la Tierra está a una distancia promedio de 384,403 kilómetros. El sol, por el contrario, está a un promedio de 149,600,000 kilómetros de distancia de la Tierra. Su diámetro es de 1,392,000 kilómetros, 110 veces más que el diámetro de nuestro mundo. En otras palabras, si el sol estuviera hueco, podrían caber cuatro millones de lunas terrestres en su interior. No obstante, estas dos esferas tan diferentes, comparten el mismo tamaño desde nuestra perspectiva en la Tierra.

Todos sabemos lo vital que es la luz solar para la vida, pero los científicos que se especializan en la evolución descubrieron recientemente que nuestra luna fue una compañera igual en la creación. Sus investigaciones mostraron que las primeras sustancias orgánicas aparecieron en los charcos dejados por la marea. Las mareas fueron el efecto de la influencia que la luna ejerce sobre la Tierra incluso en nuestros días. Esta "sopa primordial" de hace cuatro billones de años representa el ancestro más lejano de todos los seres vivos, incluyendo a los seres humanos. Las probabilidades de que el sol y la luna, dos esferas tan inconcebiblemente diferentes, parecieran iguales en nuestro firmamento son tan escasas que virtualmente podrían ser únicas en el universo. Las probabilidades se vuelven aún más escasas si consideramos la posibilidad de que sus rutas pudieran cruzarse tan perfectamente como lo hacen varias veces en un siglo, cuando la luna y el sol se abrazan en un eclipse total. Entre todas las criaturas de la Tierra, los seres humanos somos los únicos que reconocemos este fenómeno recurrente. Este hecho en sí sugiere que cada eclipse es significativo, no sólo por razones puramente astronómicas, sino también por razones espirituales.

Nuestros antepasados temían a los eclipses. Sólo veían las tinieblas amenazadoras e incongruentes, la muerte aparente, aunque temporal, del sol que da vida. Una interpretación más creíble podría ser aceptar cada eclipse como una alianza espectacular entre la humanidad y la Mente Infinita. El Hermano Sol y la Hermana Luna nos dieron la vida, y también se la dieron a todas las criaturas de la Tierra. Pero en cierta forma debemos ser especiales, ya que sólo nosotros podemos apreciar la conjunción periódica de estos dos astros, tan diferentes entre sí, pero maravillosamente similares en nuestro firmamento único. Parece imposible creer que una concordancia tan perfecta de dos cuerpos celestes tan distintos sea sólo el resultado de la mera casualidad, en especial cuando consideramos las leyes universales y la ilimitada organización que está presente en toda la creación. Tal vez el eclipse sea un toque final que el Creador puso en marcha en la creación, no para asustar a la humanidad, sino para asegurarnos de que tenemos un propósito superior y un significado profundo en el vasto esquema de las cosas.

Al ver un eclipse como algo totalmente opuesto al "fracaso", Vanderdecken, que experimentó una coincidencia que lo transformó en su quincuagésimo cumpleaños, cree que cada elipse solar es un signo de la fe que el Creador siempre ha tenido y siempre tendrá en nosotros: "Él puso los eclipses en el firmamento como un recordatorio recurrente de nuestra alianza especial con Él y con Su obra. Por tanto, deberíamos aceptar los eclipses como un don del cielo, como la confirmación de nuestro destino especial como especie".

Capítulo 9

Tu propio libro del destino

El día de los días, el gran día de la fiesta de la vida, es el día en que la mirada interior se abre a la Unidad de las cosas. No está en nosotros, más bien nosotros estamos en ella.

RALPH WALDO EMERSON, *DESTINO*

A partir de 1993, anoté en un diario todas las coincidencias significativas, grandes y pequeñas, que experimentaba. El hecho de anotar estas experiencias a lo largo de cuatro años me mostró que ocurrían un promedio de ocho veces al mes; es decir, aproximadamente cien al año. La gran mayoría, por supuesto, tendían a olvidarse.

Pero al reunirlas asumen una inesperada importancia. Si se ven en forma separada, normalmente parecen extrañas o incluso fascinantes, pero su importancia no siempre es evidente. Si un suceso acausal único se ve en el contexto más amplio de otras coincidencias que ocurrieron antes o después de él, a menudo adquiere una relevancia tremenda como la pieza faltante de un rompecabezas coherente. Si uno ve la televisión a dos centímetros y medio de distancia de la pantalla, sólo podrá ver los puntos que se conocen como pixeles; miles de estos puntos conforman la imagen televisada, que sólo se vuelve comprensible a distancia. De la misma manera, la imagen más grande de nuestra vida sólo puede observarse en su totalidad cuando vemos cómo cada una de nuestras coincidencias significativas se une a otras para formar una totalidad mucho más grande e interrelacionada. Los diarios personales nos permiten dar un paso atrás y ver todas nuestras sincronicidades desde una perspectiva adecuada. Al documentarse, nos dan la objetividad necesaria para apreciar el carácter milagroso de nuestra existencia. Reconocer este amplio panorama es una experiencia maravillosa que a menudo nos cambia la vida y que produce transformaciones en el sentido más alto, ya que, al poner por escrito nuestras coincidencias significativas, absolutamente confiamos en su credibilidad.

Así como una aeronave de reconocimiento que vuela a gran altura para trazar un mapa con todas las características de un territorio, que son demasiado grandes para poder apreciarlas estando en la superficie, nosotros podemos rastrear patrones y ciclos inesperados y reveladores en nuestra vida, lo que incluye un sentido de dirección y guía que tal vez nunca hubiéramos podido sospechar. Cuando llevamos un diario de sincronicidades, los significados e intenciones aparentes de cada suceso acausal podrían verse con más claridad. Al examinar y descifrar una crónica paranormal de ese tipo, en realidad estamos usando un mapa de nuestro destino que se va desenvolviendo, de la misma manera en que el navegante de un barco usa el mapa confiable de una región desconocida. El gran beneficio de poner por escrito las coincidencias significativas es la certeza que nos abruma, una gran convicción interna de que a través de nuestro subconsciente y de todo lo que nos rodea tenemos una conexión personal con el Principio Organizador del Universo, la Mente Infinita, el Creador…, sin importar la forma en que cada uno de nosotros decida llamar a la fuente del orden cósmico.

Las sincronicidades son en su mayoría pequeños milagros a través de los cuales una Conciencia Infinita Invisible se manifiesta en nuestra vida. Son el medio a través del cual esa Conciencia se comunica con nosotros. Tal vez podamos hablar con los dioses en nuestras oraciones, pero una coincidencia significativa es el medio a través del cual los dioses hablan con nosotros.

Así como la atmósfera de la Tierra está siendo bombardeada constantemente por partículas que llegan desde el espacio exterior y que por lo general son invisibles, excepto cuando se trata de las estrellas fugaces que son menos frecuentes y más dramáticas, las sincronicidades son mensajes personales del Otro Mundo que recibimos constantemente y que por lo general ignoramos. Estos fenómenos no ocurren en forma caprichosa o sin razón alguna. Por el contrario, siempre son, por la naturaleza misma de su definición, sucesos perfectamente oportunos cuyo propósito es guiarnos y dirigirnos, o comentar deliberadamente nuestra condición. Por lo tanto, infunden en las personas que los reconocen la convicción de que nuestra vida personal, a pesar de lo insignificante que pudiera parecer, es de hecho, muy significativa, está llena de propósito y cargada de significado. El hecho de apreciar la sincronicidad y la forma en que se aplica a nuestra propia vida, inevitablemente debe guiarnos a un sentido más poderoso de dirección y alta objetividad, desde el cual podamos vernos a nosotros mismos y a las demás criaturas dentro del contexto más amplio de un universo fundamentalmente armonioso.

La sincronicidad es nuestro vínculo directo con la idea que todas las personas tienen de Dios, desde el fundamentalista hasta el físico, desde los que tienen certeza en lo relacionado con sus sistemas de creencias hasta los que admiten honestamente que cuestionan la existencia de una personalidad divina. Entender nuestras coincidencias significativas es entender exactamente quiénes somos, nuestro lugar en el gran plan de la existencia, lo que debemos hacer, hacia dónde vamos y por qué.

Estos son problemas con los que los seres humanos siguen luchando después de milenios de debates inconclusos. Sin embargo, las respuestas han estado cerca de nosotros todo el tiempo. Nadie puede responder las preguntas básicas de la vida para nadie más, ya que cada persona requiere respuestas diferentes. Lo que es verdad para una persona no necesariamente sería válido para otras. No existen dos individuos cuya historia y destino sean iguales. Los filósofos y los teólogos siguen buscando los principios generales que podrían aplicarse a toda la gente, pero su búsqueda ha sido en vano, ya que cada uno de nosotros es tan único como lo son nuestras huellas dactilares. Debido a nuestras identidades únicas, sólo nosotros podemos determinar lo que significa la existencia para nosotros. Y como el universo parece estar tratando de comunicarse con cada persona a través de la sincronicidad, lo que más necesitamos saber se encuentra en los mensajes personales que nos manda.

Cómo organizar y usar tu diario de sincronicidad

Para poder leer y entender tus coincidencias significativas, necesitarás un método para reunirlas y preservarlas. El medio más eficaz para documentarlas y descifrarlas es un diario. Será un libro especial sobre ti mismo y que escribirás teniendo como coautor a la Mente Infinita de la Creación. Después de coleccionar tus coincidencias significativas durante poco tiempo, te darás cuenta de que has establecido un diálogo con el Gran Misterio en sí, con la Conciencia Superior que subyace al universo material y a través de la cual te conectas con él a nivel personal.

En vista de que estas comunicaciones provenientes del Otro Mundo podrían ser uno de los dones más valiosos que alguna vez llegarás a recibir, deben documentarse en una forma que corresponda a su importancia. Anotarlas en hojas sueltas o en una libretita, les resta valor. Conservar verbalmente los sucesos de sincronicidad en una grabadora, también es inapropiado, es una forma poco práctica y menos efectiva de apreciar tus sincronicidades en general. Al paso del tiempo, a medida que se acumulan tus coincidencias significativas, será cada vez más difícil llevar un registro del número creciente de asociaciones que hay en ellas y verlas como un todo que se interrelaciona. Te verás obligado a reajustar tu perspectiva general cada vez que las sincronicidades que has estado coleccionando sean más numerosas, hasta que la simple objetividad se colapsa bajo la multiplicidad de sucesos acausales. Escribir nuestras coincidencias significativas a máquina las despersonaliza, y eso reduce su importancia. Escribirlas con lápiz las devalúa. En realidad, elegir las herramientas físicas que usarás para crear tu diario tiene mucho que ver con el hecho de que tu subconsciente experimente la sincronicidad en sí.

Elige una pluma fuente que usarás exclusivamente para hacer anotaciones en tu diario. Lo aconsejable es elegir una pluma fuente antigua o una más moderna de cartucho, pues su escritura es suave, pero un bolígrafo también es adecuado, si es de buena calidad. Independientemente de lo que prefieras, asegúrate de sentirte cómodo con ello y de que de alguna manera es especial en cuanto a su forma, su color o sus características de escritura. También vas a necesitar otra pluma con tinta de un color diferente, de preferencia rojo. Estas herramientas y *El poder de la coincidencia,* es todo lo que necesitas.

En la parte posterior de la cubierta de la libreta que elijas para llevar tu diario de sincronicidad, haz una lista vertical de las diecisiete categorías diferentes de coincidencias significativas que se mencionan en el Capítulo I: objetos inanimados, números, signos [ostenta] relacionados con el entorno y con animales, precognición, sueños (precognitivos y compartidos), guía, telepatía, vidas paralelas, orígenes, arte, advertencias, muerte, rescate, reencarnación, moira, enigmas y experiencias transformadoras. Numéralas en secuencia del 1 al 17.

Con la pluma de tinta negra o azul describe tu coincidencia significativa más reciente. Escríbela directamente, como si estuvieras escribiendo un informe, menciona tantos detalles como sea posible, incluyendo a las personas involucradas, los lugares y tu estado mental en ese momento. Evita todo tipo de juicio o interpretación. No intentes conectar el hecho con nada externo, ni con otras coincidencias o sueños. Trata de aislar la sincronicidad dentro del ámbito limitado en que ocurrió. Ante todo, asegúrate de que tu descripción sea clara y precisa. Ocupa el espacio que consideres necesario para que tu informe sea completo. El que lo describas en unas cuantas oraciones o lo desarrolles a lo largo de varias páginas, no tiene importancia; lo importante es que la coincidencia se registre con claridad. Al anotar cualquier coincidencia significativa, siempre incluye la fecha en que ocurrió en su propio espacio, arriba de tu anotación. Si es posible, añade la hora y el minuto en que ocurrió, junto a la fecha.

Después de anotarla, consulta las categorías que listaste en la parte interior de la cubierta de tu libreta. Elige la clasificación que mejor corresponda a tu coincidencia y escribe su número junto a la fecha con la pluma que tiene tinta de otro color.

Ahora pasa al final de tu anotación. Sáltate un renglón y describe tu reacción y tu interpretación usando la pluma de tinta roja o de otro color. Una vez más, escribe tanto como creas necesario para describir tus pensamientos sobre lo que ocurrió. Anota la fecha a un lado. Deja la siguiente página en blanco. Tal vez vuelvas a esta página vacía en el futuro, cuando descubras que la coincidencia que escribiste se relaciona con otras coincidencias o con algo más en tu vida, por ejemplo sueños o sucesos complementarios. Siempre usa la pluma roja o de otro color para escribir los comentarios.

Las anotaciones que se hacen en el diario paralelo de sueños también se fechan y se escriben con tinta negra o azul; los comentarios se ponen abajo, con tinta roja o de otro color. A muchas personas se les dificulta recordar sus sueños. Deben anotarlos lo más pronto posible después de despertar, porque es cada vez más difícil recordarlos según pasa el tiempo, aunque sólo sean unos minutos. A menudo pasan días, semanas o incluso más tiempo sin que la persona recuerde lo suficiente un sueño. Pero al describir aquellos que se pueden recordar a veces tiene una importancia vital en lo que concierne a los sucesos de sincronicidad que deseamos anotar y descifrar.

Aunque la mayoría de los sueños no parecen tener relación alguna con la sincronicidad, es importante anotarlos fielmente pues podría presentarse una rara ocasión en que uno de esos sueños tenga algo que ver con nuestra vida estando despiertos. Esos son momentos de una calidad espiritual maravillosa e invariablemente tienen un profundo significado para las personas que los experimentan. Además de los sueños poco frecuentes que pasan del estado de dormir a nuestra vida consciente, prestar atención a nuestros sueños, aceptarlos como comunicaciones personales provenientes del Otro Mundo de nuestro subconsciente, mejora nuestra capacidad de darnos cuenta del elemento místico que hay en nuestro interior y a nuestro alrededor. En esa forma nos volvemos más sensibles a la sincronicidad que tiene nuestro mundo y desarrollamos destrezas para la sutil observación y aprecio del drama mágico de la vida en el que representamos un papel.

Tanto el diario de sincronicidad como el diario de los sueños adquirirán mayor importancia al paso del tiempo. Cuanto más se llenen sus páginas con informes de coincidencias significativas, más sentiremos la presencia de lo milagroso en nuestra vida. Es esencial anotar cada sincronicidad, sin importar lo trivial, ridícula o absurda que parezca al principio. A menudo, una coincidencia que al parecer no vale la pena notar, más tarde se transforma en un elemento de conexión que definitivamente tiene importancia. Si nos esperamos para anotar sólo los sucesos que tienen cualidades milagrosas obvias, nuestro diario no nos beneficiará mucho. Sólo podremos captar el alcance total de la sincronicidad en nuestra vida al verla en su totalidad, cuando cada momento conocido de este fenómeno se preserve, para que nosotros podamos relacionarlo con un contexto más amplio. Estos momentos son como las piedras que son parte de un mosaico, cada pieza carece de significado, pero desde la perspectiva correcta, podemos ver la forma en que se combina con muchas otras piedras para dar forma a una obra de arte.

Es fácil que muchas personas se desanimen al empezar a llevar sus diarios de sincronicidad, ya que las coincidencias significativas no se presentan de inmediato. Si no les has prestado mucha atención a estos hechos antes, tal vez estés esperando demasiado. La aparición de incidentes acausales por lo general empieza con lentitud, casi con inseguridad, en las personas que son nuevas en esto, pero al paso del tiempo su aparición se acelera en forma gradual y a la larga se manifestará casi como un bombardeo de incidentes. Además, como cuando te enamoras (lo que es en sí una especie de sincronicidad), es menos probable que encuentres una coincidencia significativa si la buscas que si permites que ocurra y estás preparado para reconocerla cuando finalmente aparece. En el ámbito de la sincronicidad, tú no estás al control. Permites que un control superior entre en tu vida.

No te entregas a ese control ni tratas de dominarlo, simplemente cooperas con él. Tu única medida de control es tu decisión de seguir los mensajes que son parte de las coincidencias significativas que llegan a ti, o de ignorarlos. No hay un castigo, no hay culpa ni falla, no existe un concepto estandarizado de lo correcto o incorrecto en este campo. Podemos hacer lo que queramos con la sincronicidad.

Cómo decodificar la sincronicidad

Escudriñar algo como la sincronicidad es restarle importancia. Asesinamos cuando diseccionamos. Al tratar de entender este fenómeno, el grado en que lo analicemos determina la forma en que se da a conocer o la forma en que se nos escapa. En realidad, el hecho de que entendamos conscientemente una coincidencia significativa es menos importante que el hecho de que nos permitamos sentirla. Las cosas que tal vez nunca lleguemos a entender a nivel intelectual, seguramente las captaremos a nivel subconsciente, mediante otras maneras de conocer.

Las personas que han estado en contacto con sucesos de sincronicidad durante mucho tiempo, creen que los seres humanos tienen más formas de conocer que las que percibe la mayoría de las personas. Creen que la mente racional es un tirano celoso que teme perder el control, que necesita dominarlo todo, todo el tiempo, y se niega a reconocer la capacidad intuitiva que tenemos para conocer algo a través de los sentimientos. Una persona a la que le gusta asistir a conciertos pero limita su atención en los principios científicos relacionados con el hecho de que los instrumentos de madera y de metal generan ciertas vibraciones que ponen al aire en movimiento, escuchará diversas frecuencias de sonido, pero no oirá la música.

¿Qué vamos a hacer entonces con todas estas sincronicidades que vamos a coleccionar? Vamos a irlas desentrañando suavemente, como si estuviéramos desenvolviendo un regalo valioso que recibiéramos. Si arremetemos contra ellas, seguramente las dañaremos. Incluso podrían dejar de presentarse. Seguramente, el medio primordial, mejor y más eficaz para tener acceso a cualquier coincidencia significativa, es sumergirnos en un sentimiento de respeto y asombro con respecto a ella. Abrirnos y sentir la emoción de su magia nos permite activar los innumerables interruptores subconscientes que hacen posible que se encienda nuestra luz interior. Bañar libremente nuestro espíritu en la sensación peculiar que produce un hecho de sincronicidad, pone en acción todas nuestras formas de conocer que no son racionales. Si en lugar de dejar pasar estos incidentes como rarezas transitorias a las que no hay que prestar atención, como probabilidades inevitables o como incidentes sin importancia, los honramos y los reconocemos, aumentaremos su poder para movernos y darnos información. Sólo a partir de este fundamento de inspiración podremos interpretarlos en una forma convencionalmente lógica.

Después de abrirnos a su impacto emocional, podemos intentar tener acceso a la coincidencia consultando nuestras categorías para encontrar en cuál encaja mejor. En el capítulo anterior leímos cómo Philip Vanderdecken disfrutó las poderosas sincronicidades que encontró en Perú. Si él hubiera permitido que su pesimismo racionalizara y restara importancia a las coincidencias significativas que se le presentaron, habría acabado con todo aquello que significaban. Pero no lo hizo sino que dio rienda suelta a su capacidad natural de asombro. Se esforzó menos por intelectualizar sus experiencias místicas que por desarrollar la capacidad de apreciarlas saboreando su magia. Esta capacidad o buena disposición para permitir una sincronicidad es el mejor método general para abrirnos a una comprensión de este fenómeno. Quizás los rituales complejos y la meditación profunda puedan preparar a algunos iniciados para la llegada de todo tipo de fenómenos místicos. Pero esos métodos complicados no son tan eficaces ni tan necesarios como la receptividad adecuada que logramos al simplemente permitirnos la posibilidad de experimentar las coincidencias significativas.

El describirlas debería derramar al menos algo de luz sobre lo que ocurrió. Racionalizar esos incidentes disuelve su importancia y significado. Sólo si los examinamos a la luz de nuestra respuesta emocional inicial a su llegada, podremos tener una comprensión correcta de su significado. El principio, su significado podría ser completamente evasivo. Sólo se revelará más tarde, después de que hayamos rastreado su conexión con otros sucesos relacionados. Este es el principio fundamental para la interpretación de una sincronicidad: La persona a la que va dirigida es la que está mejor calificada para comprenderla y ella debería juzgar su importancia y su significado. No debemos permitir que alguna influencia externa nos convenza. La relación entre una coincidencia significativa y la persona que la recibe es íntima, y las decisiones finales sobre lo que esa coincidencia está tratando de transmitirle corresponden por completo a la persona involucrada.

Además de permitirte experimentar la fuerza dramática de la sincronicidad y respetar tus sentimientos por encima de todo lo demás, en lo que concierne a su interpretación, la meditación es una forma eficaz de abordar una coincidencia significativa. Muchas personas tienen ideas muy erróneas sobre la meditación, e imaginan que es cierto tipo de truco presuntuoso que los gurús falsos les imponen a sus ingenuos seguidores. Para nuestros propósitos, la meditación es simplemente deshacernos de la basura mental que se apila en el interior de la mente consciente. La meditación es una técnica psicológica de limpieza para sacar de nuestros procesos de pensamiento lo que no es esencial, y abrirlos a nuevas percepciones. Es especialmente útil para liberarnos de las distracciones y mejorar nuestro poder de concentración. Los problemas se ven con mayor claridad cuando nos centramos emocionalmente en un punto interior de quietud. Con esta actitud mental tan clara, el significado de un suceso de sincronicidad que se niega a revelarse ante el acoso directo de la lógica, podría darse a conocer en forma repentina.

La más sencilla de estas sutiles estrategias es dormir como normalmente lo hacemos. Cuando sientas que te estás deslizando hacia la inconciencia, revisa la coincidencia en tu mente sin intentar entenderla, pero con el deseo de conocer su significado. Si no llega una solución, repite el proceso durante varias noches. Cuando la mente está descansando, permite que se reciclen, y en ocasiones se vuelvan a procesar, los problemas relacionados con nuestra capacidad consciente. Puedes esperar que las preguntas que planteas todas las noches tengan tres posibles resultados. En la mañana podrías tener la respuesta en tus labios; la respuesta podría manifestarse en el psicodrama del sueño (y esta es otra razón para llevar un diario de tus sueños); o podría conectarse con otra coincidencia que probablemente esclarezca el problema original en cierta medida, pero también podría complicar su misterio.

Hay muchos métodos disponibles. Como una valiosa introducción al tema, recomiendo el libro de Naomi Humphrey, *Meditación:*

el camino interior [Meditation: The Inner Way]. Un procedimiento sencillo que funciona como los mejores tiene una duración de aproximadamente media hora lo único que se requiere es contar las respiraciones. En primer lugar, encuentra un tiempo, un lugar y un espacio donde nada te distraiga. Cierra la puerta, desconecta el teléfono y haz lo que consideres necesario para asegurarte de tener absoluta intimidad durante unos treinta o cuarenta minutos. Siéntate en el suelo, en una silla, y en cualquier posición en que estés cómodo, pero no te acuestes, porque no quieres quedarte dormido. La meditación debe ser una actividad consciente que lleva a la comprensión subconsciente.

Cierra los ojos y respira profundamente con la nariz. Respira tan profundamente como puedas, mientras imaginas que estás llenándote de claridad y de bondad. Aguanta la respiración mientras cuentas hasta siete, luego exhala lentamente sacando el aire por la boca, con los labios ligeramente fruncidos, como si estuvieras apagando una vela suavemente. Al hacerlo, imagina que estás sacando de ti todas las distracciones, preocupaciones, inquietudes, depresiones y cualquier otra cosa negativa. Repite la respiración profunda dos veces más. Ahora respira normalmente, todavía con los ojos cerrados. Al exhalar, cuenta del uno al siete, del siete al uno; del uno al catorce, y del catorce hasta el uno; luego del uno al veintiuno y de regreso hasta el uno, y así sucesivamente en grupos de siete hasta llegar al cuarenta y dos y de regreso al uno.

Piensa sólo en el número de respiraciones que estás contando, y nada más. Los sonidos externos y los pensamientos internos son distracciones, especialmente para los principiantes. Si no son tan urgentes que necesiten atención inmediata, no arruinarán tu meditación. Cuando llegue una distracción, no luches contra ella ni trates de sacarla de tus pensamientos. Simplemente piensa en algo como esto: "Este pequeño espacio de tiempo es mío. Tendré el resto del día para resolver mis problemas ordinarios. Ahora seguiré con mis respiraciones". Hasta podrías perder la cuenta. Esto no tiene ninguna importancia; sólo vuelve a empezar donde crees que ibas.

Después de contar del cuarenta y dos hasta el uno, considera en silencio la coincidencia que no pudiste entender. No trates de descifrarla ahora. Sólo repásala en tu mente, examinándola desde diferentes puntos de vista como si fuera un florero bonito, no tratando de averiguar algo específico sobre ella, sino simplemente admirando su belleza. Al final, expresa tu deseo de llegar a saber lo que significa el incidente. Si logras descifrar su significado, muy bien. Si no, sigue aceptando la sincronicidad gentilmente como el regalo que es y recibe con gusto la contribución misteriosa a tu destino. Respira profundamente tres veces como lo hiciste cuando empezaste la meditación.

La meditación es la técnica más eficaz que tenemos disponible para lograr que las coincidencias revelen su significado. Pero no debemos ser impacientes y esperar resultados instantáneos. Se sabe que las respuestas se han manifestado poco después de la meditación e incluso durante la meditación, pero eso no es común. Lo más probable es que si logras mantener la receptividad que alcanzaste durante la sesión de meditación, las respuestas llegarán en una variedad de situaciones. Las sesiones adicionales de meditación, durante tu tiempo libre y a tu conveniencia, podrían lograr lo que no se logró en una sola sesión. De hecho, la meditación no sólo debe usarse para tratar de descifrar las coincidencias significativas. Usarla con regularidad, sin importar cuáles sean las intenciones especificas, aumenta nuestra sensibilidad en forma sustancial, de modo que podremos captar mucho de lo que hay en nuestro entorno con más facilidad y profundidad. También permite que nuestro subconsciente tenga mayor acceso a las horas en que estamos despiertos, y de acuerdo con algunas personas, incluso parece aumentar la frecuencia y el alcance de los sucesos acausales en sí.

Wilbur, Russell, Combs y Holland, físicos de renombre que han escrito extensamente sobre las coincidencias significativas, creen que su frecuencia aumenta con la meditación. Hace que las fuertes diferencias que hay entre la mente consciente y la mente subconsciente sean menos marcadas y en esa forma libera las imágenes de los arquetipos universales, "lo a su vez está en la raíz de la sincronicidad" (Grasse, p. 39). Ray Grasse está de acuerdo en que la meditación cultiva "un espíritu de receptividad" ante los sucesos acausales de importancia personal (p. 84).

Siete pasos para entender tu propio libro del destino

El método apropiado para entender la sincronicidad y su papel en nuestra vida consta de siete pasos:

1. Reconocer que la coincidencia significativa es un mensaje que te dirige personalmente la Mente Infinita del Universo (sin importar el nombre que prefieras darle a este principio organizador que respalda a toda la existencia material).
2. Date la oportunidad de sentir el poder místico de tu experiencia.
3. Anota las coincidencias significativas en tu diario.
4. Trata de identificar cada suceso personal de sincronicidad con una de las diecisiete categorías que se especifican.
5. Confía en tus sentimientos y en tu juicio más que en todas las demás fuentes de información.
6. Usa la meditación para tener acceso al significado de cada sincronicidad.
7. Date tiempo para entender las coincidencias significativas en tu vida. Trata de ver cada coincidencia dentro del contexto de tu colección de estos sucesos que es cada vez más grande. Ten paciencia. Sé agradecido si llegan las respuestas. Acéptalo si no llegan.

La actitud de asombro que tienes en tu vida se expandirá conforme llevas tu diario de sincronicidad. Puedes llenar sus páginas con un número cada vez mayor de milagros personales que seguirán asombrándote durante muchos años. Te darán una sensación cada vez más profunda de propósito, dirección y valía personal, y en una forma más convincente que ninguna otra cosa que experimentes. Te sentirás íntimamente conectado con la voluntad que organiza a todo el universo. Sabrás que tú eres parte integral de su destino. A medida que se desarrolla tu comprensión de las coincidencias significativas, experimentarás un potencial sin límite para tener dominio de ti mismo y una paz interna genuina; sentirás compasión hacia todas las criaturas y tendrás armonía con ellas. La ilustración que tantas personas han buscado durante tanto tiempo y a través de tantos caminos que sólo las llevaron a un callejón sin salida de desilusión, siempre ha estado a nuestro alcance. Lograr esta ilustración es algo fácil y directo. No necesitas que un gurú te guíe hacia sus conceptos de significado, tampoco necesitas abandonar al mundo siendo un monje durante toda una vida de abnegación autoimpuesta. No necesitas dedicar horas a la oración. La respuesta no tiene que aprenderse en un largo seminario impartido por alguien que ha declarado ser un experto, ni leyendo libros o revistas, sino estudiando tu propio libro del destino.

Existen, sin embargo, varios métodos para fomentar las coincidencias significativas. Esperarlas con cierta anticipación tiende a retardar su aparición, pero es necesario mantener un nivel de conciencia ante las sutilezas de la vida para así reconocer y apreciar la sincronicidad cuando ocurra. Debemos esforzarnos por tener un equilibrio mental entre la anticipación y la conciencia. La meditación no sólo mejora nuestra sensibilidad y nuestro poder para reconocerlas, sino que puede llevarnos a coincidencias significativas, tal vez porque esta disciplina mental es un método comprobado para establecer armonía con los ritmos de la vida.

Es indudable que los viajes fomentan las experiencias de sincronicidad, porque al viajar nos movemos por el campo del tiempo en su interacción directa con nuestro mundo material. Al buscar nuestro moira, aquello que nos da sentimientos extraordinarios de plenitud, podría generar la frecuencia más alta y la intensidad más intuitiva de coincidencias significativas. Es como si una conciencia superior, invisible pero profundamente personalizada, nos confirmara y nos animara a "seguir nuestra felicidad".

Definitivamente, el método más efectivo para producir sincronicidad en tu vida es dedicarte apasionadamente a aquello que más te interesa. Coleccionar timbres postales, navegar en balsa por los rápidos, admirar en silencio un jardín de flores o saltar en paracaídas desde un aeroplano..., cualquier cosa que te atraiga especialmente al nivel más profundo y genuino de tu identidad, es tu fuente de sincronicidad personal. Recurrir a aquello que le da validez a tu vida, a algo que reconoces como especialmente auténtico (aunque no sea auténtico para nadie más), es la forma más segura de generar coincidencias significativas.

Los sucesos de sincronicidad se centran especialmente en momentos de participación personal, ante todo, en actividades inspiradoras, edificantes o esclarecedoras. Una forma sencilla de activar la sincronicidad es estar tan absorto leyendo un libro que tu imaginación se sumerge en el mundo del autor. En una ocasión, Henry O'Connell, un miembro de nuestro grupo de investigación, encontró una biografía de Judy Garland, alguien en quién él había estado interesado durante algunos años, pero nunca había tenido la oportunidad de saber algo más sobre ella hasta que encontró este libro. Cuando leía las primeras páginas del primer capítulo, él empezó a notar los primeros sucesos acausales que lo conectaban con Judy Garland. O'Connell solía encender el radio al azar y escuchar una antigua grabación que ella había hecho hacía cincuenta años. A veces, ella cantaba precisamente la canción que se mencionaba en la sección de su biografía que él estaba leyendo. Los amigos que no sabían nada sobre el libro en que él estaba tan absorto, inesperadamente mencionaban una etapa de la carrera de Garland que él acababa de leer. Sin tener la intención de hacerlo, constantemente encontraba fotografías de Judy Garland. Un día, él estaba pensando en esta serie de coincidencias cuando vio que accidentalmente se encontraba frente a un edificio del centro de la ciudad conocido como el Edificio Garland. A medida que O'Connell estaba más profundamente inmerso en la biografía de Judy Garland, las sincronicidades llegaban cada vez en mayor abundancia y con mayor rapidez.

Es común que las relaciones de amor sean un campo fértil para las coincidencias significativas. Los viajes, como se mencionó antes, también estimulan su aparición. Pero el medio más eficaz para hacer que aparezca la sincronicidad es involucrarnos apasionadamente en el logro de nuestro deseo más profundo. Es como si la Mente Universal en sí estuviera aplaudiendo nuestra dedicación por vivir una vida auténtica. Podría ser construir modelos de tren en miniatura o escribir la Gran Novela Americana, dedicarse a la jardinería o encontrar la cura contra el cáncer. Lo único que importa es que el corazón de la persona se comprometa. Estar apasionadamente involucrado en algo o con alguien es atraer las energías de la creación en forma de coincidencias significativas. Ser sinceros con nuestro ser interior actuando en su nombre y siguiendo realmente nuestros deseos más sublimes, establece una resonancia favorable con las frecuencias y vibraciones subyacentes de la naturaleza. Responderán a las cuerdas de tu corazón que se han activado, de la misma manera en que las cuerdas de un violín, que no se tocan, empiezan a vibrar respondiendo a las vibraciones de otro violín que alguien está tocando cerca.

Por tanto, la clave para atraer la sincronicidad a tu vida es encontrar lo que te apasiona, sin importar lo que sea, y despertarlo. El hecho de que este despertar, de alguna manera se considere o no exitoso a los ojos de otros o en la opinión del mundo entero, no tiene importancia. La poesía más grandiosa que se escribe hoy en día no se está publicando. Muchos de los actos más nobles de compasión humana y de autosacrificio pasan desapercibidos o se vivifican. Sin embargo, cualquiera que luche por vivir, aunque sea ocasionalmente, de acuerdo con su verdad última, recibirá la confirmación e incluso la bendición del Gran Misterio a través de una rutilante lluvia de sincronicidad; premios cósmicos por el heroísmo individual que otorga personalmente el Maestro Constructor del Universo, ya que compartes el mismo trabajo con él.

Capítulo 10

Sincronicidad, la clave del máximo misterio

Esta relación entre la mente y la materia no es algo que un poeta haya imaginado; es algo que está en la voluntad de Dios, y por eso todo ser humano puede conocerla. El universo se vuelve transparente, y la luz de las leyes superiores brilla a través de él.

—RALPH WALDO EMERSON, *NATURALEZA*

En las páginas anteriores, hemos presentado varias definiciones de sincronicidad, la hemos encuadrado en diecisiete categorías y hemos encauzado su poder en un diario. ¿Pero nos hemos acercado a entender realmente cómo funciona y por qué?

Tal vez puedan encontrarse algunas respuestas observando la experiencia de la sincronicidad en sí. Como se mencionó casi al final del capítulo anterior, la velocidad con la que ocurren las coincidencias significativas parece aumentar con la meditación. La conclusión implícita aquí es que la sincronicidad funciona a nivel subconsciente. Nuestra mente consciente, que no tiene participación alguna en la coincidencia como tal, sólo es útil para reconocer la conexión mientras esta ocurre o poco después. En el mejor de los casos, la razón podría intentar interpretar su importancia, descubrir su "significado", pero nuestras capacidades para la lógica en estos asuntos sólo son intentos débiles, si se les compara con el carácter inmediato y total de la perspicacia intuitiva. Al suavizar la distinción que es tan clara entre el estar despierto y la inconciencia, la meditación permite que nuestra receptividad innata actúe más abiertamente y con menos oposición por parte de nuestro centro de control mental.

El estado de meditación se acerca al estado subconsciente, el receso más oscuro donde yace el potencial que la mente racional dominante no reconoce, oprime y teme. Como escribe David Peat: "Las sincronicidades representan un puente entre la materia y la mente" (Peat, p. 5).

También los viajes y la creciente interacción social hacen que los incidentes de sincronicidad se multipliquen. Además del mayor número de oportunidades que obviamente proporcionan los viajes para encontrar coincidencias significativas, estos en sí son una experiencia de transformación. Nuestro estado consciente sufre alteraciones cuando físicamente nos movemos de un entorno a otro. Un viaje es transición, en lo físico y en lo emocional. Ese mismo tipo de transición se presenta en las relaciones.

Aun así, el método más seguro para hacer que aparezcan sucesos de sincronicidad en nuestra vida es involucrarnos apasionadamente en algo, en especial si es mayor que nosotros mismos. Tal vez sea investigar intensamente para escribir una tesis interesante, o trabajar con dedicación en un jardín de flores, pero es aquello a lo que nuestro corazón se entrega con más fervor. En ese campo es donde se encuentran la mayoría de las coincidencias. Cualquier persona que tenga un compromiso profundo con una actividad absorbente, sabe que el tiempo parece pasar más rápido cuando se dedica a ella. El artista que está completamente inmerso en su trabajo desde las nueve de la mañana hasta las cinco de la tarde, siente que las horas se vuelven minutos. Las horas, los minutos, los segundos e incluso los días, no transcurren así para otras personas que no tienen tanta dedicación. Es como si esta aceleración del tiempo creara un vórtice transdimensional en el que las percepciones estándar de la realidad se deforman, de la misma manera en que el vórtice de un agujero negro dobla los rayos de luz en el espacio exterior. La pasión, sin importar cómo se exprese, es en sí un estado alterado de conciencia que abre nuestro potencial interno, el cual la mente racional normalmente mantiene encarcelado. Cuando un reportero le pidió a Albert Einstein que le explicara al público su teoría de la relatividad, él respondió que un minuto que un hombre dedica a besar a su novia pasa mucho más rápido que si este hombre tuviera que pasar el mismo periodo sentado sobre una estufa caliente.

Para ejemplificar el hecho de que una entrega apasionada es la fuente subconsciente de actividad psíquica, Jung mencionó los resultados de los estudios controlados que llevó a cabo J. B. Rhine sobre la percepción extrasensorial. Un factor constante en sus pruebas fue la correlación perfecta entre el éxito de una persona al responder preguntas relacionadas con la percepción extrasensorial y su entusiasmo por el proyecto. La disminución en la atención es paralela al descenso de las respuestas correctas. Si el hecho de estar involucrado emocionalmente puede estimularse, las calificaciones en las pruebas mejoran llegando a niveles que corresponden al interés del sujeto.

La capacidad humana para involucrarse profundamente parece actuar como un elemento dinámico de atracción que crea un campo de energía que es tan invisible y poderoso como la electricidad estática que produce un generador mecánico. La razón podría estar en la afinidad natural entre elementos afines. Quizás la energía misma que genera el proceso creativo como tal, ya sea en la tormenta que genera relámpagos o en la tormenta humana de acción productiva, sea el mismo poder. Si esto es verdad, entonces podremos empezar a entender los verdaderos orígenes de la sincronicidad.

Según lo que afirman muchos psicólogos, las coincidencias significativas no yacen enteramente en el interior de la mente subconsciente, ya que requieren de algo externo al intelecto individual con lo cual conectarse. Los argumentos que afirman que los incidentes acausales ocurren cuando cierta necesidad subconsciente interpreta o incluso afecta al entorno exterior, podrían explicar algunos momentos de sincronicidad, pero definitivamente no los explican todos y ni siquiera explican la mayoría. Según dicen Combs y Holland: "Todos los investigadores que vinieron después de Jung tendieron a abordar la sincronicidad sólo desde una dirección, desde el mundo de la experiencia, los sueños, las fantasías y el inconsciente" (Grant, p. 226). Pero aunque Combs y Holland, ampliaron la discusión examinándola desde el punto de vista de descubrimientos nuevos y relevantes en la física moderna, simultáneamente la limitaron, sin importar en qué medida se pudieran haber ampliado mover esos límites, ya que un fenómeno que no es material debe eludir los criterios materiales que se usan para determinar su naturaleza. Usar la física para captar el significado de la sincronicidad es como sacarle una fotografía a un sueño.

Los parapsicólogos recurren a la sincronicidad para validar la realidad de la telepatía, la reencarnación y el resto de sus anomalías favoritas. Pero las coincidencias significativas sólo en ocasiones usan episodios paranormales para sostenerse. A veces, la parapsicología podría ser el medio, pero nunca es el fin de un hecho acausal significativo. Los teólogos simplifican en exceso la sincronicidad diciendo que simplemente es la voluntad del Cielo, lo que, aunque tal vez es fundamentalmente correcto en un sentido general cósmico, no explica nada, e induce a las personas al error llevándolas a digresiones interminables sobre la identidad de Dios. La mayoría de los filósofos llegan al extremo opuesto, haciendo que el fenómeno sea menos claro mediante una multitud de teorías obtusas que van mucho más allá de un consenso útil. A pesar de sus destellos ocasionales de perspicacia, nunca iluminan los mecanismos de la sincronicidad con la luz de la credibilidad.

A pesar de toda nuestra tecnología moderna, de la que tanto nos jactamos, parece que los antiguos tenían una comprensión mucho mejor de la sincronicidad si se les compara casi con cualquiera que haya vivido después de ellos. El término, por supuesto, es nuevo, pues lo inventó Jung, pero la gente reconoció la sincronicidad mucho antes que Jung, aunque le dieron diferentes nombres, como ostenta, moira y destino. Espero haber demostrado en los capítulos anteriores, que la teología, la filosofía, la física, la psicología, e incluso la parapsicología, son inadecuadas para explicarla. La actitud científica moderna se ha vuelto tan especializada que a nadie se le toma en serio fuera del campo en el que es un experto, y parece que a los científicos les interesa más atacar las teorías de otros y proteger celosamente sus áreas de especialización, que desarrollar un panorama más amplio de la existencia. Sin embargo, estas disciplinas son el único medio que se usa para investigar los incidentes acausales. Lo que nosotros no tenemos que los antiguos sí tenían, es una buena disposición para llegar a conclusiones carentes de prejuicios basándonos en la evidencia de la experiencia directa.

Los griegos de la época clásica basaban toda su ciencia en sus poderes de aguda observación y en la persistencia con que cultivaban el hábito de tener una mentalidad abierta. A partir de este amplio enfoque surgió el verdadero pensamiento científico. Y este sigue siendo el único método para tener acceso al misterio de las coincidencias significativas. Si entendemos que, gracias a esta visión más amplia y no restringida, los griegos y otros pueblos antiguos realmente tenían una comprensión más clara de las coincidencias significativas, podríamos empezar a entender cómo estas coincidencias siguen funcionando para nosotros. En vista de que la sincronicidad es una maravilla eterna, oportuna y al mismo tiempo ajena al tiempo, no tenemos razón para imaginar que funcionaba de una manera diferente hace miles de años de cómo funciona ahora, así como los otros aspectos de la naturaleza actúan ahora en la misma forma que actuaban antes. Desafortunadamente, la mayor parte de la sabiduría del mundo antiguo se perdió con la caída de la civilización clásica. Incluso antes de esa catástrofe humana sin igual, las ideas esotéricas se conservaron como secretos en las sociedades cerradas de religiones, escuelas, hermandades y cultos misteriosos. Pero a pesar de eso, aún sobreviven fragmentos que han proporcionado a las siguientes generaciones al menos una visión fugaz de los conocimientos del pasado.

Heráclito, un filósofo griego del siglo IV antes de Cristo, escribió sobre un Logos, o "razón" cósmica, a través de la cual todas las cosas se interrelacionaban y todos los sucesos naturales ocurrían. Él veía al universo como un sistema coherente en el que los cambios no eran hechos aislados sino que tenían repercusiones en todos los elementos de la existencia. Él creía que un cambio en una dirección causaba un cambio en otra dirección, ya que todas las cosas están unidas por una conexión invisible, por una red que las organiza, creada deliberadamente por el Logos. Al aceptar la unidad formal del mundo de la experiencia, Heráclito afirmaba que la tarea de la humanidad era averiguar y comprender los principios que vinculan a todos los seres vivos e inorgánicos uniéndolos en un propósito común.

Al afirmar que es imposible distinguir la energía de la materia, anticipó la misma conclusión a la que llegaron los estudiosos de la física cuántica 2500 años después. Ahora la ciencia moderna sabe que al nivel de las partículas atómicas, la materia y la energía se intercambian y que el espacio y el tiempo se fusionan formando una continuidad. Hay interacción incluso entre el observador y aquello que observa. Según Heráclito, de este "fuego elemental" o energía, brota todo lo demás. Pero lo gobierna Aion, un niño, el Hijo Divino, el Andrógino Sagrado, que combina en su interior los elementos fusionados de una dualidad masculina-femenina que impregna toda la creación. Él es la personificación del tiempo en su aspecto caprichoso e impredecible, porque a Aion, este gobernante máximo de la existencia, se le representaba jugando y apostando eternamente en un tablero, una metáfora para las coincidencias significativas. Utilizando la misma metáfora que Heráclito había utilizado veinticuatro siglos antes, Ralph Waldo Emerson habló de una interrelación entre el ámbito universal de la naturaleza y el pensamiento humano como "dos niños que se empujan en el borde de la acera" (Emerson, p. 276).

Hipócrates, que nació unos veinte años después de la muerte de Heráclito, seguía la misma línea de pensamiento: "Existe un flujo común, un aliento común. Todo está en sincronía. Todo el organismo y cada una de sus partes, trabajan juntos con el mismo propósito. El gran principio se extiende hasta el extremo más lejano, y desde allá regresa de nuevo al gran principio" (Grant, p. 137).

Estas ideas de la Grecia antigua sobre la dimensión temporal del universo llegaron a su expresión final en la definición de tiempo que dio Platón en el siglo IV antes de Cristo, al decir que el tiempo era la imagen en movimiento de la eternidad (*El Timeo* [Diálogo]).

Filón de Alejandría, contemporáneo de Jesús, perpetuó la idea de Heráclito sobre el Logos como un intermediario entre Dios y los seres humanos, lo que equivale a admitir que las coincidencias significativas son el medio con el que el Creador se comunica con sus criaturas. Su creencia de que la providencia individual puede suspender las leyes de la naturaleza que se perciben, es una antigua definición de sincronicidad. Él argumentaba que la evidencia de estas acciones de la providencia establecía la existencia de Dios, aunque no revelaban el enigma de su esencia o identidad. El hecho de que Filón haya sido el primero que unió estas ideas se ha cuestionado a lo largo de la historia, pues parece que ellas fueron algunos de los conceptos más importantes que circulaban en las instituciones secretas de su tiempo y mucho tiempo antes. Su deuda con Heráclito fue bastante obvia, y el hecho de que Filón usara términos esotéricos como *enthousiasmos*, muestra con claridad que él al menos recibió una fuerte influencia de las instituciones secretas (Grant, p. 507).

Enthousiasmos, significa "tener a Dios en el interior". Se refiere a la idea de que Dios no es una personalidad autócrata, barbada y antropomorfa que ejerce su omnipotencia y tiene un trono en las nubes, totalmente por encima y por fuera de su propia creación. Todo lo contrario: Dios es el espíritu unificador de la existencia que habita dentro de todas las personas y cosas, y por consiguiente, es el hilo común invisible que une cada fragmento del universo. En pocas palabras, Él no solo está *allá*, sino también *aquí*. Esta palabra ciertamente ayuda a definir la sincronicidad, que opera basándose en el principio de las conexiones significativas establecidas por una fuerza invisible entre nuestro ser interno y nuestra experiencia externa.

Dos siglos más tarde, Agrippa, el pensador romano, todavía estaba desarrollando esas ideas. Él habló del "Alma del Mundo que penetra todas las cosas. El alma del mundo, por lo tanto, es algo en sí. Llena todas las cosas, uniéndolo y entretejiéndolo todo". Él creía que los cuatro elementos (tierra, viento, fuego y agua) no dominaban a la existencia, "sino que lo que la dominaba era un quinto elemento que existía por encima de ellos y separado de ellos". Plotino, contemporáneo de Agrippa, fue el filósofo de mayor influencia de la antigüedad tardía. En las *Enéadas* escribió: "La casualidad no tiene lugar en la vida, pero sólo la armonía y el orden reinan en ella" (Grant, p. 515).

Estos conceptos unificadores tampoco se limitaron a las civilizaciones antiguas de occidente. El *Bhagavad Gita*, el poema religioso hindú, usa una terminología específica para definir los elementos de sincronicidad en la creación. Brahman, por ejemplo, es la conexión fundamental de todas las cosas en el universo, junto con la energía y los sucesos que interaccionan entre esas cosas. La aparición de esta unidad universal en el alma humana se conoce como

Atman. La palabra Atmen, que significa aliento en alemán, señala la profunda antigüedad de estos conceptos aparentemente tan avanzados. Las raíces indoeuropeas de esta palabra se remontan a épocas ancestrales en las estepas de la zona central de Rusia, hace cinco mil años o más. El Budismo Zen usa la palabra *satori* para definir la unidad que uno siente con el universo y el hecho simultáneo de estar consciente de la inteligencia compasiva que impregna cada uno de sus detalles.

Millones de budistas en el Tíbet, en China y en Corea consideran que la doctrina de *pratitya-samutpada,* la "originación por dependencia" o "el surgir mutuo", es el principio motivacional del universo y la interacción de sucesos a través de las influencias inevitables que todos los seres vivos ejercen entre sí y ejercen hacia toda la materia. *Pratitya-samutpada* es el flujo que entreteje los sucesos fenomenales que ocurren en serie, un conjunto interrelacionado genera al siguiente, y la materia se conecta con la psique humana. En Japón, la palabra *kegon* ("guirnalda" o "corona") se refiere a la totalidad armoniosa de la existencia, en la que todos los elementos de la creación son interdependientes, se relacionan entre sí y lo impregnan todo. Todos los seres vivos, todas las acciones y materiales se unen en una especie de guirnalda o en un collar de perlas, donde cada uno refleja a todas las demás.

Chi, la antigua palabra china que significa "fuerza vital", se sigue usando en la geomancia, el hecho de adaptar las viviendas humanas a los contornos espirituales del entorno natural. El dragón, que es el símbolo de China, representa este poder invisible que energiza todas las cosas. El lomo del dragón se parece y representa a las montañas de China, que están llenas de *chi*, pues son acumulaciones y puntos focales del "espíritu del lugar".

Al otro lado del mar, en el México antiguo, los mayas desarrollaron el concepto de *chu-lel*, una palabra que significa "la parte inferior de la naturaleza", que según ellos creían, era unificada como una acción armoniosa por una inteligencia que gobernaba a todo el universo. Encontraron la prueba de su existencia en el equilibrio que puede observarse en la naturaleza, desde el cambio regular de las estaciones y la interacción entre plantas y animales que lo acompaña, hasta la rotación regular de los astros en el firmamento. Los mayas vieron que todo era una prueba de la cooperación sincronizada de las funciones y movimientos de los seres vivos y la materia sin vida.

Entre las tribus indias al norte del Río Grande, la búsqueda de una visión forma la actividad más importante que las personas experimentan en su vida. Incluye una purificación y una negación de sí mismo que se llevan a cabo para alcanzar un estado alterado de conciencia en el que la persona puede percibir signos o visitas de otra dimensión, que la guían. Como explica el chamán amerindio Grizzly Bear: "En realidad existen dos mundos separados, pero entre ellos existe una interrelación, el mundo físico y el mundo espiritual" (Chamán Grizzly Bear, p. 27). Cada búsqueda de una visión es en sí un suceso que transforma, pues la persona que experimenta su rigor es un jovencito o una jovencita que está a punto de entrar a la adolescencia. Los cambios psicofísicos que experimenta deben reflejarse en los cambios significativos de la naturaleza, en los que está inmersa la persona que está buscando la visión, gracias a la receptividad adecuada que se induce a través del ayuno y el condicionamiento de los rituales. Entonces la persona puede estar abierta al tipo de signos [ostenta], tanto naturales como animales, que se explican en el Capítulo 2. Los signos, portentos o mensajes que recibe (casi invariablemente en forma de arquetipos universales) los abraza como algo que le cambiará la vida y los recuerda y los nutre hasta la muerte. Los miembros de la Tribu Osage, un subgrupo de la estirpe lingüística Sioux, que originalmente habitaban en la costa del Atlántico, conservan el antiguo concepto profundo de *wakonda*, "el poder misterioso", que impregna a toda la humanidad con los ritmos de la naturaleza y el destino. También se le conoce como *Eawawonaka*, o "la causa de nuestro ser".

Después de la caída de la civilización clásica, algunos eruditos europeos desempolvaron el tema de la sincronicidad y de nuevo empezaron a investigarlo. El más importante entre ellos fue Gottfried Wilhelm Leibniz, el filósofo y matemático del siglo XVII, cuya influencia directa en el pensamiento occidental todavía está vigente en la actualidad. Algunos de los numerosos ejemplos de su efecto duradero en el mundo, incluyen al ancestro teórico de la computadora moderna y su trabajo en campos modernos de investigación como los submarinos, la creación de la geología científica, y la desalinización del agua de mar. En su obra, *Sobre el arte de las combinaciones*, promovió la idea de una armonía preestablecida en la naturaleza, en la que hay un sincronismo absoluto entre sucesos físicos y psíquicos. Presagiando a Jung y a Campbell, Leibniz afirmó que el mundo es un sueño bien regulado en el que el mismo conjunto de imágenes pertenece a todos los seres humanos. El sistema metafísico que él trató de perfeccionar se basaba en una causa universal para todo ser (Krassner, p. 49).

Los patrones de pensamiento que Leibniz puso en marcha llegaron al siglo XIX, cuando incluso un novelista como Anatole France, que en una ocasión había satirizado amargamente lo oculto, pudo decir: "Lo fortuito es el seudónimo que usa Dios cuando no quiere firmar con su nombre" (Bach, p. 15). Pero Arthur Schopenhauer fue quien se enfrentó al problema de la coincidencia significativa por primera vez desde la caída de la civilización clásica. Su "Especulación trascendente sobre la aparente intencionalidad en el destino del individuo" fue, en las palabras de Jung, "originalmente el padrino" del concepto de Jung sobre la sincronicidad. El psicólogo suizo empezó con líneas como esta: "Ese poder oculto que guía incluso a las influencias externas a la larga sólo puede tener sus raíces en nuestro propio ser interno; pues es un hecho que el último recurso del alfa y el omega de toda la existencia yace en nuestro interior" (Schopenhauer, p. 312).

Pero en su ensayo fundamental, Schopenhauer no estaba apoyando una solución específica para los hechos de sincronicidad;

estaba examinando el misterio desde diversos puntos de vista, uno de los cuales era el punto de vista psicológico. Su incertidumbre se refleja en este extracto: "En general, en todas partes se encuentra un *mundus intelligibilis* que impera sobre lo fortuito... Pero aquí suponemos que lo que es operativo no es la naturaleza, sino el elemento metafísico que está más allá de la naturaleza y que existe en su totalidad y sin divisiones en cada individuo para quien esto es importante. Para llegar al fondo de estas cosas, primero deberíamos responder las siguientes preguntas: ¿Es posible una disparidad total entre el carácter y el destino de una persona? O mirando el punto principal, ¿el destino de todos corresponde a su carácter? O finalmente, ¿una inconcebible necesidad secreta, comparable al autor de un drama, en realidad los une siempre de manera apropiada?" (Schopenhauer, p. 312). Haciendo eco a Leibniz y anticipando a Jung, Schopenhauer, no obstante, se remontó a épocas más lejanas y prestó oídos a la creencia de los antiguos en una Mente Universal, cuando llegó a esta conclusión: "El tema del gran sueño de la vida es, en cierto sentido, sólo una cosa: la voluntad de vivir, y el hecho de que el tiempo y el espacio condicionan la pluralidad del fenómeno. Es el gran sueño que sueña esa única entidad, pero de tal manera que todas sus personas lo sueñan juntas. Por lo tanto, todas las cosas se invaden y se adaptan entre sí" (Schopenhauer, p. 307).

El único pensador moderno que sintetiza la creencia en una inteligencia universal que subyace a la naturaleza, con la ciencia de nuestro tiempo fue el paleontólogo francés Pierre Teilhard de Chardin. Se ordenó como sacerdote católico en 1911, y se le otorgó la Legión de Honor durante la Primera Guerra Mundial por su valor en el frente como camillero. Fue muy respetado como maestro en el Instituto Católico de París, y más tarde viajó a China, donde tuvo un papel importante en el descubrimiento del cráneo del Hombre de Pekín, un hallazgo que llevó la evolución humana un cuarto de millón de años atrás. Sus investigaciones posteriores sobre depósitos de fósiles en Asia, repercutieron en la paleontología del siglo xx.

A pesar de estos logros de gran influencia, las ideas de Teilhard de Chardin sobre la evolución se combinaron con sus sentimientos espirituales para convencerlo de que la parte inferior invisible de la biósfera del mundo era una inteligencia que imponía orden, una noosfera, o "esfera mental", con la que todas las mentes subconscientes humanas estaban en sintonía. Decía que las influencias eran recíprocas, que la actividad mental humana daba forma a todo el mundo, así como la noosfera organizaba a la humanidad y al resto de la naturaleza. Las personas experimentan esta interconexión cuando sienten que su estado de ánimo está bajo la influencia del estado emocional de otro ser humano o incluso de los animales domésticos. Emerson prefiguró el concepto de Teilhard de Chardin un siglo antes al especular sobre las "ideas en el aire" que generaba la conciencia colectiva de la humanidad: "Somos impresionables, ya que estamos hechos de ellas; todos somos impresionables, aunque algunos lo somos más que otros, y estos son los que expresan primero estas ideas" (Emerson, p. 666).

Teilhard de Chardin llegó más allá y acuñó el término "cosmogénesis", según el cual el propósito de la noosfera era hacer de la humanidad la meta de todos sus esfuerzos, porque sólo los seres humanos entre todas las criaturas de la Tierra podían reconocer a la Mente Universal, interactuar conscientemente con ella, y en esa forma trascenderla (Chardin, p. 44). Con esto, hacía eco a Friedrich Nietzsche, quien consideraba que los seres humanos eran "algo que debía superarse", un paralelo que fue causa de alarma para las autoridades de la Iglesia.

El hecho de que Teilhard de Chardin comparara su noosfera con una red invisible que crea un vínculo entre toda la existencia, nos hace recordar al profundamente antiguo *Rig Veda,* con su canto sobre la gran red de causalidad espiritual que Indra proyecta sobre el mundo. Los eruditos que han tenido que trabajar esencialmente con esa misma conclusión, estuvieran familiarizados o no con el *Rig Veda*, a menudo han usado la metáfora de una red o una malla para describir la unidad que existe entre la materia, la energía y la acción. "Todas esas cadenas causales", escribió Schopenhauer, "que se mueven en dirección al tiempo, ahora forman una enorme red común, entretejida, con la que todas esas cadenas avanzan en la dirección del tiempo y constituyen el curso del mundo" (Schopenhauer, 305). Los budistas japoneses que reconocen el principio de *kegon* creen que la materia y los fenómenos en su totalidad están unidos a los hilos de una red cósmica, en cuyo centro se encuentra el Buda, a partir de quien irradia el poder espiritual por todo el universo. Sus imágenes se repiten en el pensamiento moderno de la escritora Gwen Frostic: "Debemos lograr una interrelación total de todos nuestros sentidos, desarrollar una profunda reverencia por la vida, que no permita que aplastemos una planta que está creciendo, ni matemos a una arañita, simplemente porque están ahí. Pero entendamos que la red que se está tejiendo es un hilo necesario de la gran red con cual se involucra la vida" (Frostic, p. 3). Combs y Holland también llegaron a esta conclusión: "La sincronicidad implica un cosmos en el que sucesos aparentemente no relacionados se entretejen para formar una continuidad en el mundo" (Combs y Holland, p. 103).

Las teorías sobre una noosfera o una "Mente Universal" serían tan insustanciales y tan increíbles como cualquier otra especulación poco probable, si no fuera por el fenómeno genuino de las coincidencias significativas. Los sucesos acausales significativos separan, al instante y por completo, la consideración de una inteligencia cósmica que lo impregna todo, de lo puramente teorético, llevándola a lo inmediatamente demostrable. Después de asegurarnos satisfactoriamente de que esos sucesos no son sólo accidentes irrelevantes que uno inevitablemente encuentra en el curso de una vida ordinaria, podemos empezar a reconocer la sincronicidad. Cuando lo hacemos, nuestras alternativas racionales de pronto llegan a una conclusión de la que es imposible escapar: que una conciencia invisible unifica y organiza a toda la materia, la energía y las acciones que existen, y se comunica compasivamente con cada individuo a través de sucesos que son simbólicos a nivel personal. Por consiguiente, después vemos que las coincidencias que parecen escapar a las leyes de causa y efecto, de hecho encuentran su origen en este súperconsciente y que no derogan las leyes de la naturaleza por la sincronicidad, sino que la hacen posible, gracias a leyes naturales que todavía no conocemos, ya que estos sucesos a menudo conectan a los seres humanos con los fenómenos físicos naturales.

Las coincidencias significativas siguen siendo un tema que obsesiona a algunos de los pensadores más importantes de nuestros tiempos. Alfred North Whitehead, a quien muchos consideran el matemático de mayor influencia en el siglo XX, llegó a la conclusión de que la sincronicidad (que él describió como una Novedad) era "la dimensión fractal secreta de la realidad". Hoy en día, el filósofo popular Terrence McKenna, usando la terminología de Whitehead, le dice a su público que "hay una fuerza trascendental que actúa sobre el panorama temporal del planeta".

El aceptar el hecho de las coincidencias significativas hace posible que sigamos una línea de repercusiones que nos lleva a su fuente última: después de todo, un mensaje significativo nos da a entender que alguien lo mandó. El significado implica un propósito. El propósito implica una intención organizada. La organización implica que hay alguien que organiza y que ha diseñado un plan. Un plan implica que hay alguien que planifica. Un diseño implica que hay un diseñador. Ya sea que nos refiramos a este diseñador cósmico como Dios, Logos, Mente Universal, o que usemos cualquier otro de los diversos nombres con los que nos sentimos más cómodos, sigue siendo una fuerza de personalidad o una voluntad consciente. Es el común denominador más amplio del universo, una inteligencia que tiene un propósito y para la que los asuntos relacionados con el espacio, el tiempo y el tamaño relativo son similares. Organiza el movimiento de las galaxias con la misma intención con la que envía la sincronicidad a la vida de los seres humanos individuales.

Es más o menos hasta aquí donde puede llevarnos una comprensión racional de este fenómeno. Una aceptación lógica de las coincidencias significativas implica que no sólo existe una inteligencia cósmica, sino que se comunica a través de aparentes cambios de realidad dirigidos de manera específica hacia nosotros, como individuos. Con el fin de abordar la sincronicidad en una forma enteramente razonable, no podemos ir más allá de donde pudo llegar Cicerón en el año 45 antes de Cristo. Fue entonces cuando publicó su obra *De natura deorum* (*Sobre la naturaleza de los dioses*), en la que comparó la búsqueda de Dios a la búsqueda de un hombre que llega a una fastuosa mansión, entra y encuentra un espléndido festín con vinos, carnes y frutas, servidos en platos de oro y plata sobre una mesa iluminada por brillantes velas y rodeada por elegantes cojines. Una música suave llena el aire, pero él no puede ver a los músicos ni al anfitrión. El hombre pasa de una sala a otra buscando en vano a la persona generosa que organizó ese lujoso banquete.

En otras palabras, la existencia de Dios es evidente en la munificencia bien organizada de la naturaleza. Pero todo aquello que la rebasa es desconocido y no es posible llegar a conocerlo (Grant, p. 524). El anhelo que sentía e! hipotético invitado al festín que describe Cicerón, por tener una experiencia directa de Dios no pudo satisfacerse, porque él realizó una búsqueda racional que lo llevó de una sala vacía a otra. Supuso que algo tan material como un banquete presuponía un anfitrión físico.

Sin embargo, como las páginas anteriores han intentado demostrar, los seres humanos tienen otros medios para saber que Dios existe, pero si la razón no puede abarcar su esencia, esta debe estar por encima de la razón. La definición de Campbell es completa y precisa: "Dios es una metáfora para un misterio que trasciende absolutamente todas las categorías del pensamiento". En otras palabras, la existencia de Dios es un misterio que habita dentro del campo de la experiencia. Y la experiencia humana que al parecer tiene acceso a ese misterio es la coincidencia significativa. Podemos aprender algo sobre esta experiencia de las diferentes personas que yo he estudiado. Todos hablaron de un asombro inicial que llenó de emoción todo su ser, pues experimentaron una sensación de estar participando en un misterio trascendente mucho mayor que ellos mismos, pero que al mismo tiempo los incluía. En esos momentos, el tiempo en sí se vuelve irrelevante. Lo reemplaza una sensación de unidad con una eternidad viviente, acompañada de una sensación de compasión. Lo que sucede, está ocurriendo tanto en su interior como a su alrededor. Simultáneamente, sienten humildad e inspiración; se sienten conmovidos y llenos de temor reverente.

Aunque el "significado" o la supuesta intención de la sincronicidad no siempre son claros o incluso inteligibles, nuestros voluntarios informaron que el verdadero valor de sus experiencias estaba en "seguir el flujo" y permitirse sentir la conexión con el momento. Al hacerlo, sentían que su alma o su subconsciente se habían nutrido, ya sea que ellos captaran o no conscientemente lo que se les había presentado. Lo entendían internamente y lo entendían con algo que no era la mente racional, pues la magnitud espiritual de la experiencia la había rebasado. En esta amplia visión de la realidad, su concepto anterior del mundo, en el que una progresión de sucesos, estrictamente limitada y lineal, estaba dominada por incidentes observables de causa y efecto, se volvía tan obsoleta como los conceptos anteriores a Copérnico según los cuales la Tierra era el centro del universo. La capacidad consciente ordinaria buscaba a tientas frenéticamente para explicar estas experiencias, para minimizarlas, controlarlas, o si todo lo demás fallaba, para descartarlas. Pero incluso una sincronicidad relativamente baja de energía, generó en los miembros del equipo de investigación una certeza intuitiva sobre su autenticidad espiritual.

El hecho de simplemente reconocer estas experiencias, sin juzgarlas, lo que no necesariamente implica aceptar que la coincidencia sea significativa a nivel cósmico, por lo general era suficiente para abrir un conocimiento interno, una seguridad primordial, e incluso irracional, de que el suceso era significativo. Durante la sincronicidad, hasta los miembros de nuestro equipo de investigación que al principio habían sido escépticos, sintieron que una dimensión de espiritualidad que hasta entonces había sido imposible o al menos dudosa, se entrelazaba con la esfera de la existencia material. Parecían estar en un campo de acción místico donde el tiempo y el espacio formaban una intersección para conectarse con un pensamiento personal en la Mente Universal, el principio ordenador que apuntala cada aspecto de la naturaleza. Durante un momento sin tiempo, se quedaban en el punto focal de la creación en sí, no como una chiripa de la probabilidad, sino debido a una transferencia mutua de gran importancia. Para ellos, una coincidencia significativa era al mismo tiempo una experiencia individual y una manifestación de la voluntad del universo como principio organizador. El microcosmos humano y al macrocosmos cósmico formaban una intersección en un punto especial del tiempo, para unirse durante un instante que habría sido imposible medir.

La sincronicidad es la experiencia directa de Dios, que ha estado perdida durante mucho tiempo. Si una fuerza de designio en realidad revela su penetración en todas las cosas durante los momentos de sincronicidad, entonces podemos llegar a la conclusión de que personalmente, y al nivel de cada célula de nuestro cuerpo, estamos conectados con el Propósito Universal y somos parte de él. Cometemos un error al creer que Dios y nosotros somos entidades separadas, distintas entre sí y en relación con toda la creación. En un suceso de sincronicidad, Dios empieza a identificarse como la suma total de cada elemento que conforma todo el universo. Cada partícula de la creación es un detalle vivo del Creador, cuya identidad completa se expresa únicamente en la totalidad de la existencia. Si esta conclusión es válida, entonces Dios todavía está en el proceso de creación, ya que el universo se sigue expandiendo, y con él nuestro destino individual. Somos cocreadores, el último intento (al menos aquí en la Tierra) de la Mente Cósmica para expresarse y entenderse a través de la capacidad consciente humana.

Al tratar a sus pacientes, Jung descubrió que su grado de psicosis tenía una relación directa con su nivel en este tipo de convicciones espirituales. La falta de puntos de vista religiosos, filosóficos o cósmicos estaba presente en las neurosis más profundas. También descubrió que al restaurar la espiritualidad perdida del paciente o al darle por primera vez una espiritualidad, se veía una mejoría que correspondía a su condición. A partir de estas observaciones él dedujo que el instinto espiritual era parte de la psique humana. Para respaldar su afirmación, podemos mencionar las cuevas funerarias del Cercano Oriente, que datan de hace quince mil años, donde el hombre de Neanderthal rociaba los cadáveres de sus seres queridos con polvo rojo y los cubría con guirnaldas. Los arqueólogos han encontrado leves vestigios del polvo ocre (que al parecer representaba a la sangre) y de las flores (un arquetipo universal del amor y del dolor que se siente al perder a un ser querido). Los arqueólogos creen que estos descubrimientos son una prueba física de que incluso los homínidos que precedieron a los seres humanos actuales habían desarrollado e incluso ritualizado cierta creencia espiritual en el alma y en el hecho de que sobrevivía después de la muerte.

El corolario de Jung tiene una relación importante con la sincronicidad y su importancia en la crisis espiritual que la gente vive en la actualidad, y que básicamente es el hecho de no experimentar una catarsis en un mundo de cinismo científico. La ciencia moderna reduce la existencia a un mecanismo despersonalizado, mientras que las religiones se preocupan más por mantener su relevancia que en tener un poder de inspiración. Pero cada coincidencia significativa salva la distancia entre la ciencia y la espiritualidad (las esferas material y espiritual, respectivamente), ya que conecta nuestra existencia física visible con la realidad espiritual invisible. Teilhard de Chardin, que fue al mismo tiempo un gran científico y un pensador espiritual, cruzó esa distancia en sí mismo.

Albert Einstein fue otro científico que intentó sintetizar el mundo material y el mundo espiritual. Era un verdadero científico, no por el hecho de satisfacer los requisitos académicos que sus profesores y sus colegas esperaban de él, y ni siquiera porque hizo descubrimientos importantes en la física moderna. Su calidad genuina como científico, en el sentido clásico y más alto, se originó en el hecho de que estaba dispuesto a admitir que podía estar equivocado. Varias veces, en el curso de sus estudios, descubrió que posiciones anteriores que parecían casi inviolables tenían que abandonarse debido a evidencias válidas contradictorias. Por ejemplo, durante la mayor parte de su vida, se negó a aceptar que las coincidencias significativas eran una correspondencia creíble que conectaba a los seres humanos con el espacio y el tiempo. Pero antes de morir en 1955, Einstein empezó a reconsiderar el tema y se abrió a sus posibilidades, como puede verse en esta cita:

> *La emoción más hermosa y más profunda que podemos experimentar es la sensación de lo místico. Es de donde brota toda la ciencia verdadera. La persona que no conoce esta emoción, la persona que ya no puede asombrarse, quedándose embelesada e impactada, bien podría estar muerta. Saber que lo que es impenetrable para nosotros realmente existe, se manifiesta como la sabiduría más alta y la belleza más radiante que nuestras obtusas facultades sólo pueden entender en su forma más primitiva; este conocimiento, este sentimiento está en el centro de la verdadera religiosidad. La experiencia religiosa cósmica es el impulso más fuerte y más antiguo de investigación científica. Mi religión es una admiración humilde por el espíritu ilimitable-*

> *mente superior que se revela en los pequeños detalles que podemos percibir con nuestra frágil y débil mente. La convicción profundamente emocional de la presencia de un poder superior de razonamiento que se revela en el universo incomprensible, forma mi idea de Dios (MacCracken, p. 58).*

El gran beneficio de las coincidencias significativas es la capacidad de producir una catarsis espiritual. La sincronicidad es catarsis. Representa una genuina experiencia espiritual en un mundo donde esos fenómenos son más que cautelosos. Si como creía Jung, en realidad poseemos un instinto espiritual, tal vez la causa de muchos de nuestros problemas, tanto en lo relacionado con la alienación individual como en la dislocación social, es el hecho de que no ejercitamos este instinto espiritual. Restaurarlo podría representar el mismo incremento en la salud emocional de nuestra sociedad que obviamente es neurótica, que el incremento que experimentaban los pacientes psicóticos de Jung cuando él daba atención a sus almas y también a su subconsciente. Un suceso de sincronicidad en nuestra vida proporciona una infusión inmediata de certeza espiritual que se produce a través de la conexión individual con el Otro Mundo. Nada es más convincente que la experiencia personal, en especial cuando llega a niveles más profundos que nuestra mente racional para tocar el alma en una experiencia transpersonal.

Algunas personas dudan que tienen un alma porque nunca han sentido su existencia. La sincronicidad tiene el poder de sacudir a una persona de tal manera que llegue a estar consciente de su alma. Es la llave de oro, que han buscado generaciones de pensadores, que abre la realidad de la existencia espiritual. Al conectarnos con esta fuerza que tiene el poder de transfigurar nuestras emociones, de nuevo somos capaces de experimentar lo que los griegos llamaban *catarsis*, el hecho de purgar el alma humana cuando se encuentra con lo Divino. Sólo en esos momentos pueden los mortales convencerse de la verdad de sus propias almas, porque las sienten. Como dijo Campbell: "La sede del alma es el punto donde el mundo interior y el mundo exterior se encuentran" (Campbell, p. 105).

Lo que redescubrimos en la coincidencia significativa es precisamente esta experiencia de catarsis, el vínculo con la realidad espiritual que se había perdido. Nuestra línea vital hacia ese Misterio Compasivo es lo que nos revela sus cuidados a través de símbolos que están dirigidos a nosotros específicamente. Más allá de la guía cósmica que está a nuestro alcance, y de la emocionante convicción de que el Espíritu de la Existencia se está dirigiendo a nosotros personalmente, también nos beneficiamos al darnos cuenta, con lo más profundo de nuestro ser, de que tenemos derecho a estar aquí, de que somos importantes y necesarios en el enigmático plan de un universo en expansión, cuyo propósito final es inseparable de nuestro propio destino, aunque aún esté velado y envuelto en secretos.

La sincronicidad infunde compasión hacia todos los seres vivos, porque nos ayuda a verlos a cada uno como una pieza importante en el mosaico de la Creación que aún está en crecimiento, y que es una obra de arte inconclusa que perdería algo al perder a uno solo de sus fragmentos. Como estamos tan cerca de ella, se nos escapa la totalidad de la imagen del mosaico, hasta que una coincidencia significativa nos proporciona la perspectiva adecuada. El apreciar cada vez más profundamente nuestras coincidencias significativas, hace que los latidos de nuestro corazón entren en sintonía con el pulso externo del cosmos y experimentamos la sensación de estar en sintonía con la existencia. Sólo a través de esa sincronicidad del mundo interno y el externo llegamos a un punto de quietud difícil de alcanzar, en el que todo el universo parece estar en perfecto equilibrio en el fulcro de nuestra alma. Este es el lugar secreto de tranquilidad donde se encuentra la paz personal, el santo de los santos. Y no está en la ladera de una montaña o en una iglesia, sino en nuestro propio corazón. La Catedral de Dios está en el pecho de todo ser humano.

En vista de que la coincidencia significativa es el método con el que podemos alcanzar la meta final de todas las religiones, la sincronicidad podría considerarse una religión por derecho propio; la Religión de Todos los Hombres, aunque sólo fuera porque todo ser humano experimenta sucesos de sincronicidad. Estos sucesos son nuestros propios milagros y revelaciones que confirman nuestra certeza de una dimensión espiritual, nos ofrecen una experiencia del Creador, y nos guían en el desarrollo de nuestra reverencia y comprensión de la creación. La sincronicidad es una religión sin dogmas, donde todos son libres de llegar a sus propias conclusiones a partir de la experiencia personal. Cada hombre es su propio sacerdote; cada mujer es su propia sacerdotisa. La autoridad suprema que los guía no es un Papa ni un Gurú, sino el Ser que Diseñó la Naturaleza. Apreciar la sincronicidad genera confianza espiritual y engendra autoestima filosófica. Ninguna religión podría necesitar más, y son pocas las religiones que lo han logrado.

Nuestra esfera visible de fenómenos físicos se relaciona con la esfera invisible de una fuerza que la organiza y la apoya como el fondo musical crea un puente hacia la acción y mantiene el ímpetu dramático de una película que se va desenvolviendo de principio a fin. El público, absorto en la trama que se desarrolla en la pantalla, no está consciente de la música, excepto cuando ésta llega a un clímax. A nivel subconsciente, por supuesto, los espectadores que siguen la película con atención, constantemente se conectan con los símbolos musicales correspondientes que se entienden a nivel universal. Son símbolos que transmiten un estado de ánimo predeterminado a las emociones de los espectadores. Además, la matriz espiritual de la historia de nuestra propia vida por lo general no puede verse, pero se siente a nivel subconsciente, excepto en los momentos de clímax en la sincronicidad, que se producen en la manifestación de símbolos arquetípicos. En otras palabras, si el poder espiritual es el fondo musical de nuestra existencia, cada *fortissimo* es una coincidencia significativa.

Ya sea que usemos la metáfora moderna del fondo musical de una película o la analogía antigua de la red de Indra, el poder ordenador que da propósito a cada detalle en este universo es invisible porque es el pensamiento de una Mente Cósmica con la que cada uno de nosotros es un cocreador. La meta final de esa creación es misteriosa. Pero el compasivo Arquitecto de la Existencia revela sus secretos cuando experimentamos la sincronicidad.

La meta principal de este libro ha sido animarte a aceptar el reto de la coincidencia significativa. Sus clasificaciones intentaron proporcionar definiciones fijas para este esquivo fenómeno enfocándolo con más claridad. Y las anécdotas que se usaron como ejemplos señalan su realidad en el comportamiento humano. Pero lo más importante son los métodos que se usan para interpretar la sincronicidad e integrarla a tu vida. Estos métodos pueden elevarte a nuevos niveles de bienestar psicológico y de iluminación personal. El célebre pensador estadounidense del siglo XIX, Ralph Waldo Emerson, afirmó que los descubrimientos más grandes son los que hacemos nosotros mismos. No existe un mejor método para hacer estos descubrimientos personales que abrazar la sincronicidad que está presente en nuestra existencia terrena. Su valor brota de la creencia de que todo lo que necesitas o deseas saber está en ti mismo, y que tener acceso a la sincronicidad te dará la clase de descubrimientos que Emerson consideraba más importantes.

En vista de que las coincidencias significativas a menudo son tan profundamente personales, comprender las coincidencias que van marcando un camino en nuestra vida, nos lleva a un emocionante acuerdo con el Misterio Primordial. Son experiencias que nos dan poder y nos inspiran a seguir el camino del héroe al buscar nuestro destino. Al aplicar las sencillas técnicas de interpretación e integración que presenta, iniciarás tu propia búsqueda del Santo Grial hacia una vida auténtica. Sentimientos de significado y propósito llenarán tu espíritu, haciendo de ti una persona más confiada y competente. Como me dijo una mujer que formó parte de nuestro grupo de investigación, y que había tenido experiencias de gozo y de tragedia: "Cuanta más atención presto a la sincronicidad, más sentido le encuentro a mi vida".

El poder de la coincidencia es el manual que te guía para que encuentres el potencial místico de tu propia vida. ¡Úsalo!

TÍTULOS DE ESTA COLECCIÓN

A Itaca no se llega por mar / La calle de Alejandría. *L. Becerra*
A los pies del maestro. *Jiddu Krishnamurti*
Como una hoja al viento
Consejos a Cenicienta. *Suzanne E. Harril*
CuidándoMe. *Mary Kay Mueller*
De princesa a méndiga. *Mi Lady Di*
Del masoquismo utópico al masoquismo científico. *R. Mares*
Detén el miedo. *Gloria Boileau*
Desayunos para el alma. *R. R. Cárdenas*
Desfabulario. *Ramiro Garza*
Dones del loto. *Virginia Hanson*
El árbol de la vida. *C. Cicero y Sandra Cicero*
El arte de la guerra. *Sun Tzu*
El arte de lucha espiritual. *Grant Schnarr*
El jarrón azul. *Peter B. Kyne y Carlos Alberto Sánchez*
El mago de Java *Kosta Danaos*
El poder de la coincidencia. *Frank Joseph*
El proceso equilibrante. *Sharon Seivert*
El último mundo. *Richard Spiegel*
El viaje infinito. *C. Schmill S*
Enseñanzas Zen. *Asikaga Yoshiharu y Rosemary Brant*
Frases célebres de los grandes ingenios. *Desper*
Guía espiritual para el nuevo milenio. *A. J. Beth'el*
La Era del cristal. *Sanamsin Omsandar*
La habitación vacía. *Caroline Paquin*
¿La vida es bella? *Marie-Andrée Linteau*
La vida vale más que mil males. *Chantal Brunet*
Las enseñanzas de las artes marciales aplicadas al golf.
Las mejores frases célebres de México y el mundo. *A. Morales*
Más allá de lo obvio. *Christine Page*
Mente secuestrada. *Pamela Richardson*
Ni son todos los que están, ni están todos los que son. *González*
Nunca digas adiós. *Patrick Mathews*
Oraciones para meditar hoy. *Adam Bittleston*
Palabras para vivir. *Ramiro Garza*
Puntos de crisis. *Julian Sleigh*
Radiomanías. *Ramiro Garza*
Reflexiones. Lo mejor de mi vida. *C. Schmill S*
Sanando tus lazos familiares. *Rebecca Linder Hintze*
Si el cielo es tan maravilloso, ¿por qué estamos aquí?. *J. L. Brooker*
Titanes de la oratoria. *Varios*
Un arte de vivir. *André Maurois*
Viajando donde el chamanismo y la psicología se encuentran.
Zen y el arte de la felicidad. *Chris Prentiss*

Impreso en los talleres de
MUJICA IMPRESOR, S.A. de C.V.
Calle camelia No. 4, Col. El Manto,
Deleg. Iztapalapa, México, D.F.
Tel: 5686-3101.